Allitera Verlag

Beiträge zur Geschichtswissenschaft
Herausgegeben von Ernst Piper

Reihe Hamburger postkoloniale Studien Band 7
Herausgegeben von Jürgen Zimmerer

Hier bisher erschienen:

Band 1: Mara Müller, »Freiheit für Nelson Mandela«. Die Solidaritätskampagne in der Bundesrepublik Deutschland

Band 2: Malina Emmerink, »Hamburger Kolonisationspläne 1840–1842«. Karl Sievekings Traum einer »Deutschen Antipodenkolonie« im Südpazifik

Band 3: Nils Schliehe, »Deutschlands Hilfe für Portugals Kolonialkrieg in Afrika«. Die Bundesrepublik Deutschland und der angolanische Unabhängigkeitskrieg 1961–1974

Band 4: Myriam Gröpel, »Echte Objekte«. Die Sammlung des Hamburger Museums für Völkerkunde und die Frage nach Authentizität 1904–1919

Band 5: Jan Kawlath, »Der Hamburger Hafen und der deutsche Kolonialkrieg in Namibia.« Die Inszenierung kolonialer Gewalt im Baakenhafen 1904–1907

Band 6: Gisela Angelika Ewe, »Heilung der Heimat«. *Rasse* und Gender in ausgewählten deutschsprachigen Spielfilmen der Nachkriegszeit

Benjamin Gollasch

Franz Ludwig Stuhlmann und die kolonialen Reformbestrebungen in Deutsch-Ostafrika vor 1906

Vom Forschungsreisenden zum politischen Entscheidungsträger

Allitera Verlag

Januar 2021
Allitera Verlag
Ein Verlag der Buch&media GmbH München

Satz und Umschlaggestaltung: Johanna Conrad
Gesetzt aus der The Sans und der Stempel Garamond
Umschlagvorderseite: Franz Stuhlmann (im weißen Tropenanzug rechts im Bild) und zwei weitere, namentlich unbekannte Kolonialakteure in Dar es Salaam 1894. Laut Beschriftung handelt es sich bei der Szene um den Abmarsch einer Karawane. Quelle: Fotoarchiv MARKK, Sammlung Stuhlmann, Inv. Nr. 2017.16:203, © MARKK.
Printed in Germany · ISBN 978-3-96233-272-3

Allitera Verlag
Merianstraße 24 · 80637 München
Fon 089 13 92 90 46 · Fax 089 13 92 90 65

Weitere Publikationen aus unserem Programm finden Sie auf www.allitera.de
Kontakt und Bestellungen unter info@allitera.de

Inhalt

1 Einleitung 7

1.1 Methodisch-theoretische Überlegungen und Fragestellung 9

1.2 Quellenlage 21

2 Historisch-biografische Hinführung 24

2.1 Ostafrika bis zum Jahr 1891 24

2.2 Vom Forschungsreisenden zum Kolonisator 37

2.2.1 Günstige Gelegenheiten – Stuhlmanns Weg nach Ostafrika 37

2.2.2 Die Emin-Pascha-Expedition 1890–1892 39

2.2.3 Exkurs: Kombo und Mabruck, zwei afrikanische Intermediäre 50

2.3 Zwischenfazit I: Mangel, Gewalt und Planlosigkeit 54

3 Im Dienste des Gouvernements 60

3.1 Die »Akkazwerginnen aus Centralafrika« und Stuhlmanns Sammlertätigkeiten 61

3.2 Ein Zoologe wird Kartograf – Stuhlmanns Anstellung im Gouvernement 68

3.3 Die deutsch-portugiesische Grenzkommission von 1895 73

3.4 Die Jahre 1895–1900 – Politik und Privates 76

4 Ökologischer Imperialismus oder wissenschaftlicher Fortschritt? – Landwirtschaftliche Entwicklungen und Konflikte im Norden der Kolonie 89

4.1 Plantagen und Pleiten 89

4.2 Studienreise nach Indien 1901/02 96

4.2.1 Themenblock 1: Stuhlmann als Kolonialpolitiker und Agent des ökologischen Imperialismus 100
4.2.2 Themenblock 2: Stuhlmann als kolonialrassistischer Anthropologe 107
4.2.3 Themenblock 3: Stuhlmann als ›Reise-Experte‹ 110
4.2.4 Rückkehr nach Dar es Salaam 112
4.3 Das Biologisch-Landwirtschaftliche Institut Amani 113
4.4 Exkurs: Robert Koch in Ostafrika 126
4.5 Zwischenfazit II: Amani – »Gelehrtenrepublik« oder »kolonialer Elfenbeinturm«? 133

5 Verwalten, repräsentieren und scheitern – Stuhlmann als stellvertretender Gouverneur 137

6 Reformansätze aus der Kolonie – Stuhlmanns Einfluss auf Bernhard Dernburg 145

7 Zäsuren und Kontinuitäten – Stuhlmanns Leben nach 1906 160

8 Schlussbetrachtung 166

9 Anhang 170
9.1 Ungedruckte Quellen 170
9.2 Gedruckte Quellen 170
9.3 Internet 184
9.4 Abbildungen 185
9.5 Abkürzungsverzeichnis 185

1 Einleitung

»Im Allgemeinen glaube ich, haben Sie das Richtige erwählt, vorausgesetzt, daß Sie nun nicht ganz in der Colonialgeschichte hängen bleiben.«[1]

Am 2. Mai 1890 schrieb Karl Kraepelin (1848–1915) diese Zeilen an seinen Freund Franz Ludwig Stuhlmann (1863–1928), der sich zu diesem Zeitpunkt bereits seit zwei Jahren in Ostafrika befand und in Abbildung 1 im Anhang abgebildet ist. Kraepelin, damals Direktor des Naturhistorischen Museums in Hamburg, zeigte sich besorgt um seinen Freund, der nach einer abgeschlossenen Promotion zum Dr. phil. gute Aussichten auf eine dauerhafte Anstellung bei dem Würzburger Zoologen und Naturforscher Karl Semper (1832–1893) hatte. Auch eine Habilitation stand für Stuhlmann im Raum.[2] Für Kraepelin schien die wissenschaftliche Betätigung in den »uncivilisierten Ländern«[3] wenig attraktiv und immer wieder ermunterte er Stuhlmann zur Rückkehr nach Deutschland, um dort seine wissenschaftliche Karriere fortzusetzen.[4] Besonders in der Frühphase des deutschen Kolonialismus[5] galten

1 Nachlass- und Autographensammlung Staats- und Universitätsbibliothek Hamburg: *Nachlass Franz Stuhlmann*, K 050–129, Brief von Kraepelin an Stuhlmann, 2.5.1890, abgedruckt bei Essner, Cornelia: *Deutsche Afrikareisende im neunzehnten Jahrhundert. Zur Sozialgeschichte des Reisens*, Stuttgart 1985, S. 89.

2 Siehe Essner, *Deutsche Afrikareisende im neunzehnten Jahrhundert*, S. 88–89.

3 Ebd., S. 88. Originalbrief in der Nachlass- und Autographensammlung Staats- und Universitätsbibliothek Hamburg, *Nachlass Franz Stuhlmann*.

4 So schrieb Kraepelin beispielsweise am 27.4.1889: »Bei dem massenhaften Angebot von Zoologen – ich bekomme fast alle Tage Bewerbungen für Stellen, die gar nicht da sind –, bei der ungemeinen Schnelligkeit unserer Tage wird der Einzelne sehr schnell vergessen, wenn er nicht sich selbst auf den Markt bringt. Was Sie bis dahin in Deutschland Anerkennenswertes geleistet haben, ist vielleicht schon jetzt vergessen, so daß Sie wieder von vorn anfangen können, wenn Sie herkommen. Bedenken Sie doch auch, daß Sie alle Tage älter werden.« Essner, *Deutsche Afrikareisende im neunzehnten Jahrhundert*, S. 89. Originalbrief in Nachlass- und Autographensammlung Staats- und Universitätsbibliothek Hamburg, *Nachlass Franz Stuhlmann*.

5 Im engeren Sinne ist mit diesem Begriff die offizielle deutsche Kolonialherrschaft von 1884 bis 1919 gemeint. Es soll jedoch drauf hingewiesen werden, dass Kolonialismus in den Köpfen der Deutschen eine wesentlich längere Geschichte hatte, sowohl was die Beteiligung an kolonialen Expansionen *vor* 1884 angeht als auch in der »post-kolonialen« Phase *nach* dem Ersten Weltkrieg bis in die Gegenwart.

die Kolonien aufgrund von Skandalen und gewalttätigen Auseinandersetzungen für den Großteil der deutschen Gesellschaft alles andere als attraktiv und allenfalls geeignet als ›Betätigungsfeld für verkrachte Existenzen‹[6]. Doch Franz Ludwig Stuhlmann blieb »in der Colonialgeschichte hängen« – zunächst in der Kolonie Deutsch-Ostafrika, dann im Hamburger Kolonialinstitut und zuletzt im Hamburgischen Welt-Wirtschafts-Archiv (HWWA).

Die vorliegende Arbeit erzählt diese »Colonialgeschichte« um Franz Stuhlmann. Dabei wird bewusst auf ›Heldenerzählungen‹ und pathetische Huldigungen vermeintlicher wissenschaftlicher Leistungen verzichtet. Die detaillierte und vollständige Nacherzählung seines Lebenslaufs steht ebenfalls nicht im Vordergrund. Stattdessen wird sich diese Arbeit bestimmte Lebensabschnitte herausgreifen und anhand von Leitfragen versuchen, den imperialen Lebenslauf von Stuhlmann erst zu *re*konstruieren, um ihn dann wiederum zu *de*konstruieren. Zudem soll die Person Franz Stuhlmann in Beziehung zur deutschen Kolonialpolitik vor 1906 gesetzt werden. Diese Studie steht außerdem vor der Herausforderung, nicht auf die sprachlichen Fallstricke der Kolonisierenden hereinzufallen. Pejorative, rassistische und zumindest problematische Wortschöpfungen aus der Kolonialzeit begegnen einem in den Quellen zahlreich und es ist Vorsicht geboten, inwieweit man ohne jegliche Kennzeichnung und Distanzierung solcher Begriffe hegemoniale und rassistische Machtverhältnisse zementiert.[7]

Vgl. bspw. Zantop, Susanne: *Colonial Fantasies. Conquest, Family, and Nation in Precolonial Germany, 1770–1870*, Durham 1997, sowie Bechhaus-Gerst, Marianne; Zeller, Joachim (Hg.): *Deutschland postkolonial? Die Gegenwart der imperialen Vergangenheit*, Berlin 2018.

6 Der Ausdruck der »verkrachten Existenzen« stammt von Heinrich Schnee, dem letzten Gouverneur von Deutsch-Ostafrika. Zitiert aus Abermeth, Katharina: *Heinrich Schnee. Karrierewege und Erfahrungswelten eines deutschen Kolonialbeamten*, Kiel 2017, S. 58.

7 Zitate werden ohne Korrektur und mit doppelten Anführungszeichen dargestellt. Problematische Begrifflichkeiten, spezifische Epochenbezeichnungen und euphemistische, bzw. koloniale Wortschöpfungen werden durch distanzierende, einfache Anführungszeichen markiert. Zudem soll an dieser Stelle darauf hingewiesen werden, dass zeitgenössische Berufs- und Tätigkeitsbeschreibungen im generischen Maskulinum belassen werden, da beinahe alle in dieser Arbeit vorkommenden Akteure Männer waren. Die Begriffe ›Schwarz‹ und ›Weiß‹ werden groß geschrieben, um deutlich zu machen, dass es sich um soziale Konstruktionen handelt und nicht um vermeintlich biologische Eigenschaften. Aufgrund der vielfältigen Schreibweisen von Namen, Orten und Gruppen aus diversen Sprachen und Zeitabschnitten kann keine konsequente Linie in der Schreibweise

1.1 Methodisch-theoretische Überlegungen und Fragestellung

Franz Ludwig Stuhlmann zählt keineswegs zu den bekanntesten Vertretern der deutschen Kolonialzeit. Während auf der einen Seite berüchtigte Kolonialisten wie Carl Peters (1856–1918), Lothar von Trotha (1848–1920) oder Hermann von Wissmann (1853–1905) landauf, landab die Gemüter erregen[8] und auf der anderen Seite prominente Kolonialbeamte und Afrikaforscher ganze Monografien füllen[9], blieb es bisher vergleichsweise ruhig um Franz Stuhlmann. Doch gänzlich unbekannt ist dieser Mann der Forschung nicht. In einschlägiger Literatur wird er mal als »Afrikareisender«[10], mal als Afrikaforscher, Wissenschaftler und Institutsdirektor mit »glanzvoller Karriere«[11] und mal als »Kolonisierender«[12] bezeichnet, war bereits zu Lebzeiten der Name Franz Stuhlmann, zumindest in kolonialbegeisterten und wissenschaftlichen Kreisen, durchaus angesehen. Nach seinem Tod 1928 konnte man in nahezu jeder größeren deutschen Zeitung eine Traueranzeige finden und etliche Nachrufe zeugen von seinem Bekanntheitsgrad.[13] Dennoch blieb die große Diskussion um Stuhlmann bis-

fremdsprachiger Wörter eingehalten werden. Die jeweilige Schreibweise ist immer kontext- und quellenabhängig.

8 Siehe beispielsweise die teils kontrovers geführten Diskussionen um Straßenumbenennungen, Kolonialdenkmäler, das Humboldt Forum oder um den Völkermord an den Herero und Nama. Aktuell und ausführlich dazu Bechhaus-Gerst, Zeller, *Deutschland postkolonial?*, passim.

9 Selbst als akademische Qualifikationsschriften (hier speziell im Bereich der Kolonialgeschichte) sind sie mittlerweile akzeptiert. So zum Beispiel die bereits erwähnte Schnee-Biografie von Abermeth: *Heinrich Schnee*, oder auch Michels, Eckard: *»Der Held von Deutsch-Ostafrika«. Paul von Lettow-Vorbeck. Ein preußischer Kolonialoffizier*, Paderborn 2008; Kirchen, Christian: *Emin Pascha. Arzt – Abenteurer – Afrikaforscher, Paderborn* 2014 oder jüngst Diebold, Jan: *Hochadel und Kolonialismus im 20. Jahrhundert. Die imperiale Biographie des »Afrika-Herzogs« Adolf Friedrich zu Mecklenburg*, Wien 2019.

10 Essner, *Deutsche Afrikareisende im neunzehnten Jahrhundert*, S. 88–89.

11 Bindseil, Reinhart: *Franz Stuhlmann (1863–1928). Zoologe und Afrikaforscher. Überbringer einzelner Nachrichten über Ruanda. Chef der Abteilung für Landeskultur und Landesvermessung beim Kaiserlichen Gouvernement von Deutsch-Ostafrika. Zuletzt Direktor des Hamburgischen Weltwirtschafts-Archivs. Ein biographisches Portrait, gleichzeitig eine kolonialhistorische Personalstudie*, Halle/Saale 2008, S. 44.

12 Pesek, Michael: *Koloniale Herrschaft in Deutsch-Ostafrika. Expeditionen, Militär und Verwaltung seit 1880*, Frankfurt am Main 2005, S. 147 und 234.

13 Vgl. die umfangreiche Sammlung an Todesanzeigen und Nekrologen im Staatsarchiv Hamburg: *Personalakte Stuhlmann*, 361–6, I 86 Bd. 5, sowie IV 1014, sowie dass.: *Zeitungsausschnittsammlung Franz Stuhlmann*, A 768.

her aus und nach aktuellem Wissensstand gibt es auch keine nach ihm benannte Straße oder Institution in Deutschland, um die man streiten könnte.[14] Einzig die unkritische, verklärende und recht knappe Biografie von Reinhart Bindseil bietet einen ersten Anhaltspunkt für eine weitergehende Auseinandersetzung mit diesem Kolonialakteur.[15] Doch warum könnte sich ein tiefergehender Blick auf Stuhlmanns Lebenslauf lohnen? Welche Erkenntnisse können daraus gewonnen werden?

Zunächst basiert diese Arbeit methodisch auf den neueren und reformierten Strömungen der historischen Biografik, die in den letzten Jahrzehnten ihr Ansehen stark verbessert hat und sich nach und nach ihren Platz in der Geschichtswissenschaft wieder erkämpft.[16] Porträtierte der Historismus seit der Mitte des 19. Jahrhunderts vorwiegend »große Männer, die Geschichte machten«[17], so geriet diese Methode spätestens seit dem Aufkommen der historischen Sozialwissenschaften ab den 1970er-Jahren zunehmend unter Beschuss. Anstelle der autonomen und individuell handelnden Persönlichkeiten trat

> *»eine weitgehend menschenentleerte und Anschaulichkeit ermangelnde, nivellierte Darstellung der Geschichte. In dieser bestimmten abstrakte wirtschaftliche und soziale Strukturen und Prozesse das Dasein der merkwürdig blass bleibenden Zeitgenossen, die diese eher zu erdulden schienen als sie mitzugestalten.«*[18]

Die Biografie wurde als »letzte Auffangstellung des deutschen Historismus«[19] gebrandmarkt und galt in akademischen Kreisen als

14 In der Botanik hat sich Stuhlmann jedoch namentlich verewigt: Der ostafrikanische Fettbaum *Stearodendron Stuhlmanii* wurde 1895 nach ihm benannt. Vgl. Engler, A.: *Über den ostafrikanischen Fettbaum Stearodendron Stuhlmanii Engl.*, in: *Notizblatt des Königl. botanischen Gartens und Museums zu Berlin* 1. 2 (1895), S. 42–44.

15 Bindseil, *Franz Stuhlmann (1863–1928)*. Die Biografie ist über weite Strecken unkritisch und apologetisch, bleibt aber bisher die einzige Gesamtdarstellung zu Stuhlmann.

16 Guter Überblick zu den neueren Strömungen in der historischen Biografieforschung bei Bödeker, Hans Erich (Hg.): *Biographie schreiben*, Göttingen 2003.

17 Vgl. Klein, Christian (Hg.): *Grundlagen der Biographik. Theorie und Praxis des biographischen Schreibens*, Stuttgart / Weimar 2002, S. 6.

18 Zit. nach Michels, Eckard: *Paul von Lettow-Vorbeck*, in: Zimmerer, Jürgen (Hg.): *Kein Platz an der Sonne. Erinnerungsorte der deutschen Kolonialgeschichte,* Frankfurt am Main / New York 2013, S. 373–386, S. 19.

19 Oelkers, Jürgen: *Biographik. Überlegungen zu einer unschuldigen Gattung*, in: *Neue Politische Literatur 3*. 3 (1974), S. 296–309, S. 299.

Karrieretod.[20] Doch seit einiger Zeit findet sie – mit neuen methodischen Konzepten ausgestattet – ihren Weg zurück in den Bereich der anerkannten Forschungsansätze der Geschichtswissenschaft. Das Individuum[21] wird nun eingebettet »in bestimmte gesellschaftliche und institutionelle Strukturen«[22], wobei der Fokus auf der Suche nach generalisierbaren und repräsentativen Eigenschaften desselben liegt. *Typus* statt *Persönlichkeit* lautet die Devise der modernen Biografik.[23] Zu den ersten und bekanntesten Publikationen zählte Ulrich Herberts Studie über Werner Best (1903–1989), einen leitenden Beamten im Reichssicherheitshauptamt.[24]

Auch im Bereich der Kolonialgeschichte konnte sich die Biografie etablieren. Jürgen Osterhammel war bereits 2006 soweit, von einer »biographischen Wende« zu sprechen.[25] Grund hierfür dürften die Strömungen der *new imperial history* gewesen sein, deren Ursprünge im anglo-amerikanischen Raum zu suchen sind und in deren Fokus erwartungsgemäß das Britische Empire stand.[26] Doch was ist eigentlich neu an der *new imperial history* und warum könnte sich dieser Ansatz als fruchtbar für diese Arbeit erweisen? Die klassische Imperienforschung in Großbritannien versuchte seit den 1950er-Jahren, das Britische Empire anhand eines Zentrum-Peripherie-Modells zu erklären.

[20] Pyta, Wolfram: *Geschichtswissenschaft*, in: Klein, Christian (Hg.): *Handbuch Biographie. Methoden, Traditionen, Theorien,* Stuttgart/Weimar 2009, S. 331–338, S. 331.

[21] Untersucht werden fortan nicht mehr nur ›große, weiße Männer‹, sondern u.a. auch Frauen allgemein, speziell Arbeiter und Arbeiterinnen, sowie Alltagsmenschen. Vgl. Klein, Christian; Schnicke, Falko: *20. Jahrhundert*, in: Klein, Christian (Hg.): *Handbuch Biographie. Methoden, Traditionen, Theorien,* Stuttgart/Weimar 2009, S. 251–264, S. 261, sowie Runge. Anita: *Wissenschaftliche Biographik*, in: Klein, Christian (Hg.): *Handbuch Biographie. Methoden, Traditionen, Theorien,* Stuttgart/Weimar 2009, S. 113–121.

[22] Michels, *Paul von Lettow-Vorbeck*, S. 19, sowie Rolf, Malte: *Einführung: Imperiale Biographien. Lebenswege imperialer Akteure in Groß- und Kolonialreichen (1850–1918)*, in: *Geschichte und Gesellschaft. Zeitschrift für historische Sozialwissenschaft* 40. 1 (2014), S. 5–21, S. 6.

[23] Vgl. Michels, *Paul von Lettow-Vorbeck*, S. 19.

[24] Vgl. Herbert, Ulrich: *Best. Biographische Studien über Radikalismus, Weltanschauung und Vernunft, 1903–1989*, Bonn 1989.

[25] Osterhammel, Jürgen: *Imperien*, in: Budde, Gunilla; Conrad, Sebastian; Janz, Oliver (Hg.): *Transnationale Geschichte. Themen, Tendenzen und Theorien,* Göttingen 2006, S. 56–67, S. 62.

[26] Neben dem Britischen Empire sind auch die französischen Kolonien häufig im Zentrum der Untersuchungen, vgl. bspw. Albertini, Rudolf v. (Hg.): *Moderne Kolonialgeschichte*, Köln 1970.

Demnach trafen Akteure aus Politik und Wirtschaft Entscheidungen im Zentrum (London), die dann in die Peripherie (die britischen Kolonien) abstrahlten, quasi Imperialismus als »Einbahnstraße«.[27] Um es mit einem mittlerweile geflügelten Ausdruck von Stuart Hall zu sagen: Die Welt wurde aufgeteilt in Europa (»der Westen«) und den »Rest«.[28]

Spätestens in den 1990er-Jahren geriet diese Grundannahme, vor allem von Vertreterinnen und Vertretern der *postcolonial studies,* berechtigterweise in die Kritik.[29] Dieser Ansatz zielt darauf ab, den »klassischen, eher herrschaftssoziologischen Zugang zur Geschichtswissenschaft«[30] um mehrere Gesichtspunkte zu erweitern beziehungsweise auch zu ersetzen. Die Wechselwirkung von kolonialen Prozessen, sowohl von den Kolonisierenden zu den Kolonisierten als auch umgekehrt, wurde vermehrt in den Blick genommen.[31] Der Kolonialismus hat auch in Europa sichtbar seine Spuren hinterlassen.[32] Ebenso fragen die *postcolonial studies* nach der Konstruktion von Identitäten und der Dekonstruktion von binären Oppositionen wie Schwarz und Weiß. Zentral

[27] Vgl. u.a. Gallagher, John; Robinson, Ronald: *The Imperialism of Free Trade*, in: *The Economic History Review* 6. 1 (1953), S. 1–15; dies. mit Robinson, Ronald; Gallagher, John; Denny, Alice: *Africa and the Victorians. The Official Mind of Imperialism*[2], London 1981; sowie Cain, Peter J.; Hopkins, Anthony G.: *British Imperialism. Innovation and Expansion 1688–1914*, London/New York 1993; dies.: *British imperialism: Crisis and deconstruction 1914–1990*[3], London 1994. Die Einbahnstraßen-Metapher entnommen aus Eckert, Andreas; Wirz, Albert: *Wir nicht, die Anderen auch. Deutschland und der Kolonialismus*, in: Conrad, Sebastian; Randeria, Shalini (Hg.): *Jenseits des Eurozentrismus. Postkoloniale Perspektiven in den Geschichts- und Kulturwissenschaften.* Unter Mitarbeit von Beate Sutterlüty, Frankfurt am Main/New York 2002, S. 372–392, S. 512.

[28] Vgl. Hall, Stuart: *The West and the Rest*, in: Hall, Stuart (Hg.): *Formations of Modernity,* Cambridge 1992, S. 275–332.

[29] Als ›Gründungstext‹ der *postcolonial studies* gilt Said, Edward W.: *Orientalism*, New York 1978. Weitere prominente Werke sind: Bhabha, Homi K.: *The Location of Culture*, London 1994 und Spivak, Gayatri Chakravorty: *Can the Subaltern Speak?*, in: Williams, Patrick; Chrisman, Laura (Hg.): *Colonial Discourse and Post-Colonial Theory. A Reader,* New York u.a. 1994, S. 66–111.

[30] Conrad, Sebastian; Osterhammel, Jürgen (Hg.): *Das Kaiserreich transnational. Deutschland in der Welt 1871–1914*, Göttingen 2004, S. 16.

[31] Bspw. Kundrus, Birthe (Hg.): *Phantasiereiche. Zur Kulturgeschichte des deutschen Kolonialismus*, Frankfurt am Main/New York 2003; Conrad, Sebastian; Randeria, Shalini; Römhild, Regina (Hg.): *Jenseits des Eurozentrismus. Postkoloniale Perspektiven in den Geschichts- und Kulturwissenschaften*, Frankfurt am Main [u.a.] [2]2013, Stoler, Ann Laura; Cooper, Frederick (Hg.): *Tensions of Empire. Colonial Cultures in a Bourgeois World*, Berkeley 1997.

[32] Siehe ausführlich und aktuell für Deutschland Bechhaus-Gerst, Zeller, *Deutschland postkolonial?*.

hierbei sind die Aufdeckung von strukturellen Rassismen sowohl in der Vergangenheit als auch in gegenwärtigen Gesellschaften sowie die Forderung nach der »Dekolonisierung des Bewusstseins«[33]. Weiterhin wird in Studien mit postkolonialem Einschlag die (koloniale) Wissensproduktion »nicht nur als Vorbedingung europäischer Vormachtstellung [...], sondern im Foucaultschen Sinne als integraler Bestandteil der Machtstrukturen«[34] verstanden. So wird deutlich, dass Kolonialismus neben den politischen, militärischen und wirtschaftlichen Feldern auch die Wissenschaft und die Kultur weitestgehend einbindet.

Die *new imperial history* verbindet folglich die Ansätze der *postcolonial studies* mit einer veränderten Sichtweise auf Imperienforschung. Neben der bereits erwähnten Dekonstruktion von »Einbahnstraßen-Sichtweisen«[35] auf europäische Imperien erweitert diese auch das Blickfeld der Forschung. War Empire-Building lange Zeit eng mit dem Kapitalismus und inneren wirtschaftlichen Antrieben der Metropole verbunden, was dazu führte, dass ein Großteil der Forschung nur die Phase des sogenannten ›Hochimperialismus‹ in der Zeit von 1880 bis zum Zweiten Weltkrieg in den Blick nahm, so will die *new imperial history* die Bandbreite der Forschung auch auf außereuropäische Imperien erweitern. Dies bedeutet folglich auch eine Ausdehnung des Zeitfensters.[36] Weiterhin charakteristisch und im Unterschied zur klassischen Imperienforschung möchte die *new imperial history* in einem großräumigen und vernetzten analytischen Feld arbeiten und sich von nationalstaatlichen Grenzen lösen.[37] Neben diesen lose verbundenen, heterogenen Räumen des Empire stehen die einzelnen Akteure im Mittelpunkt. Neu ist dabei der Begriff der imperialen Biografie, der mobile Akteure und deren Karriere innerhalb der Strukturen eines imperialen Reichsgefüges analysiert.[38]

Kurzum: Für diese Arbeit werden die drei folgenden Punkte sowohl aus der Empire-Forschung als auch aus der neuen, historischen Biografik herangezogen: erstens die großräumige und vernetzte Verortung

[33] Zitiert aus ebd., S. 430.

[34] Conrad, Sebastian: *Deutsche Kolonialgeschichte*, München [3]2016, S. 12.

[35] Hirschhausen, Ulrike von: *Diskussionsforum: a new Imperial History? Programm, Potenzial, Perspektiven*, in: *Geschichte und Gesellschaft. Zeitschrift für historische Sozialwissenschaft* 41. 4 (2015), S. 718–757, S. 723.

[36] Ebd., dieser Aspekt wird in dieser Arbeit allerdings kaum berücksichtigt werden können.

[37] Stoler, Cooper, *Tensions of Empire*.

[38] Rolf, *Einführung: Imperiale Biographien*.

von Zentrum und Peripherie, zweitens die Frage nach Funktionsweisen imperialer Herrschaft in kolonialen Räumen und drittens die Akteure mit ihren imperialen Biografien.[39] Auf Letzterem wird mit Franz Stuhlmann ein besonderer Schwerpunkt liegen.

Daraus lassen sich drei Leitfragen für die vorliegende Studie formulieren.

Zuerst wäre nach dem Typus des Afrikareisenden zu fragen. Wenn man so will, dann war Franz Ludwig Stuhlmann im Sinne einer *new imperial history* schon einmal Objekt einer Untersuchung. 1985 startete Cornelia Essner den Versuch, alle deutschen Afrikareisenden in einer Kollektivbiografie beziehungsweise in einer soziologischen Gruppe zusammenzufassen.[40] Da ihr Desiderat 109 Personen beinhaltete, ihre Arbeit aber nur 120 Seiten umfasste, musste sie sich auf sechs kurze Einzelbiografien beschränken und konnte somit nur einen kleinen Teil ihrer Untersuchungsgruppe angemessen aufarbeiten. Dennoch gelang es ihr überzeugend darzustellen, wie die deutschen Afrikareisenden des 19. Jahrhunderts einzuordnen und zu analysieren waren. Franz Ludwig Stuhlmann war dabei eine der herausgehobenen Personen, die stellvertretend für den akademischen, bürgerlichen Reisenden des letzten Viertels des 19. Jahrhunderts stand. Essners Fokus lag dabei vor allem auf seiner ersten Afrikareise 1888 / 89 und seinen Motiven.[41] Weiterhin erscheint Stuhlmanns Lebenslauf auch über die von Essner festgestellten Gemeinsamkeiten in der Frühphase der Afrikareisen mit anderen Reisenden hinaus exemplarisch für einen bestimmten Typus kolonialer Akteure zu stehen. Beispielsweise konstatiert sie für einen Großteil der heimgekehrten Afrikareisenden eine ausgeprägte Kolonialbegeisterung; dies scheint auch für Stuhlmann zu gelten.[42] Essners Arbeit zu den deutschen Afrikareisenden verfolgte das Ziel »Im Besonderen das Typische [zu] zeigen«[43]. Der erweiterte Blick auf Franz Stuhlmann hilft dabei, diesem Ziel etwas näher zu kommen. Somit wird es im ersten Teil dieser Arbeit, der *historisch-biografischen Hinführung*, neben der historischen Rahmenhandlung zur frühen Phase der deutschen Kolonialherrschaft hauptsächlich darum gehen, Essners Untersuchung um Stuhlmanns Genese zum Kolonialbeamten und zu seiner

[39] Zusammenfassung angelehnt an Hirschhausen, *Diskussionsforum: a new Imperial History?*, S. 719f.

[40] Essner, *Deutsche Afrikareisende im neunzehnten Jahrhundert.*

[41] Zu Stuhlmanns Kurzlebenslauf siehe ebd., S. 88–89.

[42] Nachweis ebd.

[43] Ebd., S. 52.

Expeditionstätigkeit zu erweitern. Die erste Leitfrage lautet demnach: Wie sah der Werdegang eines bürgerlichen Naturwissenschaftlers zu einem kolonialen Akteur gegen Ende des 19. Jahrhunderts aus?

Als zweite Leitfrage, die sich in den Kapiteln *Im Dienste des Gouvernements* und *Verwalten, repräsentieren und scheitern – Stuhlmann als stellvertretender Gouverneur* konzentriert, bietet sich an, die kolonialen Verwaltungstätigkeiten und die Lebensrealitäten von Franz Stuhlmann in der Zeit von 1892 bis 1905 in den Blick zu nehmen. Konkretisierbare Themen werden dabei sein: Die Probleme der kolonialen Beamtenlaufbahn, der latente Personalmangel und die daraus resultierende vielschichtige und überfordernde Arbeitsbelastung der Akteure, die Fragen nach Gehalt und Urlaub, die Häufigkeit von Krankheiten sowie private Angelegenheiten. Folglich: Wie funktionierte der koloniale Verwaltungsapparat aus der Sicht eines hohen Kolonialbeamten in Deutsch-Ostafrika?

Die dritte Leitfrage stellt den Schwerpunkt dieser Studie dar und wird vor allem in den Kapiteln *Ökologischer Imperialismus oder wissenschaftlicher Fortschritt? – Landwirtschaftliche Entwicklungen und Konflikte im Norden der Kolonie* und *Reformansätze aus der Kolonie – Stuhlmanns Einfluss auf Bernhard Dernburg* bearbeitet. Sie lautet kurzgefasst: Kann Franz Stuhlmann als ein Initiator kolonialer Reformen vor der sogenannten ›Ära Dernburg‹ gelten?

Zur angemessenen Bearbeitung dieser Frage müssen allerdings ein paar erläuternde Absätze eingefügt werden. Den zeitlichen Rahmen bilden die Jahre 1900 bis 1906/07. Orientierungs- und Ausgangspunkt dieser Frage ist die ›Ära Dernburg‹. Zur Erinnerung: In der Forschung zum deutschen Kolonialismus hat sich eine überwiegend akzeptierte Dreiteilung durchgesetzt.[44] Die erste Periode von 1884 bis 1890 lässt sich als »Experimentierphase« umschreiben, in der meist private Akteure Anstrengungen unternahmen, die von ihnen »erworbenen« Gebiete zu verwalten und wirtschaftlich zu nutzen. Namhafte Beispiele sind Adolf Lüderitz (1834–1886) in Südwestafrika und Carl Peters in Ostafrika.[45] Das Scheitern dieser Unternehmungen drängte das Deut-

[44] Gut zusammengefasst bei Bade, Klaus J.: *Das Kaiserreich als Kolonialmacht. Ideologische Projektionen und historische Erfahrungen*, in: Becker, Josef (Hg.): *Die Deutsche Frage im 19. und 20. Jahrhundert. Referate und Diskussionsbeiträge eines Augsburger Symposions, 23. bis 25. September 1981*, München 1983, S. 91–108. Zur Periodisierung besonders ab S. 99.

[45] Zur Frühphase des deutschen Kolonialismus siehe Albertini, Rudolf von; Wirz, Albert: *Europäische Kolonialherrschaft 1880–1940*, Zürich/Freiburg im Breisgau 1976, S. 304–306.

sche Reich aus Prestigegründen dazu, als Kolonialmacht tätig zu werden. Ab 1890/91 setzte die »Konsolidierungsphase« ein, in der die Kolonialabteilung im Auswärtigen Amt versuchte, effektive Verwaltungs- und Wirtschaftsstrukturen aufzubauen. Neben einer Vielzahl von organisatorischen und materiellen Problemen fielen die beiden größten Kriege der deutschen Kolonialgeschichte in diese Zeit: Der Krieg der Herero und Nama in Deutsch-Südwestafrika von 1904 bis 1908 und der Maji-Maji-Krieg in Deutsch-Ostafrika von 1905 bis 1907.[46] Im Schatten dieser beiden Kriege begann dann ab 1906 die sogenannte ›Ära Dernburg‹, mit der von offizieller Seite und mit hoher Medienwirksamkeit eine Wende in der Kolonialpolitik eingeleitet werden sollte. Bernhard Dernburg (1865–1937) vertrat als Staatssekretär im Reichskolonialamt beziehungsweise vorher als Direktor der Kolonialabteilung im Auswärtigen Amt (bis 1907) die Ansicht, dass nur ein Kolonialismus »weg von den Zerstörungsmitteln, hin zu Erhaltungsmitteln« zu wirtschaftlichem Aufschwung in den Kolonien führen könne.[47]

Teile der historischen Forschung waren jedoch mit dieser vereinfachten Dreiteilung nicht einverstanden und fragten nach möglichen Ideengebern und Vorläufern für Bernhard Dernburgs Reform. Karin Hausen sah beispielsweise in Oskar Stuebel (1846–1921), der von 1900 bis 1905 Kolonialdirektor in der Kolonialabteilung des Auswärtigen Amts war, einen Akteur, der bereits erste Schritte zur Reform der Kolonialverwaltung unternahm. Er versuchte die nahezu allmächtige Stellung der Gouverneure einzuschränken, die Kommunikation zwischen Reich und Kolonien zu verbessern und die maroden Finanzen

[46] Zum Krieg der Hereo und Nama siehe Zimmerer, Jürgen; Zeller, Joachim: *Völkermord in Deutsch-Südwestafrika. Der Kolonialkrieg (1904–1908) in Namibia und seine Folgen* [3]2016. Zum Maji-Maji-Krieg siehe Becker, Felicitas; Beez, Jigal (Hg.): *Der Maji-Maji-Krieg in Deutsch-Ostafrika. 1905–1907*, Berlin 2005.

[47] Ruppenthal, Jens: *Kolonialismus als »Wissenschaft und Technik«. Das Hamburgische Kolonialinstitut 1908 bis 1919*, Stuttgart 2007, S. 11f. Zur Periodisierung siehe Bade, *Das Kaiserreich als Kolonialmacht*, S. 99ff. Das Zitat stammt aus Dernburg, Bernhard: *Zielpunkte des deutschen Kolonialwesens. Zwei Vorträge*, Berlin 1907, S. 9. Zur Wirksamkeit der Dernburgschen Reform siehe u.a. Zimmerer, Jürgen: *Deutsche Herrschaft über Afrikaner. Staatlicher Machtanspruch und Wirklichkeit im kolonialen Namibia*, Münster [3]2004, sowie Utermark, Sören: *»Schwarzer Untertan versus schwarzer Bruder«. Bernhard Dernburgs Reformen in den Kolonien Deutsch-Ostafrika, Deutsch-Südwestafrika, Togo und Kamerun*, Kassel 2012.

der ›Schutzgebiete‹ in den Griff zu bekommen.[48] Für Karin Hausen stand dabei die Zentrale als Entscheidungsinstanz im Vordergrund: »Maßgeblich für die Politik der Kolonialzentrale blieben allerdings die kolonialpolitischen Zielsetzungen des obersten Beamten der Kolonialabteilung [...].«[49] Sie plädierte dafür, die klassische Dreiteilung der deutschen Kolonialzeit um eine vierte Phase von 1900 bis 1906 zu ergänzen.[50] Jens Ruppenthal schloss sich diesem Vorschlag an und fokussierte sich dabei auf die kolonialwissenschaftliche Ebene. Auch er hielt die ›Ära Dernburg‹ für überbewertet und konstatierte bereits ab der Jahrhundertwende einen Umbruch hin zur institutionalisierten Etablierung der ›Kolonialwissenschaften‹.[51] So wurde beispielsweise bereits 1901 das Institut für Schiffs- und Tropenkrankheiten eröffnet und 1902 das Biologisch-Landwirtschaftliche Institut in Amani/Deutsch-Ostafrika (BLI)[52]. Auf Letzteres wird in Kapitel 4.3 ausführlicher eingegangen.

Weiterhin kamen zahlreiche Vorschläge und Projekte für eine Reform aus der Kolonialwirtschaft und aus anderen kolonialbegeisterten Interessengruppen, wie Franz-Josef Schulte-Althoff aufgezeigt hat.[53] Beispielsweise entwickelte Adolf Damaschke (1865–1935) bereits im Jahr 1898 die Idee einer kolonialen Bodenreform, um die bestehenden Probleme, die aus den ungerechten Grundbesitzverhältnissen resultierten, zu lösen. Auch der Schutztruppenoffizier Kurt von François

48 Hausen, Karin: *Deutsche Kolonialherrschaft in Afrika. Wirtschaftsinteressen und Kolonialverwaltung in Kamerun vor 1914*, Zürich/Freiburg im Breisgau 1970, S. 28f.

49 Ebd., S. 27.

50 Ebd., S. 28f.

51 Im Grunde genommen gab es keine ›Kolonialwissenschaften‹ als eigenständige Disziplin. Einzelne Fächer, wie Geografie, Medizin, Ethnologie, Botanik oder Zoologie konnten jedoch mehr oder weniger stark in das koloniale Projekt eingebunden werden. Vgl. Ruppenthal, *Kolonialismus als »Wissenschaft und Technik«*, S. 9f.

52 Ebd., S. 12f.

53 Schulte-Althoff, Franz-Josef: *Koloniale Krise und Reformprojekte. Zur Diskussion über eine Kurskorrektur in der deutschen Kolonialpolitik nach der Jahrhundertwende*, in: Gollwitzer, Heinz; Dollinger, Heinz; Gründer, Horst (Hg.): *Weltpolitik, Europagedanke, Regionalismus. Festschrift für Heinz Gollwitzer zum 65. Geburtstag am 30. Jan. 1982*, Münster 1982, S. 407–426. Allerdings fehlt bei ihm der Ökonom Gustav Schmoller (1838–1917), der sich ebenfalls aus wirtschaftlichen Gründen gegen europäische Plantagen und für die Förderung der sogenannten ›Eingeborenenkulturen‹ aussprach. Vgl. Grimmer-Solem, Erik: *The Professors' Africa. Economists, the Elections of 1907, and the Legitimation of German Imperialism*, in: *German History* 25. 3 (2007), S. 313–347, S. 320f.

(1852–1931) und der Bremer Kaufmann Johann Karl Vietor (1861–1934) schlossen sich dieser Idee an.[54] Weiterhin gründete sich um die Jahrhundertwende der Deutsche Kolonialbund (DKB), der in Opposition zur mitgliederstarken Deutschen Kolonialgesellschaft (DKG) stand und eine breite Reformdiskussion einforderte.[55] Schulte-Althoff ist der Meinung, dass die »Reformpolitik seit 1906 [...] aufs engste mit dem Namen Bernhard Dernburg verbunden [ist] [...], aber konzeptionell durchaus nichts völlig Neues darstellte«[56].

Auffällig bei allen oben genannten Reformideen, Vorläufern und Projekten ist jedoch die inhärente Annahme, dass die Initiativen von der Zentrale, sprich den Akteuren im Deutschen Reich, entwickelt wurden und anschließend in den Kolonien umgesetzt werden sollten. Weiterhin wird in der Forschung diskutiert, welche letztendlich die entscheidenden Ursachen und Anstöße für die Reformpolitik Bernhard Dernburgs ab 1906 waren. Die eine Seite sieht vor allem die innenpolitischen und wirtschaftlichen Prozesse im Reich als entscheidend an, während die andere Seite eher für Impulse und Anstöße aus der Kolonie plädiert.[57] Und an dieser Stelle tritt Franz Stuhlmann auf den Plan.

Zunächst als Afrikareisender, dann als Kolonialbeamter und zwischenzeitlich als stellvertretender Gouverneur war Stuhlmann in den Jahren 1888 bis 1908 nahezu ununterbrochen[58] als *man on the spot* in Ostafrika aktiv. Er war als Zoologe, Naturwissenschaftler, Kartograf, Sammler, Soldat, Abteilungsleiter und Institutsdirektor beschäftigt und hatte unterhalb des Gouverneurspostens in Dar es Salaam eine sehr einflussreiche Stellung, die unter Graf von Götzen (1866–1910) ihren Höhepunkt erreichte. Bei Juhani Koponen lassen sich erste Hinweise auf die Wichtigkeit der höheren Kolonialbeamtenebene finden. Koponen bezeichnet Stuhlmann als »acting governor« und »longest-serving [civilian]«[59]. Weiter heißt es bei ihm:

[54] Schulte-Althoff, *Koloniale Krise und Reformprojekte*, S. 409–411.

[55] Ebd., S. 415f.

[56] Ebd., S. 420.

[57] Vgl. Pesek, Michael: *Praxis und Repräsentation kolonialer Herrschaft. Die Reise des Staatssekretärs Bernhard Dernburg nach Ostafrika, 1907*, in: Baller, Susann; Pesek, Michael; Schilling, Ruth u. a. (Hg.): *Die Ankunft des Anderen. Empfangszeremonien im interkulturellen und intertemporalen Vergleich,* Frankfurt am Main 2008, S. 199–224, S. 201.

[58] Abgesehen von zahlreichen regulären und krankheitsbedingten Aufenthalten in Europa.

[59] Koponen, Juhani: *Development for Exploitation. German Colonial Policies in Mainland Tanzania, 1884–1914*[2], Helsinki/Münster 1995, S. 112.

»Policy-making through implementation was the job of colonial officials and their allies and auxiliaries. The main one was of course the Governor, but during the formative years he was far from omnipotent within the administrative apparatus. It was not even always clear who was the Governor; vacations and travel over vast distances meant that the Governor in office was often away from Dar es Salaam for several months and someone was acting for him.«[60]

Im Hinblick auf dieses Zitat von Koponen macht Michael Pesek Franz Stuhlmann noch einen Schritt interessanter, indem er sagt, dass in

»Götzens Amtszeit [...] *die Ära der militärischen Eroberung für beendet erklärt* [wurde]. *Der Wandel in der Kolonialpolitik* [...] *fand unter Götzen seinen Anfang.«*[61]

Stuhlmanns Rolle als »acting governor« und die Präsentation Götzens als Umsetzer von kolonialen Reformen lassen den Schluss zu, dass Götzen *und* Stuhlmann für eine reformierte Kolonialpolitik, zumindest in Teilen Deutsch-Ostafrikas, verantwortlich waren.[62] Diese reformierte Politik lässt sich in zwei Teilbereiche unterscheiden: Zum einen ist damit die indirekte, relativ friedliche und wirtschaftlich ertragreiche[63] deutsche Herrschaft am Victoriasee gemeint und zum anderen die Versuche eines ›wissenschaftlichen‹ Kolonialismus mit dem Biologisch-Landwirtschaftlichen Institut in Amani, welches unter maßgeblichem Einfluss von Stuhlmann und Götzen gegründet wurde. Die dritte Leitfrage lässt sich in folgender These zuspitzen:

Franz Stuhlmann und Gouverneur Gustav Adolf von Götzen praktizierten bereits ab der Jahrhundertwende in Teilen Deutsch-Ostafrikas genau die Art von Kolonialherrschaft, die später prominent von Bernhard Dernburg als ›Kolonialreform‹ verkauft wurde. Da Bernhard

[60] Ebd., S. 112.

[61] Pesek, *Koloniale Herrschaft in Deutsch-Ostafrika*, S. 273. Auch Ralph Austen vertritt die These, dass eine gewisse ›reformierte‹ Kolonialpolitik unter Götzen, besonders am Victoriasee, ab 1901 praktiziert wurde. Vgl. Austen, Ralph A.: *Northwest Tanzania under German and British Rule. Colonial Policy and Tribal Politics, 1889–1939*, New Haven 1968, S. 70–75.

[62] Begünstigend für die Umsetzung eigener Reformideen waren auch die große Macht und Eigenständigkeit der Gouverneure, die in dieser Arbeit ebenfalls zur Sprache kommen werden.

[63] Aus kolonialer, deutscher Perspektive gesprochen.

Dernburg bei Amtsantritt sofort nach Ostafrika aufbrach, um sich ein Bild der Lage zu machen, nutzte besonders Stuhlmann den direkten Kontakt zu Dernburg, um ihn von seiner kolonialen Position zu überzeugen. Sowohl die praktische Umsetzung ›reformierter‹ Kolonialpolitik als auch einer der entscheidenden Impulse für die Gesamtumsetzung einer Reform kamen folglich aus der Kolonie und konkret von Franz Stuhlmann.

Diese Einleitung kann recht anschaulich mit folgenden Worten zusammengefasst werden:

> *»Man kann über Imperialismus und Kapitalismus sprechen, über Ursachen und Folgen, Strukturen und Prozesse usw.* [Diese Arbeit] *handelt vor allem von Menschen und ihren Motiven. Der Nachdruck liegt mehr auf dem Individuum als auf der Gruppe, mehr auf dem Konkreten als auf dem Abstrakten. Wer dies für verfehlt hält, sei an das Wort des großen Historikers Marc Bloch erinnert: ›Das Abc unseres Faches ist es, die großtönenden abstrakten Begriffe zu vermeiden und nach den konkreten Realitäten zu forschen: den Menschen.‹«*[64]

Zum Schluss dieses Kapitels ist eine kleine Klarstellung angebracht: Bei der Verwendung von Begriffen wie ›Kolonialreformen‹ oder ›Reformbestrebungen‹ darf keineswegs der Eindruck entstehen, dass es etwa einen ›guten, humanen‹ und einen ›schlechten, brutalen‹ Kolonialismus gäbe. Die deutsche Herrschaft in Ostafrika war aus Perspektive dieser Arbeit ein auf Rassismus basierendes Unrechtsregime und soll weder verharmlost noch glorifiziert werden. Alle hier genannten Akteure handelten im Zusammenhang von kolonialen Reformen überwiegend nicht aus humanitären Gründen oder Philanthropie gegenüber der afrikanischen Bevölkerung, sondern hauptsächlich zum Zwecke der wirtschaftlichen Ausbeutung der Kolonie und ›Nutzbarmachung‹ für das

[64] Zit. aus Wesseling, Hendrik L.: *Teile und herrsche. Die Aufteilung Afrikas 1880–1914*, Stuttgart 1999, S. 13. Die Übersetzung des Bloch-Zitats stammt von Wesseling und lautet im Original: »Car l'A. B. C. de notre métier est de fuir ces grands noms abstraits pour chercher à rétablir, derrière eux, les seules réalités concrètes, qui sont les hommes.« Bloch, Marc: *L' étrange défaite. Témoignage écrit en 1940*, Paris 1990, S. 21.

Mutterland.[65] Der Begriff der Reform meint *de facto*, dass das bestehende Herrschaftssystem im Kern erhalten bleibt.[66]

1.2 Quellenlage

Da in dieser Arbeit hauptsächlich die Quellen sprechen, sollen in diesem Abschnitt die wichtigsten Archive und Bestände rund um Franz Stuhlmann vorgestellt werden. Sie setzen sich aus Verwaltungsakten, Egodokumenten und zeitgenössischen Publikationen zusammen.

Zur Rekonstruktion der Biografie Stuhlmanns ist seine Personalakte im Hamburger Staatsarchiv (allerdings abgegeben an das Archiv der Universität Hamburg) aus den Jahren 1894 bis zu seinem Tod 1928 überaus wertvoll. Hier sind vor allem wesentliche Verwaltungsvorgänge und personelle Angelegenheiten archiviert. Weiterhin befinden sich im Staatsarchiv Hamburg ein Nachlass mit den Tagebüchern Stuhlmanns der Jahre 1888–1892 und eine umfangreiche Zeitungsausschnittsammlung. Im Archiv der Staats- und Universitätsbibliothek sind zahlreiche Briefkorrespondenzen aus Stuhlmanns persönlichem Umfeld erhalten geblieben. Das Bundesarchiv Berlin-Lichterfelde bewahrt einen weiteren kleinen Teilnachlass auf. Ferner sind hier Akten des Reichskolonialamts beziehungsweise der bis 1907 bestehenden Kolonialabteilung ein lohnender Quellenfundus.

Das *Tanzania National Archive*, in dem weitere Akten der deutschen Kolonialverwaltung, besonders des Gouvernements, lagern, konnte aufgrund von bürokratischen und finanziellen Hürden sowie logistischen Herausforderungen leider nicht besucht werden.[67] Dieser Umstand verhinderte jedoch nicht die angemessene Auseinandersetzung mit dem Thema, da die einschlägigen Quellen aus dem Archiv bereits

[65] Siehe beispielsweise Utermark, *»Schwarzer Untertan versus schwarzer Bruder«*, Abschnitt *Die Umsetzung der Dernburgschen Reformen. Beginn einer humanen Ära?*, ab S. 207.

[66] Zum Begriff der Reform und den Unterscheidungen zu einfachen Veränderungen sowie dem Begriff der Revolution siehe Krockow, Christian v.: *Reform als politisches Prinzip*, München 1976, S. 11–18 und 82.

[67] Nach Jürgen Wächter liegt in Dar es Salaam nur ein kleiner Teil der gesamten Bestände der Kolonialverwaltung, da viele Akten im Ersten Weltkrieg, in der britischen Zeit und durch die unzureichenden Lagerbedingungen verloren gegangen sind. Es ist ebenso anzumerken, dass etwa ein Drittel der Akten im Bundesarchiv Berlin durch Kriegseinwirkungen vernichtet wurde. Vgl. Wächter, H. Jürgen: *Naturschutz in den deutschen Kolonien in Afrika (1884–1918)*, Münster 2008, S. 9.

von älteren Forschungsarbeiten verwendet und ausgewertet wurden. Diese wichtigen Informationen konnten somit aus der Sekundärliteratur entnommen werden.

Als zweiten wichtigen Quellenkorpus wären die Publikationen von Stuhlmann persönlich zu nennen. Hierzu gehören unter anderem das Werk zu seiner ersten Studienreise[68], der umfangreiche Reisebericht der Emin-Pascha-Expedition[69], ein in Lexikonform geschriebenes Werk über die Kulturgeschichte Ostafrikas, in welchem Stuhlmann seine kolonialpolitische und wirtschaftliche Grundhaltung darlegt[70], eine ethnologisch-historische Studie zu Handwerk und Industrie in Ostafrika[71] sowie mehrere weitere kulturgeschichtliche, ethnologische und weltpolitische Schriften[72]. Weiterhin veröffentlichte Stuhlmann zahlreiche Artikel und Berichte im *Tropenpflanzer,* im *Deutschen Kolonialblatt,* in den *Mitteilungen von Forschungsreisenden aus Schutzgebieten* und weiteren kolonialen Publikationsorganen beziehungsweise Zeitschriften. Zuletzt wurden für diese Studie Zeitungsberichte und Publikationen *über* Stuhlmann und seine kolonialen Tätigkeiten herangezogen.

Neben dem Gewinnen von historischen Fakten ist es vor allem erkenntnisreich, aus den Verwaltungsakten, den Egodokumenten und den Publikationen die Zwischentöne in der Kommunikation der Akteure herauszulesen. Dieses Zwischen-den-Zeilen-Lesen bewahrt die Leserin und den Leser vor allem vor den psychischen Vereinnahmungen der kolonialen Akteure und ihrer teils aggressiven und rassistischen

68 Stuhlmann, Franz: *Zoologische Ergebnisse einer in den Jahren 1888–1890 mit Unterstützung der Königlichen Akademie der Wissenschaften zu Berlin von Dr. Franz Stuhlmann in die Küstengebiete in Ost-Afrika unternommenen Reise. Band 1*, Berlin 1893.

69 Ders.: *Mit Emin Pascha ins Herz von Afrika. Ein Reisebericht mit Beiträgen von Emin Pascha; zwei Teile in einem Band*, Berlin 1894.

70 Ders.: *Beiträge zur Kulturgeschichte von Ostafrika. Allgemeine Betrachtungen und Studien über die Einführung und wirtschaftliche Bedeutung der Nutzpflanzen und Haustiere mit besonderer Berücksichtigung von Deutsch-Ostafrika*, Berlin 1909.

71 Ders.: *Handwerk und Industrie in Ostafrika. Kulturgeschichtliche Betrachtungen*, Hamburg 1910.

72 Ders.: *Ein kulturgeschichtlicher Ausflug in den Aures (Atlas von Süd-Algerien). Nebst Betrachtungen über die Berber-Völker*, Hamburg 1912, ders.: *Die Mazigh-Völker. Ethnographische Notizen aus Süd-Tunesien*, Hamburg 1914, sowie ders.: *Der Kampf um Arabien zwischen der Türkei und England*, Halle/Saale/Hamburg 1916.

Rhetorik. Dass die Quellen gelegentlich ihr »Veto«[73] einlegen und über bestimmte Sachverhalte schweigen, muss ebenfalls bedacht werden.

Im Museum am Rothenbaum (MARKK), dem ehemaligen Völkerkundemuseum Hamburg, lagert ein größerer Bildbestand von Franz Stuhlmann aus den Jahren 1888 bis 1901, der ein breites Spektrum an Themen und Orten abbildet. Es handelt sich um Aufnahmen aus dem Botanischen, der Architektur oder der Anthropologie, die in Ostafrika, Madagaskar sowie auf seiner Studienreise nach Britisch und Niederländisch Indien entstanden.[74]

Festzuhalten bleibt auch, dass der Blickwinkel der vorliegenden Studie mit dieser Quellenlage einseitig bleibt und nur unzureichend die Sicht der afrikanischen Bevölkerung widerspiegelt. Dies kann hier nur vorsichtig und über den Umweg der europäischen Quellen-Perspektive geschehen.[75] Für eine angemessene Betrachtung und Bewertung der deutschen Kolonialzeit und speziell der Person Stuhlmann sind, abgesehen von einer dann zu verändernden Fragestellung, zusätzliche Quellengattungen in Swahili oder lokalen Sprachen, wie beispielsweise mündliche Überlieferungen, heranzuziehen. Das kann aber im Kontext dieser Arbeit nicht geleistet werden.

[73] Koselleck, Reinhart: *Standortbindung und Zeitlichkeit. Ein Beitrag zur historiographischen Erschließung der geschichtlichen Welt*, in: Koselleck, Reinhart (Hg.): *Vergangene Zukunft. Zur Semantik geschichtlicher Zeiten,* Frankfurt am Main 1979, S. 176–210, S. 176–207, speziell S. 204.

[74] Vgl. Möhle, Heiko: *Sansibar um 1890 – eine photographische Fundsache*, in: Bake, Rita (Hg.): *Hamburg–Sansibar, Sansibar–Hamburg. Hamburgs Verbindungen zu Ostafrika seit Mitte des 19. Jahrhunderts,* Hamburg 2009, 75–84, S. 75f. 2017 wurde der Bildbestand an das MARKK abgegeben.

[75] Vgl. Wächter, *Naturschutz in den deutschen Kolonien in Afrika (1884–1918),* S. 10.

2 Historisch-biografische Hinführung

Dieses Kapitel verfolgt zwei Ziele: Zum einen will es den Hauptaustragungsort – Ostafrika – historisch und geografisch bis 1891 vorstellen, um alle folgenden Ereignisse und Prozesse besser einordnen zu können. Zum anderen soll es darum gehen, die erste Leitfrage, die den kolonialen Werdegang Franz Stuhlmanns untersucht, zu bearbeiten. Hierzu wird die Genese der Person vom Zoologen über den Forschungsreisenden zum Kolonialisten beziehungsweise Kolonialbeamten in den Blick genommen. Stuhlmanns individuelles Verhalten in der kolonialen Situation und der historische Zufall spielen dabei eine hervorgehobene Rolle.[1]

2.1 Ostafrika bis zum Jahr 1891

Die klassischen Darstellungen deutscher Kolonialgeschichte im ostafrikanischen Raum beginnen üblicherweise mit Carl Peters (1856–1918) und den Expeditionen der Gesellschaft für Deutsche Kolonisation (GfDC) ab 1884 beziehungsweise ab 1885 der Deutsch-Ostafrikanischen Gesellschaft (DOAG).[2] Michael Pesek hat aber darauf hingewiesen, dass eine solche Datierung historischer Prozesse für die Geschichtsschreibung zwar legitim ist, jedoch die Gefahr besteht, »die Prozesshaftigkeit dieser Prozesse abzuschneiden«[3]. Aus diesem Grund ist es wichtig, den interregionalen Karawanenhandel des 19. Jahrhunderts in die Geschichte der deutschen Okkupation Ostafrikas einzubinden, da er eine grundlegende Voraussetzung sowohl für die ersten

1 Zur kolonialen Situation vgl. Balandier, Georges; Herterich, Günter: *Die koloniale Situation. Ein theoretischer Ansatz*, in: Albertini, Rudolf v. (Hg.): *Moderne Kolonialgeschichte*, Köln 1970, S. 105–124. Nach Arnd Hoffmann ist der Zufall in der Geschichte keinesfalls unbedeutend, sondern ein »produktive[r] und mitbegründende[r] Faktor[...] bei der Konstitution von Geschichten und historischer Erfahrung [...]«. Hoffmann, Arnd: *Zufall und Kontingenz in der Geschichtstheorie. Mit zwei Studien zu Theorie und Praxis der Sozialgeschichte*, Frankfurt am Main 2005, S. 14.

2 Bspw. Bückendorf, Jutta: *»Schwarz-weiß-rot über Ostafrika!«. Deutsche Kolonialpläne und afrikanische Realität*, Münster 1997, S. 197–200, 210f., sowie Speitkamp, Winfried: *Deutsche Kolonialgeschichte*, Stuttgart 2005, S. 25f.

3 Pesek, *Koloniale Herrschaft in Deutsch-Ostafrika*, S. 35.

europäischen Forschungsreisenden und Handelshäuser als auch für die spätere Herausbildung kolonialherrschaftlicher Strukturen war.

Die Landstriche vom Indischen Ozean bis zu den Großen Seen waren seit frühester Zeit Orte des Austausches zwischen Kulturen und Völkern. Die ostafrikanische Küste war bereits Ägyptern, Griechen und Römern bekannt.[4] Ab dem 10. Jahrhundert liegen arabische Reisebeschreibungen der Region vor und besonders die Küste mit der Stadt Kilwa war in ein weit verzweigtes Handelsnetz über das Rote Meer, die Arabische Halbinsel und Indien eingebunden.[5] Im Laufe der Jahrhunderte gab es etliche kulturelle, politische und gesellschaftliche Verschiebungen im Osten des afrikanischen Kontinents, die hier im Detail nicht dargestellt werden können. Es ist jedoch wichtig zu erwähnen, dass das Gebiet der Großen Seen in den letzten Dekaden vor dem Beginn des 19. Jahrhunderts weitestgehend von der Küste abgeschottet war.[6] Die Gründe hierfür könnten in der als unüberwindbar und gefährlich geltenden Topografie der Landstriche zwischen Küste und Seen liegen oder eher in der mangelnden wirtschaftlichen Notwendigkeit, da das Zwischenseengebiet als sehr fruchtbar galt.[7] Dieser Zustand änderte sich allmählich zu Beginn des 19. Jahrhunderts, als Sultan Sayyid Said ibn Sultan al-Busaidi (1791–1856) im Jahr 1832 seinen Herrschaftssitz von Oman nach Sansibar verlegte.[8] Durch ihre günstige Lage im Monsunsystem des Indischen Ozeans, ihren hervorragenden natürlichen Hafen vor Sansibar-Stadt und die geringe Entfernung von nur 35 Kilometern zum afrikanischen Festland wurde die Insel zur optimalen Ausgangsbasis für eine prosperierende Handelsmetropole. Sansibar entwickelte sich zum »Tor nach Ostafrika«[9]. Ein wichtiger Grund für diese Entwicklung war der erfolgreiche Anbau von Plantagenkulturen wie Zucker und Nelken und das daraus resultierende Bedürfnis nach Arbeitskräften. Parallel dazu stieg im Indischen Ozean die Nachfrage nach Elfenbein an und auch die europäischen Mächte nahmen das Sultanat von Sansibar mehr und mehr in ihren Fokus.[10] Die Fertigstellung

[4] Alpers, Edward A.: *The coast and the development of the caravan trade*, in: Kimambo, Isaria N.; Temu, A. J. (Hg.): *A history of Tanzania.*, Nairobi 1969, S. 35–56, S. 35f.

[5] Ebd., S. 36.

[6] Wesseling, *Teile und herrsche*, S. 123.

[7] Bückendorf, *»Schwarz-weiß-rot über Ostafrika!«*, S. 15f.

[8] Alpers, *The coast and the development of the caravan trade*, S. 45 und Pesek, *Koloniale Herrschaft in Deutsch-Ostafrika*, S. 44.

[9] Bückendorf, *»Schwarz-weiß-rot über Ostafrika!«*, S. 73f.

[10] Ebd., S. 88–90.

des Suez-Kanals 1869 ließ den Indischen Ozean allgemein und speziell Sansibar sprichwörtlich näher an Europa heranrücken. Auch Hamburger Handelsunternehmen stiegen in die Geschäfte mit dem Elfenbein ein und gründeten ab der Mitte des 19. Jahrhunderts Niederlassungen auf der Insel, so zum Beispiel die Firma Hansing & Co. 1853.[11] In diesem Abschnitt wird deutlich, dass deutsche und besonders Hamburger Unternehmen schon lange vor der offiziellen Gründung deutscher Kolonien Anteil am kolonialen Handel in der Welt hatten.[12]

Der sansibarische Staat gab in Form von Karawanen die maßgeblichen Impulse zur Etablierung intensiver Handelskontakte mit dem ostafrikanischen Inland. Nach Michael Pesek war der Karawanenhandel einer der entscheidenden historischen Prozesse im Ostafrika des 19. Jahrhunderts.[13] Er brachte soziale, politische und wirtschaftliche Veränderungen mit sich. Moderne Luxusgüter und Feuerwaffen kamen in das Landesinnere, ebenso der Islam. Es entwickelte sich eine Trägerökonomie und Schriftlichkeit verbreitete sich intensiv.[14] Dem Siedlungsgebiet der Nyamwezi rund um die Ortschaft Tabora,[15] etwa 1.000 Kilometer von der Küste entfernt, kam dabei eine Schlüsselposition zu. So diente Tabora nicht nur als Rast- und Umschlagsplatz für Karawanen, sondern wurde auch zum bedeutendsten Rekrutierungsgebiet für Träger. Die Nyamwezi waren dabei »ein geradezu klassisches Beispiel für die Erfindung von ›Stämmen‹ während der Kolonialzeit«, denn »verstanden als ethnische Gemeinschaft, Volk oder ›kulturell, volkmäßige und im wesentlichen politische Einheit‹ […] gab es [die Nyamwezi]

[11] Pesek, *Koloniale Herrschaft in Deutsch-Ostafrika*, S. 45. Ausführlicher zu den Hamburger Handelshäusern auf Sansibar siehe Bückendorf, *»Schwarz-weiß-rot über Ostafrika!«*, S. 150–153, sowie speziell zu Hansing bei Washausen, Helmut: *Hamburg und die Kolonialpolitik des Deutschen Reiches 1880 bis 1890*, Hamburg 1968, S. 83–88. Lesenswert aus zeitgenössischer Perspektive sind die Erinnerungen von Justus Strandes und seiner Zeit in Ostafrika, vgl. Strandes, Justus; Harding, Leonhard: *Erinnerungen an Kindheit und Jugend und an die Kaufmannszeit in Hamburg und Ostafrika. 1865–1889*, Hamburg 2004.

[12] Vgl. Washausen, *Hamburg und die Kolonialpolitik des Deutschen Reiches 1880 bis 1890*.

[13] Pesek, *Koloniale Herrschaft in Deutsch-Ostafrika*, S. 35.

[14] Ebd., S. 42 und ausführlicher bei Roberts, Andrew: *Political Change in the Nineteenth Century*, in: Kimambo, Isaria N.; Temu, A. J. (Hg.): *A history of Tanzania.*, Nairobi 1969, S. 57–84, speziell S. 58–60.

[15] Ausführlich zur Entwicklung von Tabora siehe Becher, Jürgen: *Dar-es-Salaam, Tanga und Tabora. Stadtentwicklung in Tansania unter deutscher Kolonialherrschaft (1885–1914)*, Stuttgart 1997.

wahrscheinlich nicht«.[16] Wie bei vielen Gesellschaften in Afrika trafen in diesem Fall Mobilität, flexible Gruppenstrukturen, diverse Herrschaftsmodelle und überlappende Netzwerke auf starre europäisch-koloniale Gesellschaftsvorstellungen. Neben der Erfindung der Nyamwezi als ›Stamm‹ stellt sich dazu auch die Frage nach Handlungsmacht. So wurde von der Forschung lange ignoriert, dass die Nyamwezi über *agency*[17] verfügten und sich durchaus gegenüber den Arabern aus Sansibar und später auch gegen die Deutschen behaupten konnten.[18]

> *»Wenn sich Träger selbst als Nyamwezi oder Yao bezeichneten, übernahmen sie die in der Welt des Karawanenhandels zirkulierenden Begriffe. Und mehr noch, sie banden diese Begrifflichkeiten in ihre Strategien der Selbstbehauptung in die Welt des Karawanenhandels ein. Ethnische und lokale Identitäten verbanden sich in diesem Prozess mit den sozialen und funktionalen Hierarchien der Karawanen.«*[19]

Ab dem letzten Drittel des 19. Jahrhunderts rückten Afrika und in dieser Arbeit speziell Ostafrika wieder in das Blickfeld der Europäer, vor allem von Forschungsreisenden und Missionaren. War ihnen bis dahin das Inland des Kontinents trotz Handelskontakten an den Küsten weitestgehend unbekannt[20], so sorgte eine veränderte politische Weltlage für eine von nun an fortschreitende Durchdringung der afrikanischen Landmasse. Technische Entwicklungen, wie die Dampfschifffahrt, die Eisenbahn oder der Telegraf, kombiniert mit einem kulturellen und ideologischen Optimismus beziehungsweise Fortschrittsglauben sorg-

16 Ebd., S. 85f.

17 *Agency* bedeutet »Handlungsmacht der Kolonisierten innerhalb der kolonialen Situation«, siehe Horstmann, Anne-Kathrin: *Wissensproduktion und koloniale Herrschaftslegitimation an den Kölner Hochschulen. Ein Beitrag zur »Dezentralisierung« der deutschen Kolonialwissenschaften*, Frankfurt am Main 2015, S. 17.

18 Becher, *Dar-es-Salaam, Tanga und Tabora*, S. 86f.

19 Pesek, *Koloniale Herrschaft in Deutsch-Ostafrika*, S. 58.

20 Jutta Bückendorf führt an dieser Stelle vor allem an, dass die großen Mächte dieser Epoche hauptsächlich in anderen Weltregionen aktiv waren. Sie stellt fest, dass noch 1879 etwa 90 % des afrikanischen Territoriums von einheimischen Machthabern regiert wurden. Vgl. Bückendorf, *»Schwarz-weiß-rot über Ostafrika!«*, S. 108.

ten dafür, dass sich bei den Europäern ein zunehmendes Interesse an dem Kontinent und seinen Einwohnern entwickelte.[21]

> »*Ihre wichtigsten Motivationen* [die der Forscher, Missionare, Händler, Anm. BG] *waren wissenschaftliche Neugier, persönliches Geltungsbedürfnis und wirtschaftliche Vorteile, fast immer auch ein kulturelles, humanitäres und religiöses Sendungsbewusstsein, mit dem die europäische Einmischung in Afrika gerechtfertigt wurde.*«[22]

Nun trafen die Europäer in Ostafrika aber nicht auf menschenleeres oder staatenloses Land, einer *terra nullius*, wie es oftmals zu den Vorstellungswelten der Kolonisierenden gehörte, sondern auf eine prosperierende Region, in der die Menschen in unterschiedlichsten Herrschaftsverhältnissen lebten.[23] Nur ließen sich die unterschiedlichen Herrschaftsverhältnisse vor Ort eben nicht einfach auf europäische Vorstellungen übertragen. Herrschaft war in Ostafrika vorrangig Macht über Menschen und nicht über klar definierte Territorien.[24] Michael Peseks These lautet hierzu, dass sich die Europäer, vor allem die Forschungsreisenden (und später die Kolonisatoren) bei ihrer Ankunft in Ostafrika, und speziell auf Sansibar, eines etablierten Systems bedienen konnten beziehungsweise darauf angewiesen waren. Es gab professionelle Träger, die ihre Dienste bereitstellten, lokale Händler verkauften Ausrüstungsgegenstände und Orts- und Sprachkundige boten sich als Führer und Dolmetscher an. Zudem führten die Forschungsreisen oftmals entlang der bekannten Karawanenrouten. Die Europäer waren besonders in dieser Frühphase kolonialer Begegnungen abhängig von

[21] Ebd., S. 115, sowie van Laak, Dirk: *Imperiale Infrastruktur. Deutsche Planungen für eine Erschließung Afrikas 1880 bis 1960*, Paderborn / München / Wien / Zürich 2004, S. 52f.

[22] Bückendorf, *»Schwarz-weiß-rot über Ostafrika!«*, S. 115.

[23] Gwassa, Gilbert Clement Kamana: *The German intervention and African resistance in Tanzania*, in: Kimambo, Isaria N.; Temu, A. J. (Hg.): *A history of Tanzania.*, Nairobi 1969, S. 85–122, S. 87–89 sowie van Laak, Dirk: *Kolonien als »Laboratorien der Moderne«?*, in: Conrad, Sebastian; Osterhammel, Jürgen (Hg.): *Das Kaiserreich transnational. Deutschland in der Welt 1871–1914,* Göttingen 2004, S. 257–279, S. 263. Zum Diskurs um den Begriff *terra nullius* vgl. Fitzmaurice, Andrew: *The Genealogy of Terra Nullius*, in: *Australian Historical Studies* 38. 129 (2007), S. 1–15 sowie allgemein in den postkolonialen Diskurs eingeordnet bei Castro Varela, María do Mar; Dhawan, Nikita: *Postkoloniale Theorie. Eine kritische Einführung*, Bielefeld 2005, S. 11–15.

[24] Conrad, *Deutsche Kolonialgeschichte*, S. 40.

lokalen Machtstrukturen. Passten sie sich nicht an, drohten ihre Reisen und Expeditionen schon gleich zu Beginn zu scheitern.[25]

Anfänglich drehte sich bei den Forschungsreisenden und Missionaren alles um die Fragen, wo die Quellen des Nils zu finden waren und ob es möglich sei, dass auf einem Berg am Äquator Schnee liegen könne.[26] 1848 reisten die beiden deutschen Missionare Johann Ludwig Krapf (1810–1881) und Johannes Rebmann (1820–1876) als erste Europäer an den schneebedeckten Kilimandscharo und berichteten von großen Binnenseen in Zentralafrika. Dies wiederum ermunterte die beiden Briten Richard Francis Burton (1821–1890) und John Hanning Speke (1827–1864) zu ihren Reisen, um die Quellen des Nils zu finden. Zweifelhafte Berühmtheit erlangte außerdem der britisch-amerikanische Journalist Henry Morton Stanley (1841–1904) mit seiner Suche nach David Livingstone (1813–1873), die von vornherein als Medienspektakel geplant war.[27] Stanley spielte auch 1888 / 89 bei der ›Rettung‹ von Emin Pascha (1840–1892) eine wichtige Rolle, die vor allem den deutschen Kolonisatoren vor Ort und ganz besonders Carl Peters missfiel.[28] Denn die allermeisten Reisenden in Afrika waren neben ihren wissenschaftlichen oder missionarischen Ansprüchen überaus stark in ihre jeweiligen nationalen Kolonialprojekte integriert. »Aus geographischen Entdeckungen von Reisenden wurden nicht selten territoriale Ansprüche ihrer Nation abgleitet.«[29] Und mit Carl Peters bekamen die deutschen Ambitionen in Ostafrika ab 1884 tatsächlich eine neue Dimension, wenn auch von offizieller, politischer Seite eher unfreiwillig.

Über die Geschichte des deutschen Kolonialismus und besonders über die Frage, weshalb das Deutsche Reich unter Otto von Bismarck (1815–1898) nach anfänglicher Ablehnung eines staatlichen Territorialkolonialismus dann doch ab 1884/1885 in Afrika offizielle Kolonialmacht wurde, ist ausgiebig geschrieben und gestritten worden.[30] An

25 Pesek, *Koloniale Herrschaft in Deutsch-Ostafrika*, S. 43, 66–68 und speziell S. 109f., sowie Bückendorf, *»Schwarz-weiß-rot über Ostafrika!«*, S. 137.

26 Bückendorf, *»Schwarz-weiß-rot über Ostafrika!«*, S. 137; Pesek, *Koloniale Herrschaft in Deutsch-Ostafrika*, S. 105.

27 Bückendorf, *»Schwarz-weiß-rot über Ostafrika!«*, S. 118–120, 138–140 sowie Pesek, *Koloniale Herrschaft in Deutsch-Ostafrika*, S. 105.

28 Siehe dazu Kapitel 2.2.2 in dieser Arbeit.

29 Pesek, *Koloniale Herrschaft in Deutsch-Ostafrika*, S. 106.

30 An dieser Stelle kann nicht die gesamte europäische bzw. deutsche Kolonialgeschichte mit all ihren Konferenzen, Strömungen, Gesellschaften und Unternehmungen dargestellt werden. Gute Überblicke liefern u.a. van Laak, *Imperiale Infrastruktur*, insb. S. 53–66, Conrad, *Deutsche Kolonialgeschichte* und allgemein

dieser Stelle soll die Erkenntnis ausreichen, dass Bismarck koloniales Engagement nicht durchweg ablehnte. Privat organisierte Unternehmungen mit minimaler staatlicher Unterstützung (beispielsweise die Bereitstellung von Kohlestationen) nach dem Vorbild der Britischen *East India Company* waren durchaus in Bismarcks Sinne, solange keine Konflikte mit den europäischen Nachbarn daraus resultierten.[31] Eberhard Kolb bringt die neueren Forschungen zu Bismarcks Kolonialpolitik auf den Punkt:

> *»Gewiß darf man, wie immer bei Bismarck, eine Kombination mehrerer Motive unterstellen. Doch es spricht vieles für die Annahme, daß eine doppelte Überlegung für ihn bestimmend war: Zum einen bestand für das zur Großmacht gewordene Reich kein Grund, beim Wettlauf um die letzten noch ›freien‹ Gebiete auf dem Globus prinzipiell beiseite zu stehen* […]. *Zum anderen war der Erwerb von Schutzgebieten einigermaßen risikolos möglich in einer Phase relativer Ruhe und Stabilität in den außenpolitischen Beziehungen des Reiches.«*[32]

Und weiter sagte Bismarck: »Wir folgen überhaupt keinem fremden Beispiele, sondern wir folgen unseren Kaufleuten mit unserem Schutz. Das ist das Prinzip.«[33] Und eben genau solche »Kaufleute« beziehungsweise Abenteurer machten sich im Herbst 1884 von Deutschland nach Sansibar auf den Weg, denen Bismarck wenig später folgen musste. Carl Peters, »eine der absonderlichsten Persönlichkeiten aus der an kuriosen Figuren so reichen Geschichte des Imperialismus in Afrika«[34] und seine Begleiter[35] waren keineswegs die ersten oder einzigen deutschen

Osterhammel, Jürgen: *Kolonialismus. Geschichte, Formen, Folgen* [8]2017; Reinhard, Wolfgang: *Kleine Geschichte des Kolonialismus*, Stuttgart [2]2008; Wesseling, *Teile und herrsche* und Wehler, Hans-Ulrich: *Bismarck und der Imperialismus*, Köln 1969.

31 Conrad, *Deutsche Kolonialgeschichte*, S. 22f., Bade, Klaus J.: *Das Kaiserreich als Kolonialmacht. Ideologische Projektionen und historische Erfahrungen*, in: Becker, Josef (Hg.): *Die Deutsche Frage im 19. und 20. Jahrhundert. Referate und Diskussionsbeiträge eines Augsburger Symposions, 23. bis 25. September 1981*, München 1983, S. 91–108, S. 99f.

32 Zit. aus Kolb, Eberhard: *Bismarck*, München [2]2014, S. 118.

33 Zit. aus ebd., S. 117.

34 Wesseling, *Teile und herrsche*, S. 129.

35 Mit ihm zusammen waren u.a. noch der Jurist Karl Jühlke (1856–1886) und Joachim Graf von Pfeil (1857–1924) als europäische Vertreter Teil der Expedition. Außerdem schloss sich privat noch der Kaufmann August Otto an.

Reisenden in Ostafrika, jedoch stachen ihr Motiv sowie ihre Reisepraxis hervor. Mit dem Ziel des privaten Landkaufs und der folgenden Kolonisierung gründete Peters zusammen mit Freunden und Gleichgesinnten zunächst die GfDC und schaffte es, ohne Unterstützung des Staates oder einer breiten Öffentlichkeit, die Finanzmittel für die Reise nach Ostafrika aufzubringen.[36] Der Zweck der Gesellschaft war also von vornherein die Gründung einer deutschen Kolonie.[37] Im Gegensatz zu vielen anderen Reisenden hielt sich Peters nicht an die herrschenden Regeln und Gegebenheiten, die zur Vorbereitung und Durchführung einer Expedition essenziell waren. So ignorierte er beispielsweise den Rat der Kaufleute auf Sansibar, einem solchen Vorhaben drei bis vier Monate Vorbereitungszeit zu geben. Auch was die Zusammenstellung der Ausrüstung und die Anzahl der Träger anbelangte, setzte sich die Gruppe um Peters konsequent über lokale Hinweise hinweg.[38] Trotzdem gelang es der Gruppe, in der Region Usagara bis zum Jahresende 1884 zwölf Verträge mit lokalen Herrschern abzuschließen, die Peters als legitimen Anspruch seiner Gesellschaft auf das Land ansah. Pesek beschreibt die Vertragsunterzeichnungen »als ein Ritual, das politische Realitäten zu schaffen suchte«[39]. Das theatralische Schema war laut Peters´ eigenen Berichten immer gleich. So wurde durch die Deutschen eine feierliche Atmosphäre, inklusive Alkohol und »herrischem« Auftreten, geschaffen und danach kurz verhandelt. Die Vorlesung des Vertragstextes fand öffentlich auf Deutsch statt und anschließend wurde bei Flaggenhissung ein dreifaches Hoch auf den Kaiser ausgerufen. Der Jubel der Einheimischen wurde von den Deutschen als wohlwollende Zustimmung gedeutet.[40] Der weitere Verlauf der Usagara-Expedition kam dann aber einem Fiasko gleich. Die Gruppe teilte sich auf, und während Peters und Jühlke unter schweren Fieberanfällen litten und größtenteils zur Küste zurückgetragen wurden, blieben Pfeil und Otto im Land, um eine feste GfDC-Station zu errichten. Otto erlag wenig

[36] Geulen, Christian: *»The Final Frontier …«. Heimat, Nation und Kolonie um 1900*, in: Kundrus, Birthe (Hg.): *Phantasiereiche. Zur Kulturgeschichte des deutschen Kolonialismus*, Frankfurt am Main/New York 2003, S. 35–55, S. 47.

[37] Ausführlich zur Satzung und zu den Zielen der GfDC siehe Bückendorf, *»Schwarz-weiß-rot über Ostafrika!«*, S. 197–200.

[38] Ebd., S. 204. Siehe auch Wesseling, *Teile und herrsche*, S. 130–132.

[39] Pesek, *Koloniale Herrschaft in Deutsch-Ostafrika*, S. 173.

[40] Vgl. Bückendorf, *»Schwarz-weiß-rot über Ostafrika!«*, S. 205 und Pesek, *Koloniale Herrschaft in Deutsch-Ostafrika*, S. 172–174. Quellentext zu einem ›Vertragsabschluss‹ zu finden bei Peters, Carl: *Gesammelte Schriften*, München/Berlin 1943, S. 302.

später seinen Fieberanfällen, während der ebenfalls erkrankte Graf von Pfeil nur durch die Hilfe der benachbarten französischen Station überlebte.[41]

Obwohl die in den Verträgen geschlossenen Landabtretungen der afrikanischen Herrscher an die Deutschen erstens keine lokale Rechtsgrundlage und zweitens auch noch keine reale Konsequenz vor Ort hatten, so betrachteten doch beide Vertragsparteien die Unterzeichnung als Gewinn. Die lokalen Machthaber waren oftmals gut über die europäischen Machtverhältnisse informiert und erhofften sich durch die Verträge militärische und wirtschaftliche Vorteile gegenüber ihrer lokalen Konkurrenz. Auf der anderen Seite hatte Carl Peters unterzeichnete Dokumente in der Hand, mit denen er bei Bismarck um nachträgliche staatliche Legitimierung und Unterstützung seines Handelns bitten konnte. Und tatsächlich unterzeichnete der deutsche Kaiser Wilhelm I. Ende Februar 1885 das Protektionsgesuch für das sogenannte ›Schutzgebiet‹ Deutsch-Ostafrika.[42] Was nun folgte, war ein imperiales Schauspiel par excellence.

Zunächst wandelte Peters die GfDC zur DOAG um, weil der Zweck der GfDC erfüllt worden war: Der ›rechtmäßige‹ Landerwerb in Ostafrika. Mit der DOAG wollten Peters und seine Anhänger in den erworbenen Territorien die Etablierung ihrer Herrschaft sowie die wirtschaftliche Ausbeutung vorantreiben. Von Februar 1885 bis Dezember 1886 erfolgten insgesamt 18 weitere Expeditionen zur Errichtung von DOAG-Stützpunkten.[43] Gleichzeitig sorgte das Bekanntwerden eines offiziellen deutschen Schutzbriefes für Teile Ostafrikas bei den Briten, Franzosen und dem Sultan von Sansibar für Verstimmungen. Während Reichskanzler Bismarck mit Frankreich und Großbritannien auf diplomatischer Ebene in Verhandlungen trat und mit den Briten ein Grenzabkommen für Ostafrika abschloss[44], wurde das Sultanat von Sansibar mit einer unfeinen Art zur Anerkennung der deutschen Ansprüche genötigt. Sultan Bargash bin Said (1837–1888) hatte auf die Gebietserwerbungen der DOAG ebenfalls mit Flaggenhissungen und Vertragsabschlüssen im Hinterland der Küste reagiert und war somit zum direkten Konkurrenten der DOAG geworden. Diese legte wiederum

41 Bückendorf, *»Schwarz-weiß-rot über Ostafrika!«*, S. 206.

42 Die Situation ist hier gekürzt dargestellt worden, ausführlicher bei ebd., S. 207–210, 212f. und Pesek, *Koloniale Herrschaft in Deutsch-Ostafrika*, S. 168.

43 Bückendorf, *»Schwarz-weiß-rot über Ostafrika!«*, S. 210–212 und besonders zu den Expeditionen S. 222–233.

44 Details zum Abkommen bei ebd., S. 251–257.

beim Reichskanzler Beschwerde dagegen ein. Dabei war das Verhalten des Sultans nach der sogenannten ›Kongoakte‹[45] aus europäischer Perspektive durchaus legitim, nur wurde Sansibar in diesem Falle eben nicht als gleichberechtigter Staat im imperialen Kontext anerkannt.[46] Obwohl Sansibar durch einen Vertrag von 1862 mit Großbritannien und Frankreich die Unabhängigkeit garantiert worden war, entschied sich Bismarck für eine Flottendemonstration vor Sansibar-Stadt. Er versicherte sich zuvor, dass die Briten ein solches Vorgehen nicht sanktionieren würden. In dieser aussichtslosen Lage gab Sultan Bargash am 14. August 1885 nach und akzeptierte die deutsche Herrschaft auf dem Festland widerwillig.[47] Die DOAG war keineswegs die einzige deutsche Gesellschaft, die sich für Kolonisation in Ostafrika einsetzte,[48] jedoch diejenige, die es schaffte, das Deutsche Reich in die Rolle einer offiziellen Kolonialmacht zu drängen. Dies gelang ihr unfreiwillig umso mehr, als sie im Großen und Ganzen unfähig war, die von ihr gesteckten Ziele umzusetzen. So forcierte die DOAG anfangs eine Siedlerkolonie. Diese Idee wurde aufgrund von zu wenigen interessierten Siedlern schnell zu einer Plantagenkolonie umgewandelt, die wiederum an der fehlenden Infrastruktur scheiterte. Weder eigneten sich die Wasserstraßen zur Erschließung des Landes, noch gab es genug Kapital und Expertise für den effektiven Bau von Eisenbahnstrecken.[49] Neben diesen infrastrukturellen Problemen sorgte letztendlich das Auftreten des DOAG-Personals für das Scheitern der Gesellschaft, den Ausbruch

45 Vgl. Eckert, Andreas: *Die Berliner Afrika-Konferenz (1884/85)*, in: Zimmerer, Jürgen (Hg.): *Kein Platz an der Sonne. Erinnerungsorte der deutschen Kolonialgeschichte*, Frankfurt am Main/New York 2013, S. 137–149, S. 140f., sowie Bückendorf, *»Schwarz-weiß-rot über Ostafrika!«*, S. 185–188.

46 Die ›Kongo-Konferenz‹ ignorierte afrikanische Souveränitätsrechte schlichtweg. Kein afrikanischer Regent war bei der Konferenz anwesend. Vgl. Bückendorf, *»Schwarz-weiß-rot über Ostafrika!«*, S. 187. Zum damaligen (Nicht-)Geltungsbereich des Völkerrechts in Bezug auf Sansibar siehe auch Demhardt, Imre Josef: *Deutsche Kolonialgrenzen in Afrika. Historisch-geographische Untersuchungen ausgewählter Grenzräume von Deutsch-Südwestafrika und Deutsch-Ostafrika*, Hildesheim/Zürich/New York 1997, S. 33.

47 Bückendorf, *»Schwarz-weiß-rot über Ostafrika!«*, S. 219–222.

48 Bspw. waren die Brüder Clemens (1852–1929) und Gustav Denhardt (1856–1917) zur gleichen Zeit bemüht, in der Landschaft Witu Land zu erwerben und unter deutschen Schutz stellen zu lassen, vgl. ebd., S. 238–240.

49 Laak, Dirk v.: *Über alles in der Welt. Deutscher Imperialismus im 19. und 20. Jahrhundert*, München 2005, S. 71f.

von offenen Feindseligkeiten der Küstenbevölkerung und zum endgültigen Eingreifen des Deutschen Reiches in Ostafrika.[50]

Die latente Ablehnung der deutschen Präsenz durch die hauptsächlich muslimische Bevölkerung entlud sich im Spätsommer 1888, als die DOAG in den Küstenstädten Tanga, Pangani, Bagamoyo, Dar es Salaam, Kilwa, Lindi und Mikindani die offizielle Kontrolle übernahm.[51] Dabei kam es besonders in Pangani und Bagamoyo zu Provokationen seitens der Deutschen. So wurden Moscheen entweiht, willkürlich Steuern und Zölle eingeführt und von den Einheimischen gefordert, ihren Landbesitz mittels Urkunden gegenüber der DOAG nachzuweisen.[52] In den anderen Küstenstädten spielten sich ähnliche Szenen ab und so ist es nachvollziehbar, dass die Bevölkerung zu den Waffen griff und das DOAG-Personal vertrieb beziehungsweise es als Geisel nahm. Nur in Dar es Salaam und Bagamoyo konnten sich die Deutschen mithilfe von Kriegsschiffen behaupten.[53] Die deutsche Kolonialgeschichte in Ostafrika wäre an dieser Stelle sicherlich schnell wieder zu Ende gewesen, wenn sich Reichskanzler Bismarck nicht aus Prestigegründen für ein Eingreifen entschieden hätte. Er sicherte sich die Unterstützung Großbritanniens für eine Küstenblockade zu und überzeugte eine Reichstagsmehrheit davon, aus moralischen und nationalistischen Motiven für die Bewilligung von Geldern für eine Eingreiftruppe zu stim-

[50] In der älteren Fachliteratur wird häufig vom sogenannten ›Araberaufstand‹ gesprochen. Sowohl die Bezeichnung ›Araber‹ als auch ›Aufstand‹ sind aus heutiger Sicht unangemessen und stammen aus deutschen Quellen der Kolonialzeit. Aufgrund mangelnden Wissens über die Küstenbevölkerung gingen die Deutschen pauschal von ›Arabern‹ aus, obwohl es sich die sogenannte ›Swahili-Kultur‹ handelte. Kennzeichnend für die Küstenbevölkerung waren demnach die gemeinsame Sprache Swahili und diverse kulturelle Einflüsse aus dem afrikanischen Inland und von der arabischen Halbinsel. Auch die deutsche Vermutung, dass es sich bei den Aufständischen um Sklavenhalter handelte, stimmte so nicht, da sich auch viele Sklaven selbst am Widerstand beteiligen. Von ›Aufstand‹ sprachen die deutschen Militärs, weil sie ›Krieg‹ mit einem bestimmten Ethos assoziierten, den man allein Europäern vorbehielt. Außerdem suggeriert ›Aufstand‹ eine zuvor akzeptierte Herrschaft, gegen die man sich auflehnt. Diese akzeptierte und etablierte Herrschaft gab es so aber kaum. Zur Swahili-Kultur siehe Maganda, Dainess M.; Moshi, Lioba Mkaficha (Hg.): *The Swahili People and Their Language*, London 2014. Zum Widerstand der Küstenbevölkerung allgemein vgl. Rotberg, Robert I.; Mazrui, Ali A.: *Protest and Power in Black Africa*, New York 1970. Zum Begriff ›Aufstand‹ siehe Becker, Beez, *Der Maji-Maji-Krieg in Deutsch-Ostafrika*.

[51] Rotberg, Mazrui, *Protest and Power in Black Africa*, S. 47.

[52] Pesek, *Koloniale Herrschaft in Deutsch-Ostafrika*, S. 182–184.

[53] Ebd., S. 184f.

men. Im Vordergrund stand die Bekämpfung der Sklaverei.[54] Bismarck ernannte am 2. Februar 1888 Hermann Wissmann[55] zum Kaiserlichen Kommissar für Ostafrika. Dieser sollte mit einem Budget von 2 Millionen Mark eine Truppe zusammenstellen und das, was die Deutschen als ›Aufstand‹ ansahen, niederschlagen. Für den logistischen Aufwand und das territoriale Ausmaß der Kämpfe war dieser Betrag jedoch sehr gering. »Der Schatten des Mangels sollte von Beginn an über dem kolonialen Projekt in Ostafrika liegen«, konstatiert Michael Pesek sehr treffend.[56] Dennoch gelang es Wissmann nach und nach, die Kontrolle über die Küstenstädte zu erlangen. Er schlug den Widerstand mithilfe seiner Söldnertruppe[57] brutal nieder und ließ den maßgeblichen Anführer des Widerstandes Abushiri ibn Salim al-Harthi (geboren ca. 1845)[58] im Dezember 1889 öffentlich hinrichten. Bwana Heri (Lebensdaten unbekannt), der Herrscher über die unabhängige Region Uzigua mit Sitz in Sadani, akzeptierte im März 1890 nach einigen heftigen Kämpfen die deutsche Herrschaft und wurde fortan zu einem willigen Verbündeten der neuen Kolonialherren.[59]

Im Laufe des Jahres 1891 flauten die Kämpfe an der Küste allmählich ab, die noch junge ›Schutztruppe‹ erlangte aber im Sommer des Jahres eine ihrer schwersten Niederlagen. Eine drei Kompanien starke Abteilung unter der Führung von Emil von Zelewski marschierte gegen das mächtige Reich der Hehe und wurde am 17. August 1891 bei Rugaro in unwegsamen Gelände vernichtend geschlagen.[60] Zelewski und neun

54 Tetzlaff, Rainer: *Koloniale Entwicklung und Ausbeutung. Wirtschafts- und Sozialgeschichte Deutsch-Ostafrikas 1885–1914*, Berlin 1970, S. 30f.

55 Seit 1890 *von* Wissmann. Überblick zu Wissmann bei Prinz, Claudia: *Hermann von Wissmann als »Kolonialpionier«*, in: *Peripherie* 30. 2 (2010), S. 315–336. Zum Adelsstand siehe S. 321.

56 Pesek, *Koloniale Herrschaft in Deutsch-Ostafrika*, S. 185.

57 Auch ›Wissmanntruppe‹ genannt. Aus dieser Truppe wurde 1891 die offizielle, kaiserliche ›Schutztruppe‹. Ausführlich hierzu Bührer, Tanja: *Die kaiserliche Schutztruppe für Deutsch-Ostafrika. Koloniale Sicherheitspolitik und transkulturelle Kriegführung 1885 bis 1918*, München 2011.

58 Ausführlicher zu Abushiri bei Rotberg, Mazrui, *Protest and Power in Black Africa*, S. 58–72.

59 Iliffe, John: *A Modern History of Tanganyika*, Cambridge 1999, S. 96f. und Rotberg, Mazrui, *Protest and Power in Black Africa*, S. 72f.

60 Siehe ausführlicher Bührer, Tanja: *Die Hehe und die Schutztruppe in Deutsch-Ostafrika. Die Schlacht bei Rugaro 1891*, in: Dierk Walter; Kundrus, Birthe (Hg.): *Waffen, Wissen, Wandel. Anpassung und Lernen in transkulturellen Erstkonflikten,* Hamburg 2012, S. 258–281, sowie zeitgenössisch Nigmann, Ernst: *Geschichte der Kaiserlichen Schutztruppe für Deutsch-Ostafrika*, Berlin 1911.

weitere Deutsche sowie ca. 300 *Askari* fanden den Tod, ebenso wie einige hundert Hehe.[61] Diese Niederlage versetzte die Kolonialverwaltung förmlich in eine Schockstarre, da sie auf einen Schlag ein Viertel ihrer Truppen verlor. Erst im Oktober 1894 gelang es der ›Schutztruppe‹ unter Gouverneur Friedrich von Schele, das Hehe-Reich gewaltsam zu unterwerfen.[62]

Das Kaiserreich entband die DOAG im November 1890 von ihren hoheitlichen Aufgaben, überließ ihr aber ihre wirtschaftlichen Privilegien und erkannte ihr eine verzinste 10-Milionen-Mark-Anleihe zu.[63] Dar es Salaam wurde zum Sitz des Gouvernements gewählt.[64] Mit Julius von Soden (1846–1921) wurde am 1. Januar 1891 ein ziviler Beamter erster Gouverneur von Deutsch-Ostafrika. Ihm zur Seite standen drei Kommissare, bei denen allerdings die Kompetenzen völlig unklar waren. Es handelte sich um Herrmann von Wissmann, Carl Peters und den kurz zuvor aus dem Sudan ›geretteten‹ Eduard Schnitzer (1840–1892) alias Emin Pascha.[65] Ralph Austen bringt die erste Phase des deutschen Kolonialismus auf den Punkt:

> *»From the perspective of the Berlin metropole, the first stages of German colonial government offered a spectacle of political embarrassment, administrative incompetence, and economic corruption.«*[66]

[61] Bührer, *Die Hehe und die Schutztruppe in Deutsch-Ostafrika*, S. 259, 275.

[62] Ebd., S. 272–274. Siehe auch Pesek, *Koloniale Herrschaft in Deutsch-Ostafrika*, S. 193. Schätzungsweise kamen dabei etwa 100.000 Afrikaner in der Region ums Leben.

[63] Von der sie aber 4 Millionen Mark an den Sultan von Sansibar als Entschädigung für den Wegfall seines Einflusses über den Küstenstreifen zahlen musste, vgl. Klein-Arendt, Reinhard: *Ein Land wird gewaltsam in Besitz genommen. Die Kolonie Deutsch-Ostafrika*, in: Becker, Felicitas; Beez, Jigal (Hg.): *Der Maji-Maji-Krieg in Deutsch-Ostafrika. 1905–1907*, Berlin 2005, S. 28–48, S. 33. Siehe allgemein Albertini, Wirz, *Europäische Kolonialherrschaft 1880–1940*, S. 305.

[64] Conrad, *Deutsche Kolonialgeschichte*, S. 31 und Pesek, *Koloniale Herrschaft in Deutsch-Ostafrika*, S. 188f.

[65] Siehe auch Kapitel 2.2.2 in dieser Arbeit und allgemein die aktuelle Biografie von Kirchen, *Emin Pascha*, 2014.

[66] Austen, *Northwest Tanzania under German and British Rule*, S. 62.

2.2 Vom Forschungsreisenden zum Kolonisator

Nachdem der historische Rahmen abgesteckt wurde, soll es in diesem Abschnitt um den frühen Lebenslauf Stuhlmanns, um die Umstände seiner ersten Ostafrikareise 1888 und um seine Genese vom Forschungsreisenden zum Kolonisator gehen. Dieses geschieht in grober Anlehnung an Michael Peseks ausführlicher Auseinandersetzung mit europäischen Reisenden in Ostafrika im »Morgengrauen der Kolonialherrschaft«.[67]

2.2.1 Günstige Gelegenheiten – Stuhlmanns Weg nach Ostafrika

Franz Ludwig Stuhlmann wurde am 29. Oktober 1863 in Hamburg-St. Georg geboren. Sein Vater Rudolph war Maurermeister und Architekt. Die Familie lebte in den 1890er-Jahren in Hamburg-Borgfelde.[68] Franz Stuhlmann besuchte bis zum 1. April 1883 das Realgymnasium des Johanneums[69] und studierte von April 1883 bis März 1884 an der Universität Tübingen Naturwissenschaften. Seinen militärischen Pflichtdienst leistete er während dieser Zeit beim 7. Württembergischen Infanterieregiment Nr. 125 ab.[70] Stuhlmann war ab dem Sommersemester 1884 an der Philosophischen Fakultät der Albert-Ludwigs-Universität Freiburg eingeschrieben[71] und verfasste bis zum Frühjahr 1886

[67] Vgl. Pesek, *Koloniale Herrschaft in Deutsch-Ostafrika*, S. 102–160 und speziell S. 153–160.

[68] Staatsarchiv Hamburg: *Taufregister St. Georg 1864*, St. Georg VIII Ba 49 1864.

[69] Staatsarchiv Hamburg, *Personalakte Stuhlmann*, 361–6, I 86 Bd. 1.

[70] Universitätsbibliothek Eberhard Karls Universität Tübingen: *Verzeichnis der Studierenden der Universität Tübingen*, L XV 24.4, 1883, S. 44, sowie Staatsarchiv Hamburg, *Personalakte Stuhlmann*, 361–6, I 86 Bd. 1. Durch seinen höheren Schulabschluss konnte Stuhlmann den Militärdienst als sogenannter Einjährig-Freiwilliger ableisten, anstatt drei Jahre aktiv dienen zu müssen. Zwar musste er sich dabei selbst einkleiden und verpflegen, er konnte jedoch seinen Einsatzort frei wählen und wurde schon nach einem Dienstjahr in die Reserve entlassen. Dadurch eröffnete sich ihm die Möglichkeit, zum angesehenen Reserveoffizier aufzusteigen. Die Eignung zum Einjährig-Freiwilligen lässt auf ein eher wohlsituiertes Elternhaus schließen. Details bei Wette, Wolfram: *Militarismus in Deutschland. Geschichte einer kriegerischen Kultur*, Frankfurt am Main 2008, speziell zum bürgerlichen Reserveoffizier siehe S. 60–64.

[71] Universitätsarchiv der Albert-Ludwigs-Universität Freiburg: *Verzeichnisse der Studierenden (ab 1822), für die Jahre 1884–1886.* Im Sommersemester 1886 erscheint Stuhlmanns Name nur noch durchgestrichen auf der Liste.

seine Doktorarbeit bei August Weismann, dem dortigen Professor für Zoologie.[72] Während dieser Zeit gelang ihm auch die Beförderung zum gesellschaftlich angesehenen Reserveoffizier beim 5. Badischen Infanterieregiment Nr. 113 in Freiburg.[73] Laut der Personalakte im Staatsarchiv Hamburg studierte Stuhlmann zwischenzeitlich an der Universität Kiel und hatte von Mai 1887 bis Februar 1888 eine Anstellung als Assistent am zoologischen Institut der Universität Würzburg inne. Er arbeitete dort für den Zoologieprofessor Karl Semper. Spätestens hier stand Stuhlmann vor der Entscheidung, entweder sofort eine Habilitation zu beginnen oder sich auf Reisen zu begeben. Während ihm sein Freund Karl Kraepelin zu Ersterem riet, schien der Einfluss von Karl Semper auf Stuhlmann größer gewesen zu sein. Semper selbst hatte in den Jahren 1858 bis 1865 eine umfangreiche Studienreise auf die Philippinen und die Palau-Inseln unternommen und sich danach erfolgreich habilitiert.[74] So hoffte Stuhlmann ebenfalls diesen Weg einschlagen zu können.[75] Für die finanziellen und logistischen Vorbereitungen der Reise konnte er zum einen auf eine Förderung der Berliner Akademie der Wissenschaften über 3.000 Mark zählen und zum anderen auf die verwandtschaftlichen Beziehungen zum Hamburger Handelshaus Hansing & Co. zurückgreifen. Stuhlmann war der Neffe des Firmenchefs Ludwig Hansing.[76] Im Februar 1888 brach Stuhlmann über Berlin und Neapel nach Sansibar auf, wo er bei Justus Strandes (1859–1930) in den Räumlichkeiten von Hansing und Co. unterkam.[77] Stuhlmann war zu diesem Zeitpunkt gerade einmal 24 Jahre alt. Abbildung 2 im An-

[72] Die Arbeit trägt den Titel *Die Reifung des Arthropodeneies*. Es handelt sich hierbei um eine zoologische Arbeit über die Eier von Gliederfüßern und nicht, wie Reinhart Bindseil behauptet, um die Aalmutter. Vgl. Bindseil, *Franz Stuhlmann (1863–1928)*, S. 7. Der korrekte Nachweis ist zu finden im Preussische Staatsbibliothek: *Jahresverzeichnis der an den deutschen Universitäten erschienenen Schriften, 1885–87*, Berlin 1891, S. 62.

[73] Siehe Fußnote 145.

[74] Heß, Wilhelm: *Semper, Karl*, in: *Allgemeine Deutsche Biographie* 54 (1908), S. 315–316.

[75] Vgl. Essner, *Deutsche Afrikareisende im neunzehnten Jahrhundert*, S. 88.

[76] Stuhlmann, *Zoologische Ergebnisse einer in den Jahren 1888–1890 mit Unterstützung der Königlichen Akademie der Wissenschaften zu Berlin von Dr. Franz Stuhlmann in die Küstengebiete in Ost-Afrika unternommenen Reise*, *Vorwort*; Strandes, Harding, *Erinnerungen an Kindheit und Jugend und an die Kaufmannszeit in Hamburg und Ostafrika*, S. 167.

[77] Vgl. Staatsarchiv Hamburg: *Nachlass Franz Stuhlmann*, 622–2/63, B I, Tagebücher, sowie Strandes, Harding, *Erinnerungen an Kindheit und Jugend und an die Kaufmannszeit in Hamburg und Ostafrika*, S. 167.

hang zeigt Stuhlmann auf einem Ausflug mit Freunden auf Sansibar. Man beachte das Gewehr, welches neben Stuhlmann lehnt. Bewaffnung gehörte offenbar zum Alltag der Europäer in Ostafrika, wie man auf Abbildung 3 erkennen kann. In Stuhlmanns Zimmer in Hansings Haus auf Sansibar lehnen in der Ecke zwei Gewehre. An der Wand hängen ein Bajonett und ein Revolver. Es kann vermutet werden, dass Stuhlmann bei Ausflügen und Reisen permanent bewaffnet war. Die Waffen dienten neben der Jagd auf Tiere auch dem Sicherheitsbedürfnis der Europäer.

Neben der Untersuchung der Fauna auf Sansibar unternahm Stuhlmann im Sommer 1888 eine Expedition von der gegenüberliegenden Küste nach Usegúha und Ugún im Landesinneren. Nachdem sich ab August 1888 die Küstenbevölkerung gegen die Herrschaftsübernahme der DOAG zur Wehr setzte, schlug sich Stuhlmann mit viel Glück zurück nach Sansibar durch und reiste anschließend nach Quilimane in Portugiesisch-Ostafrika, um seine Studien dort fortzusetzen.[78] Gegen Ende des Jahres 1889 meldete sich Stuhlmann nach eigenen Angaben freiwillig in der ›Wissmann-Truppe‹ und wurde bei dem Gefecht von Mlembúle im Januar 1890 verwundet.[79] Somit endete Stuhlmanns Studienreise im Krankenbett, während sich Emin Pascha (1840–1892) und Henry Morton Stanley (1841–1904) aus dem Landesinneren auf die Küste zubewegten. Der Zufall verband im Jahr 1890 die beiden Akteure Stuhlmann und Emin Pascha, deren Geschichte im folgenden Abschnitt vorgestellt werden soll.

2.2.2 Die Emin-Pascha-Expedition 1890–1892

> »[…] *ich weiß nicht, warum all die Leute sich einbilden, daß das Deutsche Gouvernement mich in Ostafrika beschäftigen werde!*«[80]

[78] Stuhlmann, *Zoologische Ergebnisse einer in den Jahren 1888–1890 mit Unterstützung der Königlichen Akademie der Wissenschaften zu Berlin von Dr. Franz Stuhlmann in die Küstengebiete in Ost-Afrika unternommenen Reise, Vorwort*, sowie Strandes, Harding, *Erinnerungen an Kindheit und Jugend und an die Kaufmannszeit in Hamburg und Ostafrika*, S 167.

[79] Stuhlmann, *Mit Emin Pascha ins Herz von Afrika*, S. 2. Siehe zum Gefecht auch Nigmann, *Geschichte der Kaiserlichen Schutztruppe für Deutsch-Ostafrika*, 16f.

[80] Kirchen, *Emin Pascha*, S. 135, Originalzitat Emin abgedruckt in Endnote 173.

Es war Ende 1889, als der bewaffnete Widerstand der Küstenbevölkerung gegen die Deutschen langsam zum Erliegen kam, die Hinrichtung von Abushiri ibn Salim al-Harthi, einem der wichtigsten Anführer des Widerstandes, kurz bevorstand und das Deutsche Reich im Begriff war, die offizielle Herrschaft über Deutsch-Ostafrika zu übernehmen, als sich eine der kuriosesten Expeditionen des ausgehenden 19. Jahrhunderts der Küste näherte.[81]

Der zum Islam konvertierte, in osmanischen Diensten stehende deutsche Arzt und Gouverneur der sudanesischen Provinz Äquatoria Emin Pascha wurde während des sogenannten ›Mahdi-Aufstandes‹[82] im Sudan in den 1880er-Jahren von der Außenwelt abgeschnitten. Kolonialbegeisterte Abenteurer aus Großbritannien und Deutschland organisierten ›Rettungsmissionen‹ für Emin Pascha. Der Brite Henry Morton Stanley erreichte Emin Pascha 1888 am Victoriasee als Erster und Anfang Dezember 1889 trafen die über nationale und koloniale Grundsatzfragen heillos zerstrittenen deutschen und britischen Teilnehmer der Karawane in Bagamoyo ein.[83] Bei dem festlichen Empfang am Abend stürzte Emin Pascha, wohl aufgrund seiner Kurzsichtigkeit und des ungewohnt hohen Alkoholkonsums, aus einem Fenster im ersten Stock und zog sich eine schwere Schädelverletzung zu.[84] Dies veranlasste ihn länger als gedacht in Bagamoyo zu bleiben. Während dieser Zeit trat Reichskommissar Wissmann an Emin heran und offenbarte ihm Pläne für eine Expedition ins Innere der Kolonie, um die Karawanenrouten zu sichern und eine Station westlich von Mpapua zu errichten. Emin sagte zu und ab diesem Zeitpunkt begannen die Vorbereitungen.[85]

Es soll in diesem Abschnitt aber nicht darum gehen, die Expedition minutiös nachzuerzählen – denn das hat Stuhlmann in seinem 900-seitigen Reisebericht selbst schon getan –, sondern einige Aspekte hervor-

[81] Zur zeitgenössischen Darstellung der Lage aus deutscher Sicht vgl. Nigmann, *Geschichte der Kaiserlichen Schutztruppe für Deutsch-Ostafrika*, S. 1–22.

[82] Kirchen, *Emin Pascha*, S. 91–100.

[83] Ausführlich hierzu ebd., S. 122–136.

[84] Ebd., S. 137f.

[85] Ebd., S. 142f. sowie 152f. Da die Engländer fest davon ausgingen, das Emin Pascha als Dank für die ›Rettung‹ in ihre Dienste übertreten würde, sorgte das Bekanntwerden von Emins Entscheidung für einen Sturm der Entrüstung in der britischen Presse und der Politik. Vgl. Kirchen, *Emin Pascha*, S. 144–149. Zur Vorbereitung von Expeditionen allgemein und zur Existenz einer regelrechten ›Reiseindustrie‹ in Ostafrika siehe Fabian, Johannes: *Im Tropenfieber. Wissenschaft und Wahn in der Erforschung Zentralafrikas*, München 2001, S. 50–55.

zuheben, die für das Verstehen des deutschen Kolonialismus in Ostafrika allgemein und für den Typus des Afrikareisenden Stuhlmann im Speziellen interessant sind. Zu diesen Aspekten gehören die Themen Krankheiten und Alkoholkonsum, Gewalt gegenüber der afrikanischen Bevölkerung sowie die Aushandlung kolonialer Machtverhältnisse mit den einheimischen *Chiefs*.

Laut Aussage der Krankenschwester Auguste Hertzer (1855–1934) trafen Franz Stuhlmann und Emin Pascha in dieser Zeit im Dezember 1889 an Emins Krankenbett zum ersten Mal aufeinander,[86] woraufhin sich Emin Pascha Franz Stuhlmann als »zuverlässigen Naturforscher« für die Teilnahme an der Expedition wünschte.[87] Nach Stuhlmanns eigenen Worten war seine Motivation folgende:

> *»Er* [Wissmann, Anm. BG] *erklärte mir, die Expedition* […] *diene zwar vorwiegend politischen Zwecken. Da wir aber voraussichtlich Gelegenheit haben dürften, bis jetzt noch wenig oder gar nicht betretene Gebiete, wie die grossen Schneeberge und den centralafrikanischen Urwald kennen zu lernen, so schiene es ihm eine unverantwortliche Unterlassungssünde, wenn dabei nicht auch geographische und naturwissenschaftliche Beobachtungen angestellt und gesammelt würden.«*[88]

Stuhlmann wünschte sich eine feste Anstellung während der Expedition und wurde von Wissmann in das Offizierskorps der ›Schutztruppe‹ aufgenommen. Dabei war sich Stuhlmann wahrscheinlich darüber bewusst, dass er unter Umständen nicht lebend an die Küste zurückkehren würde, wie die Feststellung Fabians nahelegt: »Wer sich freiwillig zu Forschungstätigkeit und Reisen in Zentralafrika meldete, wußte, daß die Wahrscheinlichkeit, lebendig zurückzukehren, etwa 50 Prozent betrug.«[89] Da der Hauptzweck der Expedition war, die Bevölkerung am Victoriasee »wissen zu lassen, dass sie unter deutscher Oberhoheit und deutschem Schutz steht« sowie »den Einfluss der Ara-

[86] Kirchen, *Emin Pascha*, S. 142.
[87] Stuhlmann, *Mit Emin Pascha ins Herz von Afrika*, S. 2.
[88] Stuhlmann, *Mit Emin Pascha ins Herz von Afrika*, S. 2.
[89] Fabian, *Im Tropenfieber*, S. 109. Während und nach der Emin-Pascha-Expedition starben vier der sieben europäischen Teilnehmer, vgl. Stuhlmann, *Mit Emin Pascha ins Herz von Afrika*, S. 827f.

ber überall nach Möglichkeit zu brechen oder zu untergraben«[90], rüstete sich die Karawane neben den zahlreichen üblichen Gegenständen wie beispielsweise Stoffen, Messingdraht, Stühlen und Feldbetten auch mit einer großen Anzahl Gewehren, Munition und einem Schnellfeuergeschütz aus. Unterwegs sollten zudem noch ungelernte Rekruten der ›Schutztruppe‹ ausgebildet werden.[91] Somit hatte die Expedition von vornherein eine starke militärische Komponente. Die Truppenstärke bestand dabei laut Stuhlmann aus 54 regulären Soldaten, 50 Rekruten, einigen hundert bewaffneten Trägern sowie einer großen Anzahl Leuten, die auf ihrem Weg ins Landesinnere vom Schutz durch die Karawane profitieren wollten. Neben den sieben Europäern[92] wurden zwei Köche, ein Dolmetscher, ein Schreiber, ein Vogel-Präparator sowie der Jäger und Pflanzensammler Mabruck angestellt, welcher schon seit zwei Jahren in Stuhlmanns Diensten stand.[93] Alles in allem dürfte die Karawane aus ca. 1.000 Menschen bestanden haben, die sich am 26. April 1890 auf den Weg machten.[94] Abbildung 4 im Anhang gibt einen groben Überblick über die Expeditionsroute. Am 3. Juni erreichte die Karawane Mpapua, die bis dato westlichste Station der Deutschen, wo es zu einer eher zufälligen Begegnung mit Carl Peters kam, der

[90] Zitiert aus Kirchen, *Emin Pascha*, S. 152. Originalzitat von Wissmann an Emin Pascha.

[91] Ebd., S. 153. Ausführlicher zu den Ausrüstungsgegenständen und der Anwerbung von Trägern und Soldaten bei Stuhlmann, *Mit Emin Pascha ins Herz von Afrika*, S. 6–10. Zu der Rekrutenausbildung siehe Stuhlmann, *Mit Emin Pascha ins Herz von Afrika*, u.a. S. 7 und 16. Vgl. auch Fabian, *Im Tropenfieber*, S. 50–55.

[92] Emin Pascha, Franz Stuhlmann, Wilhelm Langheld (1867–1917), die Unteroffiziere Krause und Kühne sowie die zwei Patres August Schynse und Auguste Achte. Vgl. Kirchen, *Emin Pascha*, S. 153; Stuhlmann, *Mit Emin Pascha ins Herz von Afrika*, S. 7, 11–13. Vgl. auch Nigmann, *Geschichte der Kaiserlichen Schutztruppe für Deutsch-Ostafrika*, S. 26. Dort sind aus militärischer Perspektive etliche Gefechte der Emin-Pascha-Expedition beschrieben, siehe Nigmann, *Geschichte der Kaiserlichen Schutztruppe für Deutsch-Ostafrika*, S. 26–29. Zu Pater Schynse siehe Hölzl, Richard: *Pater August Schynse (1857–1891). Prediger, Wissensvermittler und Symbolfigur*, in: Habermas, Rebekka; Przyrembel, Alexandra (Hg.): *Von Käfern, Märkten und Menschen. Kolonialismus und Wissen in der Moderne*, Göttingen/Bristol 2013, S. 61–72.

[93] Stuhlmann, *Mit Emin Pascha ins Herz von Afrika*, S. 13. Siehe Exkurs in dieser Arbeit.

[94] Ebd., S. 16. Zum Stillstand und zur Reisedauer einer Karawane konstatierte Fabian, dass wohl kaum mehr als drei bis fünf Stunden pro Tag marschiert wurde und dass 15 Reisetage pro Monat schon sehr beachtlich waren. Die Gründe hierfür waren die vielen Krankheiten unter den Europäern und Afrikanern, der aufwendige Auf- und Abbau des Lagers und das Tageslicht, welches nur ca. zwölf Stunden vorhanden war. Siehe Fabian, *Im Tropenfieber*, S. 69.

mit seiner ›Emin-Pascha-Rettungs-Expedition‹ auf dem Rückweg zur Küste war.[95] Laut Christian Kirchen radikalisierte sich der sonst eher als besonnen und friedfertig beschriebene Pascha nach seinem Zusammentreffen mit Carl Peters in puncto Wortwahl, Kompromisslosigkeit und militärischer Härte. In der Folge kam es vermehrt zu gewalttätigen Aktionen gegen die afrikanische Bevölkerung.[96]

Im August 1890 erreichte die Expedition die swahilisch-arabische Handelsniederlassung Tabora. Emin Pascha beabsichtigte, die ansässigen ›Araber‹[97] zu einem Vertrag über die Anerkennung der deutschen Herrschaft zu zwingen, obwohl ein Befehl des Reichskommissars in Bagamoyo dies untersagte. In der Forschung herrscht Uneinigkeit darüber, ob Emin Pascha sich bewusst über diesen Befehl hinwegsetzte oder ob er aufgrund der langen Kommunikationswege den Befehl erst erhielt, nachdem das Vertragswerk vor Ort unterzeichnet worden war.[98] Beide Versionen wären denkbar. Carl Peters hatte Emin bei ihrem Zusammentreffen geraten, in Tabora eine Station zu errichten, und wenn die These der Radikalisierung durch Peters stimmt, dann wäre Emin Pascha genau wie Peters ein »abenteuernde[r] Subimperialist«[99] gewesen. Zudem benötigte die Expedition anscheinend neue Träger, die man am besten in diesem Ort bekommen konnte. »So wurde aus dem Mangel der Expedition ein neuer Mangel geschaffen«[100], denn trotz der erstaunlich friedlich und kooperativ verlaufenden Verhandlungen mit den ›Arabern‹ und des Zustandekommens eines ›Schutzvertrages‹ war Emin Pascha mitnichten in der Lage, eine effektive Herrschaft in Tabora auszuüben. Die Annektierung fand – wie so oft – erstmal nur auf dem Papier statt und für Tabora stellte die deutsche Herrschaft in den nächsten 20 Jahren kaum eine Zäsur dar. Zwar wurde eine Militärstation mit einer geringen Besatzung eingerichtet, doch der Ausbau zu einer kolonialen Stadt, wie später in Dar es Salaam oder Tanga geschehen, erfolgte nicht. Dennoch hatte sich ein *man on the spot* gegenüber der Zentrale mit seinem Willen durchgesetzt, denn Wissmann und der

95 Vgl. das mit Vorsicht zu genießende Werk von Peters, Carl: *Die deutsche Emin-Pascha-Expedition*, Berlin 1910, sowie Kirchen, *Emin Pascha*, S. 154f.

96 Kirchen, *Emin Pascha*, S. 155.

97 ›Araber‹ ist eine verallgemeinernde Bezeichnung, die Emin Pascha und Franz Stuhlmann verwendet haben. Gemeint sind die swahilisch-arabischen Händler. Der Begriff wird daher in Anführungszeichen gesetzt. Vgl. auch ebd., S. 282, Endnote 50.

98 Ebd., S. 159f.

99 Der Begriff stammt von Thomas Nipperdey, hier zitiert aus ebd., S. 160.

100 Pesek, *Koloniale Herrschaft in Deutsch-Ostafrika*, S. 252.

Kolonialverwaltung bleib nichts anderes übrig, als die Station Tabora anzuerkennen.[101]

Auf dem weiteren Marsch in Richtung Victoriasee – zunächst gab es erneut Unstimmigkeiten über das weitere Vorgehen[102] – wurde auch Franz Stuhlmann zu einem gewalttätigen Agenten des deutschen Kolonialismus, was den Mythos des »glanzvollen Afrikaforschers«[103] endgültig unglaubwürdig erscheinen lässt. Unter dem Deckmantel der ›Sklavenbekämpfung‹ marschierte Stuhlmann als Anführer einer bewaffneten Abteilung der Expedition gegen eine ›Araberansiedlung‹:

> *»Nun glaubte ich nicht länger zögern zu dürfen, das Dorf mit Gewalt zu nehmen. Nachdem ich von dem mich begleitenden Feldwebel Hoffmann eine Granate in's Dorf hatte schiessen lassen, beauftragte ich den sudanesischen Unteroffizier Tshausch Ali, die rechte Ecke des Dorfes mit einigen Leuten zu erstürmen* […].«

Nach eigenen Angaben befreite Stuhlmann insgesamt 43 Frauen und Kinder aus der Sklaverei und übergab sie einer französischen Missionsstation in der Nähe.[104] Von den gefangenen Sklavenhändlern wurden drei bei Fluchtversuchen erschossen. Das Dorf wurde trotz Verbot weitgehend geplündert.[105]

Der weitere Verlauf der Expedition nahm spätestens nach der Gründung der Station Bukoba am Westufer des Victoriasees Ende des Jahres 1890 groteske Züge an. Aus Sicht des Reichskommissars Wissmann ging Emin Pascha viel zu schnell vor und überforderte die personellen und finanziellen Ressourcen der zu Sparsamkeit verpflichteten Kolonialverwaltung zusehends. Dementsprechend erging Ende 1890 von Bagamoyo aus der Befehl zur Rückkehr der Expedition, welcher aber erst im April 1891 bei Emin ankam.[106] Währenddessen hatte Emin Pascha sich jedoch dazu entschieden, zusammen mit Stuhlmann, als einzigem weiteren Europäer und einer verkleinerten Truppe weiter ins Innere Afrikas vorzudringen. Emin selbst verfolgte zu unterschiedlichen Zeitpunkten unterschiedliche Ziele. Zum einen erhoffte er sich, seine Leute

[101] Vgl. ebd., S. 251–253 und Becher, *Dar-es-Salaam, Tanga und Tabora*, S. 90f., sowie Kirchen, *Emin Pascha*, S. 156–161.
[102] Kirchen, *Emin Pascha*, S. 161.
[103] Bindseil, *Franz Stuhlmann (1863–1928)*, S. 44.
[104] Stuhlmann, *Mit Emin Pascha ins Herz von Afrika*, S. 112.
[105] Ebd., S. 110f.
[106] Kirchen, *Emin Pascha*, S. 166f. sowie S. 171.

aus der sudanesischen Äquatorialprovinz wiederzutreffen, zum anderen schwebte ihm der Plan vor, über Kamerun bis an die Atlantikküste vorzustoßen und ein zusammenhängendes deutsches Kolonialreich auf Kosten der Belgier im Kongo zu gründen.[107] Bis dahin ging Emin auch noch davon aus, dass seine Expedition zur vollsten Zufriedenheit der deutschen Kolonialverwaltung laufen würde.[108] Umso enttäuschter war er, als der Befehl zur Umkehr eintraf: »Sollte ich nun nach der Küste zurück [...]? Nein! Und so entschloss ich mich zum Weitermarsch auf die Gefahr hin, später vor ein Kriegsgericht zu kommen.«[109] Ein Kriegsgericht brauchte Emin Pascha nicht mehr zu fürchten, denn seine Expedition glich mittlerweile einem plan- und disziplinlosen, von Krankheiten und Hunger geplagten Haufen und der Anführer selbst litt unter zunehmenden Erblindungserscheinungen und Depressionen.[110] Franz Stuhlmann glaubte nicht mehr, dass Emin Pascha lebend an die Küste zurückkehren würde:

> *»Die Sehkraft* [des Paschas, Anm. BG] *beschränkte sich auf einen seitlichen Theil der Pupille des einen Auges, sonst sah er nur Nebel. Dabei fühlte er sich körperlich nach wie vor äusserst schwach und warf fast jede Nacht eine nicht unbeträchtliche Menge Blut aus.* [...] *Neuerdings bildeten sich, wohl in Folge schlechter Ernährung, Pusteln an seinem Körper, die sich zu unangenehmen, sehr schmerzhaften Geschwüren entwickelten. Er begann die Lust am Leben mehr und mehr zu verlieren und meinte, es sei schon am besten, wenn er zu Grunde gehe.«*[111]

Immer mehr Träger und Soldaten starben an Pocken und Emin Pascha befahl Stuhlmann am 7. Dezember 1891, mit den gesunden Leuten nach

107 Ebd., S. 169–172.

108 Ebd., S. 168.

109 Zit. aus ebd., S. 171.

110 Ebd., S. 172–174. Inwieweit diese Depressionen und der allgemeine schlechte Gesundheitszustand des Paschas auf Opiate oder andere Drogen zurückzuführen sind, kann nicht abschließend geklärt werden. Stuhlmann behauptete jedenfalls, dass Emin Pascha jegliche Art von Medikamenten ablehnte. Über den Drogenkonsum auf innerafrikanischen Expeditionen allgemein weiß Fabian jedoch Folgendes zu sagen: »Gleichwohl sind wir berechtigt, uns unsere Forschungsreisenden ›unter Drogen‹ vorzustellen [...]. Das obligatorische Vorhandensein von Opiaten in den Reiseapotheken von Expeditionen ist bezeugt [...].« Siehe Fabian, *Im Tropenfieber*, S. 97f.

111 Stuhlmann, *Mit Emin Pascha ins Herz von Afrika*, S. 574f.

Bukoba zurückzukehren. Er selbst wolle auf Genesung warten und dann nachkommen.[112] Doch während Stuhlmann auf dem Rückweg war, sah sich Emin Pascha gezwungen, Verhandlungen mit einem Sklavenhändler zu führen, der ihm nach dem Verlust etlicher Mitglieder seiner Expedition neue Träger versprach. Emin brach nach Westen auf, anstatt Stuhlmann zu folgen. In einer unübersichtlichen und schwer rekonstruierbaren Lage im Norden des Kongo geriet Emin in machtpolitische Verstrickungen zwischen den Belgiern, die ihren Machtbereich gewaltsam ausdehnten, und den Sklavenhändlern, die wiederum ihren Machtbereich schwinden sahen. Ein schwächlicher und schlecht bewachter Europäer kam für die ›Araber‹ als Racheobjekt durchaus in Frage. Zudem war Emin Pascha durch frühere Aktionen gegen vermeintliche Sklavenhändler am Victoriasee zum Feindbild geworden.[113] Die beiden *Chiefs* Kibonge und Kinena lockten Emin jedenfalls in eine Falle und ließen ihn am 23. oder 24. Oktober 1892 ermorden.[114]

Stuhlmann und die verbleibenden Teilnehmer[115] der Expedition marschierten ab dem 10. Dezember 1891, teils über den bekannten Hinweg, um den Albert-Edward-See herum und erreichten am 15. Februar die Station Bukoba, die sie wegen der Pockengefahr nicht betreten durften. Im Lager vor der Station erfuhr Stuhlmann nach langer Abwesenheit, was in der Zwischenzeit passiert war:

> *»Bald nach meiner Ankunft kam Feldwebel Kühne zu mir; leider mit wenig guten Nachrichten. Von ihm erfuhr ich den Untergang der Zelewskyschen Expedition und Herrn von Gravenreuths Tod in Kamerun.*[116] *Hier erst erhielt ich ferner die Mitteilung, dass das ostafrikanische Schutzgebiet in eine kaiserliche Kolonie umgewandelt, dass die Schutztruppe kaiserlich und dass Freiherr von Soden*

[112] Ebd., S. 589 und 603.

[113] Er ließ beispielsweise gefangene muslimische ›Araber‹ in die Hände ihrer ehemaligen. ›heidnischen‹ Gefangenen geraten, die diese dann aus Rache ermordeten. Vgl. Kirchen, *Emin Pascha*, S. 175.

[114] Ausführlicher zu den möglichen Todesumständen und Folgen bei ebd., S. 174–178.

[115] Am 10. Januar waren dies noch eine Handvoll Soldaten und 96 Träger, Stuhlmann, *Mit Emin Pascha ins Herz von Afrika*, S. 648.

[116] Zur Causa Gravenreuth vgl. Hoffmann, Florian: *Okkupation und Militärverwaltung in Kamerun. Etablierung und Institutionalisierung des kolonialen Gewaltmonopols 1891–1914*, Göttingen 2007, S. 62–71. Zu Emil von Zelewski und der Schlacht bei Rugaro vgl. Bührer, *Die Hehe und die Schutztruppe in Deutsch-Ostafrika*.

> *Gouverneur geworden sei. Meine ersten Berichte hatte ich noch an Herrn Major Wissmann adressirt.* [...] *Die lange Trennung von der Aussenwelt, die Entbehrungen und Gefahren, die hinter mir lagen, wurden reichlich aufgewogen durch das Gefühl der Heimkehr, der Nähe der Civilisation. Unkundig aller Begebenheiten, die sich inzwischen auf dem Welttheater abgespielt, kommt man aus der Wildniss Innerafrikas zurück, und der plötzliche Eindruck all' der Neuigkeiten* [...] *ist so überwältigend, dass er zunächst Kopf und Sinne betäubt* [...].«[117]

In diesem Zitat wird deutlich, welche Bedeutung die ›Zivilisation‹ für Stuhlmann hatte und in welchem Ort er diese findet: Nicht an der Küste in Bagamoyo, sondern in der kleinen Station Bukoba mitten im Inneren der Kolonie. Vermutlich reichten schon der Anblick des Gebäudes aus Stein, einige Postsendungen und eine Handvoll Europäer aus, um ›Zivilisation‹ herzustellen.[118] Da sich Stuhlmann und seine Leute aber nicht in der Station selbst aufhalten durften, marschierten sie nach vier Tagen weiter nach Muansa. Bemerkenswert ist, dass eine Bucht am Südende des Victoriasees schon von Stuhlmann als »Emin-Pascha-Golf« bezeichnet wurde. Am Victoriasee befinden sich ebenfalls der Speke- und der Baumann-Golf. Alle drei heißen heute auch noch so und sind damit koloniale Erinnerungsorte in Tansania.[119]

Stuhlmann kehrte von Muansa per Boot nach Bukoba zurück, um dort mit seinen Soldaten ab März 1892 das Kommando zu übernehmen, bis Ersatz von der Küste eintraf. Hier errichten ihn noch einige Nachzügler aus Emins Krankenlager sowie letzte Briefe des Expeditionsleiters.[120] Als nun offizieller Teil der kaiserlichen ›Schutztruppe‹ oblag

[117] Stuhlmann, *Mit Emin Pascha ins Herz von Afrika*, S. 667

[118] Vgl. Pesek, *Koloniale Herrschaft in Deutsch-Ostafrika*, S. 149, 207. Auch Wein oder Champagner wurden ebenfalls oft mit auf Expeditionen genommen und verbreiteten unter den europäischen Teilnehmern einen gewissen »metropolitanen Habitus«. Zudem diente Alkohol als Medizin. Vgl. Pesek, *Koloniale Herrschaft in Deutsch-Ostafrika*, S. 125 und 138, sowie Stuhlmann, *Mit Emin Pascha ins Herz von Afrika*, u.a. S. 32, 575, 607, 612. Stuhlmanns Geburtstag am 29. Oktober 1891 wurde mit einer Flasche Champagner im Gebiet zwischen Victoriasee und dem Norden des Kongo gefeiert, während die Expedition immer wieder von Einheimischen angegriffen wurde. Vgl. Stuhlmann, *Mit Emin Pascha ins Herz von Afrika*, S. 556.

[119] Auf Abbildung 5 im Anhang ist die Lage des Emin-Pascha-Golfs hervorgehoben. Siehe auch Stuhlmann, *Mit Emin Pascha ins Herz von Afrika*, S. 675.

[120] Ebd., S. 688f.

ihm hier zum ersten Mal ein Verwaltungsamt, welches militärische und politische Aufgaben beinhaltete. Das sehr gute Verhältnis zu Mukotáni und den anderen *Chiefs* der Region erlaubte Stuhlmann eine verhältnismäßig entspannte Zeit dort:

> *»Sehr genussreich gestalteten sich die Spaziergänge in der Umgegend, jetzt besonders, da ich vollständig allein und ohne Sorgen umherschlendern konnte* […]. *Häufig beschäftigten sich bei solchen Gelegenheiten meine Gedanken mit dem Pascha, häufig auch mit der fernen Heimath.«*[121]

Die ruhige politische Lage gestattete Stuhlmann offensichtlich Müßiggang und vielleicht auch etwas Heimweh. Er bekam auch einen Eindruck der lokalen Wirtschaft, die er durchaus schätzte: »Kaffee in guter Qualität wächst massenhaft in den Bananenwäldern […].«[122] Stuhlmann empfahl außerdem den französischen Missionaren für die Errichtung ihrer Missionsstation nicht ihn, sondern Mukotáni um Erlaubnis zu fragen, was dieser wiederum guthieß und den Bau der Station erlaubte.[123] Weiterhin stellte er im Hinblick auf die Zukunft der deutschen Herrschaft Folgendes fest:

> *»In dem gesegneten Land westlich des Victoria-Nyansa hat sich eine sorglose Bevölkerung niedergelassen* […]. *Das Land ist nicht etwa ein einheitliches Reich, sondern zerfällt in fünf von einander unabhängige Distrikte.* […] *Die Basíba* [Gesellschaft am Victoriasee, Anm. BG] *haben entschieden Neigung, europäische Industrieerzeugnisse anzunehmen und sich auf diese Weise Bedürfnisse zu schaffen; es werden daher mit der Zeit noch eine Menge Waaren dorthin abgesetzt werden können.«*[124]

So kann davon ausgegangen werden, dass Franz Stuhlmann bereits in dieser Zeit die Vorteile einer indirekten deutschen Herrschaft kennen und schätzen lernte, die die Belange der lokalen *Chiefs* berücksichtigte und sich wirtschaftlich weitestgehend auf die einheimische Produktion verließ.

[121] Ebd., S. 697.
[122] Ebd., S. 695.
[123] Ebd., S. 700f.
[124] Ebd., S. 710 und 717.

Am 11. Mai 1892 übernahm Kompanieführer Herrmann das Kommando über Bukoba und Stuhlmann reiste mit seinen Leuten per Segelboot über den See nach Muansa zurück. Beim Landmarsch Richtung Tabora kam es erneut vor, dass Stuhlmann mit militärischer Gewalt gegen Einheimische vorging. Dabei zeigte sich, wie selbstverständlich Stuhlmann versuchte, sein europäisches Rechtsverständnis auf die Einheimischen zu übertragen, ohne sich für möglicherweise alternative, örtliche Rechtstraditionen zu interessieren. Als einer der Expeditionsteilnehmer bei der Suche nach Feuerholz verprügelt wurde, verlangte Stuhlmann von den Einheimischen die Herausgabe des Täters, um ihn zu einem ordentlichen Verfahren nach Muansa zu schicken. In Anbetracht der relativen Unbedeutsamkeit des Vorfalls und der mangelnden Infrastruktur erscheint Stuhlmanns Forderung unflexibel und starrsinnig. Doch offenbar hatte Stuhlmann sich bereits einen gewissen ›Kolonialherren-Habitus‹ zugelegt, denn als die Einheimischen sich weigerten weiter zu verhandeln, unternahm dieser Folgendes:

> *»Allein unsere Bemühungen waren vergeblich, die Eingeborenen wiesen jede Unterhaltung ab und benahmen sich auf die unverschämteste Weise. Ich versuchte auf jede Art den Zwischenfall friedlich beizulegen, weil ich ein kriegerisches Vorgehen für durchaus verkehrt halte, wenn man keine Zeit und namentlich keine genügende Macht hat, eine Unterwerfung völlig durchzuführen. Das Abbrennen und Zerstören einiger Dörfer hat wenig Zweck* […]. *Um ein Land zum Frieden zu zwingen, muss man entweder diplomatisch verhandeln oder sich in dem Gebiete etabliren und den Leuten so lange Verluste beibringen, bis sie von selbst ihre Unterwerfung anzeigen. Trotz dieser Ueberlegung aber hielten wir es schliesslich doch für angezeigt, die Eingeborenen zu züchtigen, da man es uns als Schwäche auslegen konnte, wenn wir das Vorkommniss ungeahndet liessen. Wir* […] *zerstörten die umliegenden Dörfer.«*[125]

Verbrannte Dörfer als Kollektivstrafe für eine Prügelei zwischen zwei Männern erscheint recht unverhältnismäßig und spricht durchaus nicht für den Mythos vom friedliebenden Wissenschaftler Stuhlmann.[126]

[125] Ebd., S. 751.

[126] So sah beispielsweise Stuhlmanns in seiner Selbsteinschätzung die Expedition als durchaus friedlich an. Vgl. ebd., S. 827.

Nach diesem Zwischenfall bewegte sich die Karawane ohne weitere größere Störungen durch die Massai-Steppe in Richtung Küste, wo sie am 12. Juli 1892 eintraf. Abbildung 6 im Anhang zeigt das Lager der Expedition in Bagamoyo. Sofort nach der Rückkehr erkrankte er an heftigem Fieber. Sein Gesundheitszustand verschlechterte sich zusehends und der Arzt empfahl eine Bluttransfusion. Stuhlmanns Diener Kombo erklärte sich hierzu bereit und rettete möglicherweise so das Leben Stuhlmanns.[127] Stuhlmann wurde anschließend nach Sansibar zu seinen Verwandten des Handelshauses Hansing gebracht und verweilte dort sieben Wochen, ehe er sich im Gouvernement in Dar es Salaam melden konnte.[128]

2.2.3 Exkurs: Kombo und Mabruck, zwei afrikanische Intermediäre

Die Rolle der Afrikaner in der Kolonialgeschichte – insbesondere der Träger und der *Askari* – ist in der Forschung vermehrt diskutiert und mittlerweile als relevant anerkannt worden.[129] Michael Pesek stellte dazu Folgendes fest:

> *»Die Mehrheit derer, die an der Etablierung der kolonialen Herrschaft beteiligt war, waren Afrikaner. Und diese Afrikaner hatten einen nicht unbedeutenden Anteil am Aussehen des deutschen Ko-*

[127] Ebd., S. 826f. Die Informationen hierzu stammen von Stuhlmann selbst. Siehe zu Kombo auch den Exkurs 2.2.3 in dieser Arbeit.

[128] Ebd., S. 827.

[129] Vgl. beispielsweise Lawrance, Benjamin N.; Osborn, Emily Lynn; Roberts, Richard L. (Hg.): *Intermediaries, Interpreters, and Clerks. African Employees in the Making of Colonial Africa*, Madison 2006. Pesek, *Koloniale Herrschaft in Deutsch-Ostafrika*, S. 300–324; Malzner, Sonja; Peiter, Anne D. (Hg.): *Der Träger. Zu einer »tragenden« Figur der Kolonialgeschichte*, Bielefeld 2018. Habermas, Rebekka: *Intermediaries, Kaufleute, Missionare, Forscher und Diakonissen. Akteure und Akteurinnen im Wissenstransfer. Einführung*, in: Habermas, Rebekka; Przyrembel, Alexandra (Hg.): *Von Käfern, Märkten und Menschen. Kolonialismus und Wissen in der Moderne*, Göttingen/Bristol 2013, S. 27–48, speziell S. 39–42 sowie ausführlicher Michels, Stefanie: *Schwarze deutsche Kolonialsoldaten. Mehrdeutige Repräsentationsräume und früher Kosmopolitismus in Afrika*, Bielefeld 2009; Morlang, Thomas: *Askari und Fitafita. »Farbige« Söldner in den deutschen Kolonien*, Berlin 2008 und Hirschhausen, *Diskussionsforum: a new Imperial History?*, S. 736f.

lonialismus im Inneren. Als Dolmetscher und Führer von Expeditionen dienten Afrikaner nicht selten als Diplomaten [...].«[130]

Und genau solche Intermediäre waren Kombo (Lebensdaten unbekannt) und Mabruck (gestorben 1892), die in Stuhlmanns Beichten immer wieder auftauchen und in diesem Exkurs näher betrachtet werden sollen. Nach Stuhlmanns Angaben war Mabruck Jäger und Pflanzensammler und seit 1888 bei ihm angestellt. Stuhlmann liefert auch Hinweise auf die Ausbildung Mabrucks und verweist auf den Arzt und Afrikareisenden Gustav Adolf Fischer (1848–1886) sowie auf den Botaniker Johann Maria Hildebrandt (1847–1881), für den er ebenfalls gearbeitet hatte.[131] Auf der Emin-Pascha-Expedition war Stuhlmann besonders in Bezug auf Informationen über Land und Leute sowie zur Sammlung von zoologischen Objekten auf Mabruck angewiesen, wie folgende Zitate belegen:

»Regenmacher werden für Nord-Usegúha, nach Angaben meines alten Jägers Mabruck, meistens aus Usambara geholt.«[132]

Und an anderer Stelle:

»Jeden Tag schleppte der alte Mabruck neues herbei, was skizziert und für die Sammlungen vorbereitet wurde.«[133]

Mabruck war auch Teil einer kolonialen Episode, die an makabrer Kuriosität kaum zu überbieten ist. Wie in Kapitel 3.1 zur Frage nach Anthropophagie in Afrika noch anklingen wird, war dieses Thema bei den europäischen Forschungsreisenden durchaus virulent. Kannibalismus war ein Symbol des absoluten Barbarentums[134] und Stuhlmann berichtete hierzu folgende Begebenheit:

»Bei dieser Gelegenheit mag erwähnt sein, dass vielerorts ›Hexen‹ der Anthropophagie huldigen. [...] *Im Volke heisst es aber: überall verzehren die Zauberer Menschenfleisch, und so wurde mein treuer Sammler Mabruck, der manchmal die für Herrn Geheim-*

[130] Pesek, *Koloniale Herrschaft in Deutsch-Ostafrika*, S. 300.
[131] Stuhlmann, *Mit Emin Pascha ins Herz von Afrika*, S. 13.
[132] Ebd., S. 24.
[133] Ebd., S. 105.
[134] Vgl. Pesek, *Koloniale Herrschaft in Deutsch-Ostafrika*, S. 81f.

rath Prof. Dr. Virchow bestimmte Schädelsammlung durch Ausgraben von Skeletten oder durch Präparation von Leichen vermehrte, ebenfalls als höchst verdächtiger Zauberer angesehen.«[135]

So wurden die Europäer beziehungsweise die Intermediäre von den Afrikanern des Kannibalismus verdächtigt, was eine sarkastisch-ironische Umkehr der kolonialen Situation darstellt und keineswegs ein Einzelfall war.[136] In einer anderen Situation während der Emin-Pascha-Expedition, als Mabruck gerade dabei war, den abgetrennten Kopf eines im Kampf getöteten Wáwira-Mannes zu präparieren, wurde dem Pascha vorgeschlagen, dass man zur Abschreckung gegen Einheimische als Menschenfresser auftreten könne:

> *»Er* [Ulédi, ein Mitglied der Expedition, Anm. BG] *schlug vor, das nächste Mal, wenn wieder einer von unseren Feinden gefallen sei, einige von dessen Gliedern abzuhacken und in einen grossen Negerkochtopf so zu thun, dass sie daraus hervorguckten. Diesen sollten wir mitten auf den Dorfplatz stellen, ein Feuer darunter anmachen und dann weiter gehen. Die nachrückenden Eingeborenen würden dadurch in Furcht gejagt* [...]. *Der Pascha wollte sich aber fürs Erste auf eine derartige Strategie nicht einlassen.«*[137]

Abgesehen von diesen Kannibalismus-Episoden gehörte zu Mabrucks weiteren Tätigkeiten außerdem noch die Betreuung des mit an die Küste gebrachten sogenannten ›Zwerges‹, den er bis zu seinem Tode begleitete.[138] Mabruck selbst starb laut Stuhlmann im Juli 1892 in Bagamoyo, nachdem er von einem Strauß in den Leib getreten worden war. Stuhlmann zeigte sich sehr betroffen und schrieb:

> *»Er war das letzte Opfer der Expedition. Ich selbst* [...] *hatte seinen Verlust am schmerzlichsten zu ertragen, da ich ihm einen*

135 Stuhlmann, *Mit Emin Pascha ins Herz von Afrika*, S. 351.

136 Über einen weiteren Fall dieser Art berichtet Ralph Austen: Der deutsche Arzt Dr. Zupitza befasste sich 1897 in der Nähe von Bukoba mit der Pest und befahl *Chief* Mutatembwa, Leichen zur Autopsie in sein Lager zu senden. Dieser lehnte ab, weil er davon ausging, dass die Deutschen Kannibalismus praktizieren würden. Als Vergeltung für die Missachtung des Befehls ließ Dr. Zupitza einen ranghohen Vertreter des *Chiefs* hängen. Vgl. Austen, *Northwest Tanzania under German and British Rule*, S. 46.

137 Stuhlmann, *Mit Emin Pascha ins Herz von Afrika*, S. 557.

138 Ebd., S. 443.

grossen Theil meiner zahlreichen Sammlungen verdankte. [...] *Die Wissenschaft verdankt seinem Eifer die Kenntniss zahlloser neuer Arten.«*[139]

An Mabruck kann man aufzeigen, dass die oftmals heroische Selbstdarstellung der europäischen Reisenden auf den unverzichtbaren Diensten, dem Expertenwissen und den Erfahrungen der Intermediäre basierte.[140] Neben Mabruck taucht im Reisebericht zur Emin-Pascha-Expedition ein gewisser Kombo auf, und zwar erst, als Stuhlmann schon weit im Inneren Afrikas unterwegs war:

»Ausserdem begleiteten mich [bei dem Aufstieg auf den Schneeberg, Anm. BG] *noch Mabruck zum Sammeln* [...] *und Kombo als persönlicher Diener.«*[141]

Kombo stand offenbar seit der Emin-Pascha-Expedition in einem sehr engen Verhältnis zu Franz Stuhlmann. Er rettete ihm nicht nur durch eine Bluttransfusion das Leben,[142] sondern stand auch als Fotomodell für anthropologische Aufnahmen bereit. In dem umfangreichen Bildbestand zu Stuhlmann aus dem Museum am Rothenbaum ist Kombo nackt und in der typischen anthropologischen Seitenansicht zu sehen.[143] Dabei ist er nicht die einzige fotografierte Person. Stuhlmann lichtete einige Dutzend Afrikaner in ›anthropologischer‹ Weise ab. In Stuhlmanns Reisebericht wurde Kombo zudem als Bleistiftzeichnung abgebildet. Original und Zeichnung sind auf den Abbildungen 8 und 9 im Anhang zu sehen.[144]

Kombo war es auch, der 1893 die sogenannten ›Akka-Zwerginnen‹ mit nach Deutschland begleitete.[145] Er fungierte als Dolmetscher und kam als Afrikaner in den für damalige Verhältnisse seltenen Genuss, deutsche Städte und Hotels kennenzulernen.[146] Er kann also trotz sei-

139 Ebd., S. 827.
140 Siehe auch Fabian, *Im Tropenfieber*, S. 55.
141 Stuhlmann, *Mit Emin Pascha ins Herz von Afrika*, S. 285.
142 Ebd., S. 826f.
143 Im Anhang ist in Abbildung 7 ein Porträt von Kombo abgedruckt.
144 Siehe auch Stuhlmann, *Mit Emin Pascha ins Herz von Afrika*, S. 827.
145 Siehe auch Kapitel 3.1 dieser Arbeit.
146 Als Aufenthaltsorte nachgewiesen werden konnten zumindest das Hotel *Schadendorf* (Stadt unbekannt) und das *Vier Jahreszeiten* (Berlin?), vgl. Staatsarchiv Hamburg, *Nachlass Franz Stuhlmann*, 622–2/63, C 1, Zeitungsausschnitte ohne Ort und Datum.

nes ›Untertanen-Verhältnisses‹ als privilegierter Afrikaner gelten, was für Intermediäre allgemein nicht ungewöhnlich war.[147]

Aus der Betrachtung der beiden Intermediäre in Stuhlmanns Diensten kann man zwei Erkenntnisse gewinnen.[148] Die Person Mabruck verdeutlicht zum einen, dass Stuhlmann als europäischer Reisender ohne einheimischen Experten nicht weit gekommen wäre. Zum anderen kann Kombo stellvertretend als Intermediär gelten, der sich durch seine Dienerschaft für einen Europäer persönliche Annehmlichkeiten, Vorteile und Privilegien verschaffen konnte. Sein Aufenthalt in Deutschland hatte wahrscheinlich Wirkung auf die deutsche Bevölkerung. Somit belegt Kombo im übertragenden Sinne die These, dass Kolonialismus keineswegs als »Einbahnstraße«, sondern als Wechselwirkung zwischen Zentrum und Peripherie anzusehen ist.[149] Alles in allem kann davon ausgegangen werden, dass Mabruck und Kombo Macht hatten, Dinge zu interpretieren, zu verschweigen oder manches neu dazu zu erfinden. Ebenso hatten sie Autorität gegenüber der einheimischen Bevölkerung und fungierten als Vermittler für die Anliegen Stuhlmanns.[150]

2.3 Zwischenfazit I: Mangel, Gewalt und Planlosigkeit

Es gab bis 1903 kein einziges Jahr, in dem es nicht zu gewaltsamen Widerständen und kriegerischen Auseinandersetzungen zwischen der einheimischen Bevölkerung und den deutschen Kolonialisten gekommen war.[151] Vor allem der Mangel an Personal und Material, aber auch an handfestem Wissen über das zu kolonisierende Land verhinderten bis

[147] Pesek, *Koloniale Herrschaft in Deutsch-Ostafrika*, S. 320f. sowie Habermas, *Intermediaries, Kaufleute, Missionare, Forscher und Diakonissen.*, S. 39f.

[148] Der Exkurs an dieser Stelle ist zugegebenermaßen noch recht knapp gehalten. Tiefergehende Forschungen zu diesen beiden Akteuren wären sicherlich lohnenswert, würden aber unter Umständen Kooperationen mit Forscherinnen und Forschern aus Ostafrika erfordern, um bestehende Machtverhältnisse abzubauen und Zugang zu alternativen Quellen etc. zu erhalten.

[149] Vgl. Eckert, Wirz, *Wir nicht, die Anderen auch*, S. 512; Bechhaus-Gerst, Marianne (Hg.): *AfrikanerInnen in Deutschland und schwarze Deutsche – Geschichte und Gegenwart. Beiträge zur gleichnamigen Konferenz vom 13.–15. Juni 2003 im NS-Dokumentationszentrum (EL-DE-Haus) Köln*, Münster 2004.

[150] Habermas, *Intermediaries, Kaufleute, Missionare, Forscher und Diakonissen.*, S. 39.

[151] Pesek, *Koloniale Herrschaft in Deutsch-Ostafrika*, S. 203.

zur Jahrhundertwende eine effektive Durchdringung und damit auch eine aus deutscher Sicht angemessene ›Nutzbarmachung‹ der Kolonie. Auch die permanenten Konflikte und Meinungsverschiedenheiten zwischen dem Gouvernement und den Siedlern standen der ›Nutzbarmachung‹ im Weg. Dabei ging es um die Frage, wie die Siedlerinteressen und die Behandlung der einheimischen Arbeiter in Einklang gebracht werden konnten. Das Gouvernement schwankte je nach Persönlichkeit des Gouverneurs zwischen einer siedlerfreundlichen Politik und den Entscheidungen zur Stärkung der einheimischen Wirtschaftskraft.[152] Sowohl innen- als auch außenpolitisch war der Übergang in das letzte Jahrzehnt des 19. Jahrhunderts für das Deutsche Reich von Krisen gekennzeichnet. Die koloniale »Experimentierphase«, wie Klaus Bade sie bezeichnete, war in Ostafrika mit dem gewaltsamen Widerstand der Küstenbevölkerung und dem Scheitern der DOAG abrupt zu Ende gegangen.[153] Auch in Togo, Kamerun und Südwestafrika zeigte sich schnell, dass das privatwirtschaftliche Engagement vor Ort an massiven Widerständen der Bevölkerung und schwer kalkulierbaren Faktoren zusammenzubrechen drohte und sich die Investitionen des Großkapitals weitestgehend in Grenzen hielten. Auch hier sah sich die Reichsregierung zum direkten Eingreifen gezwungen.[154] Doch

> *»Bismarcks Zögern, in der Krise selbst noch den Schritt zum Aufbau der direkten Reichskolonialverwaltung in allen deutsch-afrikanischen ›Schutzgebieten‹ zu tun, trug in den Monaten vor seinem Sturz nicht unwesentlich zu seiner Isolation bei* [...]. *Damit schlug, in paradoxer Umkehr der ein Jahrzehnt zuvor in die koloniale Expansion gesetzten Erwartungen, erstmals eine deutsche Krise in Afrika unmittelbar und folgenreich zurück auf die innere Politik der Metropole.«*[155]

[152] Ebd., S. 270–273.

[153] Zu den Phasen der deutschen Kolonialherrschaft siehe Bade, *Das Kaiserreich als Kolonialmacht*, S. 99. Zum Scheitern der DOAG siehe Tetzlaff, *Koloniale Entwicklung und Ausbeutung*, S. 28–33.

[154] Speitkamp, *Deutsche Kolonialgeschichte*, S. 35.

[155] Zit. aus Bade, *Das Kaiserreich als Kolonialmacht*, S. 100f. Die hier von Bade geäußerte These ist nach einer stichprobenartigen Durchsicht der unzähligen Bismarck-Publikationen aus den letzten Jahren so nicht zu finden. Allgemein nimmt Bismarcks Kolonialpolitik nur einen geringen Stellenwert in den Biografien ein. Dass die kolonialen Krisen »wesentlich« (Bade) zu Bismarcks Isolation und Sturz beigetragen hätten, lässt sich ansatzweise bei Engelberg, Ernst: *Bismarck. Sturm über Europa*, München 2014 finden. Auch bei Hillgruber, Andreas: *Bismarcks*

Während Hermann Wissmann in Ostafrika noch sein Unwesen trieb, ging im Deutschen Reich die ›Ära Bismarck‹ zu Ende und seinem kolonialskeptischen und nahezu unwissenden Nachfolger Leo von Caprivi (1831–1899) blieb aufgrund der weit fortgeschrittenen Verstrickungen der Regierung in koloniale Angelegenheiten nichts anderes übrig, als die begonnenen Initiativen weiterzuführen.[156] Das verstärkte Engagement des Deutschen Reiches erforderte die Errichtung einer staatlichen Verwaltung für die ›Schutzgebiete‹. So wurde am 1. April 1890 im Auswärtigen Amt die Abteilung für Kolonialpolitik (vereinfacht: Kolonialabteilung) gegründet. Kolonialpolitik war demnach ein Teil der reichsdeutschen Außenpolitik. Die personelle Ausstattung der Abteilung war zu Beginn äußerst knapp bemessen, setzt man sie in Relation zur Größe und Bevölkerungszahl der Kolonien. Waren 1900 gerade einmal elf feste Mitarbeiter in der Kolonialabteilung angestellt, so waren es 1908 immer noch nur 25.[157] Der Kolonialabteilung stand der sogenannte Kolonialdirigent vor, der dem Reichskanzler direkt unterstellt war. Innerhalb des Auswärtigen Amtes hatte der Kolonialdirigent (ab 1894 Kolonialdirektor) mit seiner Abteilung großen Bewegungsfreiraum. So konnte die Abteilung

> *»derart selbstständig unter der Verantwortung des Reichskanzlers fungieren, daß der Abtheilungsdirigent dem obersten Chef der Reichsverwaltung unmittelbar die erforderlichen Vorträge erstattet und* […] *Schriftstücke selbst zeichnet.«*[158]

Bis 1896 hatte das Reichsmarineamt das Kommando über die ›Schutztruppe‹, welches dann auch auf die Kolonialabteilung überging.[159] Als

Außenpolitik, Freiburg im Breisgau ³1993, S. 172 kann man Andeutungen erahnen. Die neueren Biografien von Nonn, Christoph: *Bismarck. Ein Preuße und sein Jahrhundert*, München 2015 und Kolb, Eberhard: *Bismarck* stützen die These von Bade nicht.

156 Tetzlaff, *Koloniale Entwicklung und Ausbeutung*, S. 32. Zu Caprivis kolonialen Einstellungen siehe Pogge von Strandmann, Hartmut: *Imperialismus vom Grünen Tisch. Deutsche Kolonialpolitik zwischen wirtschaftlicher Ausbeutung und »zivilisatorischen« Bemühungen*, Berlin 2009, S. 65 und 68f.

157 Ruppenthal, *Kolonialismus als »Wissenschaft und Technik«*, S. 30.

158 Siehe Kolonial-Abtheilung des Auswärtigen Amts: *Deutsches Kolonialblatt. Amtsblatt für die Schutzgebiete des Deutschen Reichs.*, in: *Deutsches Kolonialblatt, Nr. 8, 157.1890*, zit. nach Demhardt, *Deutsche Kolonialgrenzen in Afrika*, S. 42.

159 Pesek, *Koloniale Herrschaft in Deutsch-Ostafrika*, S. 268f.

Bindeglied zwischen Kolonialabteilung und kolonialen Unternehmungen fungierte der Kolonialrat, welcher am 10. Oktober 1890 gegründet wurde und mehrheitlich aus Mitgliedern der Kolonialwirtschaft bestand. Zwischen Kolonialrat und Kolonialabteilung kam es immer wieder zu Konflikten und es verstärkte sich in Politik und Öffentlichkeit der Eindruck, dass der Kolonialrat als mächtige *pressure group* die Fäden der Entscheidungen in der Hand hielt.[160] Der deutsche Reichstag entschied über das Budget für die Kolonien und konnte dadurch ebenfalls die Richtung der Kolonialpolitik beeinflussen.[161] Es deutet sich hier schon an, vor welchen administrativen Herausforderungen die Kolonialpolitik in Berlin stand. Durch die Vielzahl an unterschiedlichen Akteuren war eine klare Linie in der Kolonialpolitik selten zu erkennen. Weitaus problematischer als die administrativen Probleme der Zentrale stellten sich allerdings die strukturellen Probleme in der Kolonie selbst dar. Der allgegenwärtige Mangel und die unterschiedlichsten Interessen und Konflikte vor Ort waren symptomatisch für die deutsche Kolonialzeit bis zur Jahrhundertwende.

Um 1880 gab es drei Haupt-Karawanenrouten von der Küste in das Inland. Die südliche Route startete von Kilwa und Lindi in die Malawi-Seeregion, die zweite, nördliche Route, ging von Tanga aus in Richtung Kilimandscharo und die letzte, zentrale Route, führte von Bagamoyo über Mpapua und Tabora in Richtung Victoriasee.[162] Sowohl die europäischen Expeditionen vor 1891 als auch die ersten Kolonisierungsversuche der Deutschen nach der offiziellen Übernahme bewegten sich hauptsächlich entlang der etablierten Karawanenrouten. Später dienten diese sogar als Vorbild für die Trassierung von Eisenbahnlinien.[163] Dies hatte vor allem zwei Gründe: Zum einen konnten die deutschen Kolonialisten auf die bestehende Karawaneninfrastruktur zugreifen, auf die sie logistisch zwingend angewiesen waren, und zum anderen bekamen sie so direkten herrschaftlichen Zugriff auf die Gegenden mit einem Großteil der ostafrikanischen Bevölkerung.[164] Doch neben gewaltsa-

[160] Mehr zum Kolonialrat bei Hausen, *Deutsche Kolonialherrschaft in Afrika*, S. 32–34.

[161] Pesek, *Koloniale Herrschaft in Deutsch-Ostafrika*, S. 268f.

[162] Tetzlaff, *Koloniale Entwicklung und Ausbeutung*, S. 12.

[163] Gwassa, *The German intervention and African resistance in Tanzania*, S. 89.

[164] Der überwiegende Teil der Bevölkerung der Kolonie Deutsch-Ostafrika lebte in Ruanda, Urundi, im Bezirk Tabora und am Victoriasee. Die Zahlen stammen zwar aus der Spätphase der deutschen Herrschaft, lassen sich aber prinzipiell auch auf die Frühphase übertragen. Vgl. Tetzlaff, *Koloniale Entwicklung und Ausbeutung*, S. 16. Die Zahlen sind zu finden in *Amtliche Jahresberichte 1912/1913*.

men Auseinandersetzungen blieb eine Frage während der ersten Jahre der deutschen Herrschaft in Ostafrika ungelöst: die effektive Rekrutierung von Trägern. Die Kolonialverwaltung blieb an der Küste auf die Kooperation der indischen und sansibarischen Händler angewiesen sowie im Inland vom Wohlwollen der lokalen Herrscher. Doch Unkenntnis über die Karawanenkultur und Rücksichtslosigkeit gegenüber den Trägern ließen die kolonialen Expeditionen kompliziert werden und oftmals sogar scheitern. So konnte es vorkommen, dass die Träger entweder nicht bereit waren den Weg fortzusetzen oder schlichtweg desertierten, wenn sie schlecht behandelt wurden. Die Tsetsefliege und die klimatischen Bedingungen machten den Einsatz von Trage- und Zugtieren nahezu unmöglich.[165] So blieb der Mensch bis zur Fertigstellung von ersten Eisenbahnlinien das wichtigste Transportmittel.

Schon bei der Durchführung einer Expedition wandten die Deutschen ihre Vorstellungen von kolonialer Herrschaft an. Militärische Praktiken wie Trompetensignale zum Aufstehen, das Hissen der Flagge und das geordnete Aufschlagen eines Lagers sorgten für »koloniale Raum- und Zeitstrukturen«[166]. Das militärische Moment war von Anfang an Teil der deutschen Kolonialzeit und wurde zunehmend zum Kernproblem, denn wer effektiv herrschen wollte, der musste auch in der Lage sein, die vom Herrschenden gesetzten Regeln und Normen durchzusetzen. Doch wann immer von deutscher Herrschaft gesprochen wird, so existierte diese fast ausschließlich auf dem Papier. William Henderson sprach über Deutsch-Ostafrika recht zutreffend von einer *»paper colony«*.[167] Die Karte des ›Schutzgebietes‹ mag auf so manchen Beamten in Berlin Eindruck gemacht haben, umfasste es doch annähernd eine Million Quadratkilometer und war damit etwa doppelt so groß wie das Reich, doch reale Herrschaft bezeugte sie nicht. Im Gegenteil, dort, wo sich die kolonialen Expeditionen festsetzten – meist an strategisch wichtigen Orten – wurden Stationen, die sogenannten *bomas*, errichtet. Von diesen Stationen aus sollte die Kolonie kontrolliert werden. Doch 1903 gab es gerade einmal 30 Posten und Statio-

Statistischer Teil, in: Reichs-Kolonialamt (Hg.): *Die deutschen Schutzgebiete in Afrika und der Südsee 1912/1913. Amtliche Jahresberichte,* Berlin 1914, S. 36–37.

165 Pesek, *Koloniale Herrschaft in Deutsch-Ostafrika*, S. 241f.

166 Ebd., S. 243f.

167 Henderson, William Otto: *German East Africa, 1884–1918*, in: Harlow, Vincent; Chilver, E. M.; Smith, Alison (Hg.): *History of East Africa*, Oxford 1965, S. 123–162.

nen, von denen sich allein neun an der Küste befanden.[168] Somit war an eine effektive Machtausübung nicht zu denken und Michael Pesek spricht zu Recht von »Inseln der Herrschaft«[169]. Aufgrund des ubiquitären Mangels in allen Bereichen wurden 1895 die Stationen in zwei Klassen aufgeteilt. Stationen erster Klasse erhielten vorrangig Geld und Aufmerksamkeit seitens der Kolonialverwaltung. Die Lage dieser Stationen machte bereits deutlich, wo der Schwerpunkt der kolonialen Durchdringung liegen sollte: an der Küste, entlang der Haupt-Karawanenroute um Mpapua und Tabora, sowie am Victoriasee.[170] Stationen zweiter Klasse, im Rest der Kolonie, waren als Provisorien gedacht.[171] Mangel, Gewalt und Planlosigkeit waren charakteristisch für die ersten Jahre der deutschen Herrschaft in Ostafrika.

168 Pesek, *Koloniale Herrschaft in Deutsch-Ostafrika*, S. 244f.

169 Ebd., Abschnitt *Stationen – Inseln der Herrschaft*, ab S. 244.

170 Die bevölkerungsreichen Königreiche Urundi und Ruanda lagen zwar formell innerhalb Deutsch-Ostafrikas, blieben aber lange Zeit von kolonialen Ambitionen relativ unberührt. Erst nach der Jahrhundertwende wurde dort das sogenannte ›Residenturensystem‹ eigeführt, welches den lokalen Herrschern aber weiterhin viel Eigenständigkeit zusprach. Vgl. Strizek, Helmut: *Geschenkte Kolonien. Ruanda und Burundi unter deutscher Herrschaft*, Berlin 2006, S. 92.

171 Pesek, *Koloniale Herrschaft in Deutsch-Ostafrika*, S. 251.

3 Im Dienste des Gouvernements

Nachdem sich Stuhlmann von seinen gesundheitlichen Problemen und Strapazen der vorangegangenen Expedition erholt hatte, reiste er am 27. September nach Europa zurück, wo er am 20. Oktober 1892 ankam.[1] Im November meldete er sich aus Hamburg bei der Kolonialabteilung des Auswärtigen Amtes und klärte zunächst seine Gehaltsansprüche der letzten 18 Monate, woraus sich letztendlich eine Gehaltsnachzahlung von 10.800 Mark ergab.[2] Gleichzeitig äußerte die Kolonialabteilung Interesse an seiner Weiterbeschäftigung. Stuhlmanns Antwort vom 16. November enthielt nicht nur eine grundsätzliche »Bereitwilligkeit« zur Weiterbeschäftigung, sondern bereits erste Forderungen. So wünschte er sich »gemäss [seines] Erziehungsgange[s] eine Thätigkeit im Civildienst oder noch mehr eine wissenschaftliche Stellung« und forderte einen bezahlten Erholungsurlaub aus gesundheitlichen Gründen und zur Fertigstellung seines Expeditionsberichts, welcher 1894 unter dem Titel »Mit Emin Pascha ins Herz von Afrika« erscheinen sollte. Dieser Bericht war eine Auftragsarbeit der Kolonialabteilung, da Stuhlmann nach einer Erlaubnis zur Veröffentlichung fragte und der Abteilung anbot, das Manuskript vorab lesen zu können. Zusätzlich wollte er sich »befleissigen alle solche Angaben zu vermeiden, deren verallgemeinerte Kenntnisgabe zur Zeit nicht angebracht«[3] sei. Diese Aussage ist insofern bemerkenswert, als dass sie belegt, dass der Inhalt kolonialer Reiseberichte stark von den jeweiligen Auftraggebern abhängig war. Welche Angaben Stuhlmann vermeiden wollte, ist nicht überliefert, vermutlich könnte es sich aber um die sehr fragile deutsche Herrschaft im Inneren der Kolonie oder um die explizite Erwähnung von Waffengewalt gegen die Einheimischen gehandelt haben, welche möglicherweise in der deutschen Öffentlichkeit keinen guten

1 Staatsarchiv Hamburg, *Personalakte Stuhlmann*, 361–6, I 86 Bd. 1, Schreiben von Stuhlmann an Kayser, 7. November 1892, sowie Stuhlmann, *Mit Emin Pascha ins Herz von Afrika*, S. 828.

2 Staatsarchiv Hamburg, *Personalakte Stuhlmann*, 361–6, I 86 Bd. 1, Schreiben von Stuhlmann an Kayser, 7. November 1892 und positiver Bescheid von Kayser vom 13. November.

3 Ebd., 361–6, I 86 Bd. 1, Schreiben von Stuhlmann an Kayser, 16. November 1892. Zu den Auftraggebern der Reiseberichte allgemein siehe Essner, *Deutsche Afrikareisende im neunzehnten Jahrhundert*, S. 108–119, speziell zu Stuhlmanns Bericht S. 109 und Endnote 5 auf S. 178.

Anklang gefunden hätten. Eine Rezension von Rudolf Virchow (1821–1902) aus dem Jahr 1894 suggeriert den Lesern hingegen, dass

> *»dieser* [Stuhlmann, Anm. BG] [...] *mit einer solchen Frische und Natürlichkeit* [erzählt], *dass niemand auf den Verdacht kommen wird, er habe etwas, was er wusste, verschweigen wollen«*[4],

und Stuhlmann selbst verkündet in seinem Vorwort zum Bericht vollmundig, dass er »strengstens auf nüchterne und sachliche Wahrhaftigkeit« geachtete hätte.[5] Die Kolonialabteilung genehmigte ihm jedenfalls einen sechsmonatigen Urlaub und kurz darauf machte sich Stuhlmann auf den Weg nach Süditalien.[6] Am 16. März 1893 meldete er sich mit der Ankündigung zurück, dass er bald eine Vortragsreihe mit den sogenannten ›Akkazwerginnen‹[7] halten werde, die er aus Zentralafrika mitgebracht hatte.[8] Um diesen Sachverhalt angemessen zu klären, muss an dieser Stelle eine thematische Vertiefung eingeschoben werden.

3.1 Die »Akkazwerginnen aus Centralafrika« und Stuhlmanns Sammlertätigkeiten

Das Aufspüren und Erforschen von ›Zwergenvölkern‹ beziehungsweise von sogenannten ›Pygmäen‹[9] schien in der Kolonialzeit eine besonders reizvolle Herausforderung für Afrikareisende gewesen zu sein.[10]

[4] Virchow, Rudolf: *Deutsch-Ost-Afrika. Band I: Mit Emin Pascha ins Herz von Afrika*, in: *Zeitschrift für Ethnologie* 26 (1894), S. 47–48, S. 47.

[5] Stuhlmann, *Mit Emin Pascha ins Herz von Afrika*, Vorwort.

[6] Staatsarchiv Hamburg, *Personalakte Stuhlmann*, 361–6, I 86 Bd. 1, Schreiben zwischen Stuhlmann und Kolonialabteilung, 24. November und 12. Januar 1893.

[7] Die Schreibweise des Begriffes variiert, mal heißt es ›Acca‹, an anderer Stelle ›Akka‹.

[8] Staatsarchiv Hamburg, *Personalakte Stuhlmann*, 361–6, I 86 Bd. 1, Schreiben von Stuhlmann an Kayser, 16. März 1893.

[9] Dieser Begriff ist eine koloniale, abwertende Schöpfung und daher ohne Ersatz zu streichen. Vgl. Boussoulas, Andriana: *»Pygmäe«*, in: Arndt, Susan; Hornscheid, Antje (Hg.): *Afrika und die deutsche Sprache. Ein kritisches Nachschlagewerk*, Münster. ²2009, S. 194–196.

[10] Diese ›Begeisterung‹ merkt man bei Stuhlmann, *Mit Emin Pascha ins Herz von Afrika*, S. 436–438, denn dort heißt es auf Seite 438 beispielsweise: »Bei der außerordentlichen Wichtigkeit des Gegenstandes, bei der Aussicht, dass in absehbarer Zeit durch die vordringende Kultur die Originalität dieser Waldkobolde [sic]

Auch war es nicht unüblich, dass vor allem deutsche Reisende Afrikaner zu wissenschaftlichen Untersuchungen oder zur Ausstellung mit nach Europa brachten.[11] Zu dieser Gruppe gehörte auch Franz Stuhlmann, der zusammen mit Emin Pascha in Zentralafrika auf eine Bevölkerungsgruppe traf, die zur damaligen Zeit (und vielfach noch heute) als ›Pygmäen‹ bezeichnet wurde. Die Quellenlage zu diesem Fall ist äußerst einseitig, denn es berichtet nur Stuhlmann selbst über das Zusammentreffen und die weiteren Umstände. Später widmen sich noch deutsche Zeitungen diesen sogenannten ›Akkazwerginnen‹, aber auch hier bleibt Stuhlmann der einzige Informant. Insofern sind alle folgenden Zitate und Aussagen mit Vorsicht zu behandeln. So schildert Stuhlmann den ›Erwerb‹ von drei ›Pygmäen‹ in der Region nördlich des Albert-Edward-Sees im November 1891 folgendermaßen:

> *»Während unseres zweiten Aufenthaltes bei Madsambóni besuchten uns für einige Tage die Sklaven eines Arabers, Manyéma, die in den Wäldern auf Elfenbein und Sklavenraub ausgingen. Sie hatten vor kurzer Zeit eine Razzia im Walde gemacht. Unter andern führten sie als ihre Beute einen Pygmäen* […], *sowie eine kleine Zwergenfrau mit sich. Es war seit langem der Wunsch des Paschas gewesen, einmal Vertreter dieser Rasse zur Küste zu bringen.* […] *So nahmen wir jetzt die Gelegenheit wahr, den menschenfressenden Manyéma ihre Opfer abzukaufen. Gegen eine kleine Entschädigung* […] *wurden die beiden freigegeben und so vor dem Schicksal, verzehrt zu werden, bewahrt.* […] *Einen Monat später befreite ich eine zweite Frau* […]*.«*[12]

Neben der zumindest fragwürdigen Behauptung über Kannibalismus war die Befreiung von Sklaven ein beliebtes und rechtfertigendes Motiv, die drei Personen mitzunehmen, zumal Stuhlmann dazu noch erwähnte, dass sich alle drei in der Karawane sehr wohl fühlten und

verschwinden wird, ist es die Pflicht jedes Reisenden, auch die geringfügigsten Nachrichten über sie zu sammeln […].«

[11] Joachim Zeller zählt u.a. Gustav Nachtigal, Georg Schweinfurth, Hermann von Wissmann und Leo Frobenius auf. Vgl. Zeller, Joachim: *Berlin: Schaustellung von »Akkazwerginnen aus Centralafrika« 1893*, in: Van der Heyden, Ulrich; Zeller, Joachim (Hg.): *Kolonialismus hierzulande. Eine Spurensuche in Deutschland*, Erfurt 2007, S. 427–431, S. 427.

[12] Stuhlmann, *Mit Emin Pascha ins Herz von Afrika*, S. 441f.

zutraulich wurden.[13] Von Zwang ist zwar keine Rede, was aber nicht endgültig überprüft werden kann. Auf dem Rückweg zur Küste verstarb der Mann an Fieber. Nach seiner Beerdigung ließ Stuhlmann die Leiche jedoch wieder ausgraben, um sie für anthropologische Untersuchungen nach Deutschland zu senden, die dann von Rudolf Virchow in Berlin durchgeführt werden sollten.[14] Auf die Darstellung der obligatorischen, anthropologischen ›Rassenmerkmale‹ sowie die ausführlichen ethnografischen Beschreibungen Stuhlmanns soll an dieser Stelle verzichtet werden. Die DKG übernahm nach Stuhlmanns Rückkehr nach Europa die Betreuung der beiden Frauen, die Chicanajo und Assimini[15] genannt wurden, und sorgte für deren Transport und die ›wissenschaftlichen‹ Untersuchungen.[16] Über Neapel reisten die beiden Frauen in Begleitung von Stuhlmanns Diener Kombo, der den beiden auch Swahili beigebracht hatte und als Übersetzer fungierte, nach Deutschland. Hier übernahm der Ornithologe und Afrikaforscher Friedrich Bohndorff (1848–?) die Begleitung der beiden.[17] Stuhlmanns Vortragsreihe mit Chicanajo und Assimini begann am 17. März 1893 in Antwerpen. Gleichzeitig sollte er sich auf eine Audienz bei dem belgischen König Leopold II. (1835–1909) vorbereiten.[18]

[13] Zur Frage des Kannibalismus in Afrika siehe beispielsweise Arens, William: *The Man-Eating Myth. Anthropology & Anthropophagy*, New York 1979. Arens behauptet, dass sich für seine untersuchten Gruppen weltweit kein sozial akzeptierter und praktizierter Kannibalismus nachweisen lässt. Zur regelmäßigen Nahrungsaufnahme haben Menschen wohl zu keiner Zeit Kannibalismus praktiziert. Wenn, dann nur in Überlebenssituationen oder als anti-soziale Praktik. Für Afrika konstatiert Arens ebenfalls, dass sozial akzeptierter Kannibalismus nicht durch überzeugende Quellen belegt werden kann. Der Vorwurf des Kannibalismus gegen eine Gruppe kommt ihrer Entmenschlichung gleich und war daher vielmehr eine koloniale Rechtfertigungsstrategie zur Bekämpfung derselben. Zum rechtfertigenden Motiv der ›Sklavenbefreiung‹ siehe Eckert, *Die Berliner Afrika-Konferenz (1884/85)*, S. 140.

[14] Stuhlmann, *Mit Emin Pascha ins Herz von Afrika*, S. 442. Das Ausgraben von Leichen rückte die Europäer immer wieder bei den Einheimischen in den Verdacht, Menschenfleisch zu verzehren. Siehe auch Exkurs 2.2.3 in dieser Arbeit.

[15] Die Schreibweise der beiden Namen variiert von Publikation zu Publikation.

[16] Stuhlmann, *Mit Emin Pascha ins Herz von Afrika*, S. 444. U.a. wurden auch die typischen Drei-Seiten-Fotografien in entkleidetem Zustand angefertigt, vgl. Stuhlmann, *Mit Emin Pascha ins Herz von Afrika*, Tafel XVI und XVII. Zu den Namen vgl. Zeller, *Berlin: Schaustellung von »Akkazwerginnen aus Centralafrika« 1893*, S. 428.

[17] Staatsarchiv Hamburg, *Nachlass Franz Stuhlmann*, 622–2/63, C 1, Zeitungsausschnitt »Die Ewe-Zwerginnen«, ohne Ort und Datum.

[18] Staatsarchiv Hamburg, *Personalakte Stuhlmann*, 361–6, I 86 Bd. 1, Schreiben von Stuhlmann an Kayser vom 16. März 1893.

Joachim Zeller weist neben Berlin auch noch Stuttgart und Osnabrück als weitere Stationen nach. Aus den Zeitungsberichten kann man eine gewisse voyeuristische Aufregung und Spannung herauslesen, wenn es dort beispielsweise heißt,

> *»daß Dr. Stuhlmann* [...] *uns auch über die Zwergvölker der Seenregion Genaueres berichten wird, wenn er am 24. in der Deutschen Colonialgesellschft zu Berlin* [...] *seine Zwerginnen vorführen und über das Leben und die Gewohnheiten dieser sagenhaften Volksstämme vortragen wird.«*[19]

Ein anderes Blatt schrieb über die »interessantesten Damen in Berlin, deren Bekanntschaft zu machen uns gestern ein besonderes Vergnügen bereitete«.[20] Eine Berliner Zeitung klärte über den langen Reiseweg der Frauen auf und berichtete neben Antwerpen noch von Brüssel, Hamburg und Lübeck als Reisestationen.[21] Über die Gefühlswelten von Chicanajo und Assimini ist nichts überliefert, man kann jedoch davon ausgehen, dass die Zurschaustellung und die voyeuristischen Blicke der Europäer alles andere als angenehm gewesen sein müssen. Für die deutsche Bevölkerung hatten diese Vorführungen stets etwas Triumphales an sich, konstituierte sich doch im exotischen, fremden ›Anderen‹ die eigene überlegene Zivilisation.[22] Nach einem Erholungsaufenthalt in der »Pension und Heilanstalt für Nervenleidende« in Blankenburg/Harz wurden Chicanjo und Assimini am 16. August 1893 nach Ostafrika zurückgeschickt und im Hospital des deutschen Frauenvereins für die Krankenpflege in Bagamoyo untergebracht.[23] In einem Zeitungsbericht hieß es dementsprechend:

> *»Vermuthlich wird Dr. Stuhlmann die Zwerge wieder nach Afrika mit zurücknehmen und sie in einem Missionshause unterbringen*

[19] Staatsarchiv Hamburg, *Nachlass Franz Stuhlmann*, 622–2/63, C 1, Zeitungsausschnitt ohne Ort und Datum.

[20] Staatsarchiv Hamburg, *Nachlass Franz Stuhlmann*, 622–2/63, C 1, Zeitungsausschnitt ohne Ort und Datum.

[21] Staatsarchiv Hamburg, *Nachlass Franz Stuhlmann*, 622–2/63, C 1, Zeitungsausschnitt ohne Ort und Datum., wahrscheinlich eine Berliner Zeitung vom Frühjahr 1893.

[22] Zeller, *Berlin: Schaustellung von »Akkazwerginnen aus Centralafrika« 1893*, S. 428.

[23] Zeller, *Berlin: Schaustellung von »Akkazwerginnen aus Centralafrika« 1893*, S. 428–429 sowie Stuhlmann, *Mit Emin Pascha ins Herz von Afrika*, S. 448.

oder sonst für ihre Civilisation sorgen. Auf jeden Fall aber werden die Zwerge [...] *in diesem Sommer nach Afrika zurückkehren.«*[24]

Über das weitere Schicksal von Chicanjo und Assimini schweigen die Quellen bisher.

Stuhlmann brachte aber nicht nur die beiden Frauen aus Zentralafrika mit, sondern betätigte sich während seiner gesamten Zeit in Ostafrika ab 1888 als Sammler. Seiner Ausbildung entsprechend fokussierte er sich zunächst auf Pflanzen und Kleinlebewesen (Insekten, Kriechtiere, Vögel etc.), wobei aber auch Affen erbeutet wurden.[25] Später waren auch ethnografische Objekte aller Art, wie beispielsweise Alltagsgegenstände oder Waffen, beliebte Sammlungsgegenstände.[26] Wie die Beschaffung von Objekten aussah, schildert Stuhlmann unter anderem so:

> *»Für den Naturforscher eröffnete sich somit ein reiches Arbeitsfeld, und fast der ganze Tag verging damit, die von Mabruck und den andern Leuten herbeigebrachten Schätze zu ordnen. Die Kinder der Eingeborenen hatten sehr bald erfasst, dass ich an Naturobjekten Freude fand und brachten mir Insekten, Frösche, Fledermäuse und vieles andere herbei* [...]*.«*[27]

Bei der Beschaffung von ethnografischen Gegenständen vertrat Stuhlmann die damals in der Ethnologie gängige These von der ›Rettung‹ untergehender Kulturen, die allen voran prominent von Adolf Bastian vertreten wurde.[28] Stuhlmann sprach von einem »Uebergangsstadium, wo wir retten müssen, was noch zu retten ist«. Er war der Meinung, dass »die Eigenheiten vieler Völkerschaften durch die Berührung mit den Arabern und Europäern verwischt [werden]«[29], was insofern paradox ist, als dass Stuhlmann selbst ja zu denen gehörte, die diese »Berührung« energisch vorantrieben. Weiterhin dachte er darüber nach,

[24] Staatsarchiv Hamburg, *Nachlass Franz Stuhlmann*, 622–2/63, C 1, Zeitungsausschnitt ohne Ort und Datum.

[25] Stuhlmann, *Mit Emin Pascha ins Herz von Afrika*, S. 646.

[26] Zu den Sammlungen siehe Stuhlmanns Erwähnungen in Stuhlmann, *Mit Emin Pascha ins Herz von Afrika*, u.a. S. 70, 105, 138, 232, 261, 295f., 310, 470, 593 und viele andere Stellen.

[27] Stuhlmann, *Mit Emin Pascha ins Herz von Afrika*, S. 146.

[28] Vgl. Penny, *Objects of Culture*, S. 30–32.

[29] Stuhlmann, *Mit Emin Pascha ins Herz von Afrika*, S. 848.

wie Objekte für die Völkerkunde effizient beschafft werden könnten, und stellte Überlegungen an, die Offiziere der Stationen im Inneren der Kolonie dazu zu bewegen, »Erkundigungen über Land und Leute anzustellen« und Sammlungen anzulegen, »damit die Zeugnisse einer durch ihr Eindringen untergehenden oder doch wenigstens sich ändernden Kultur gerettet werden«[30]. Mit diesen Gedanken zu verwaltungstechnischen und politischen Fragen entfernte sich Stuhlmann bereits 1894 streckenweise von seinem rein wissenschaftlichen Feld. In seinem Reisebericht kommen außerdem immer wieder militärische und wirtschaftliche Themenkomplexe vor, sodass Stuhlmann schon in der Frühphase seiner Afrikaaufenthalte weder als Privatmann noch als »friedlicher Forscher«[31]gelten kann. »Kolonisierender wurde man nicht durch die Verleihung eines Amtes, sondern aufgrund seiner europäischen Herkunft«, schreibt Michael Pesek[32] und bei Johannes Fabian heißt es sehr passend:

> *»Beteuerungen freundlicher Absichten oder rein wissenschaftlicher Motive waren irrelevant, weil schon die bloße Gegenwart bewaffneter Karawanen unter der Leitung von Europäern Situationen hervorrief, mit denen man sich befassen und die man lösen musste.«*[33]

Und nebenbei bemerkt hatte die Emin-Pascha-Expedition einen klaren herrschaftspolitischen Auftrag, nämlich die Etablierung deutscher Herrschaft im Inneren der Kolonie.

Eine besondere Betrachtung sollen die konkreten Belege für *human remains* erfahren, die Stuhlmann mit nach Deutschland brachte. Neben dem bereits erwähnten Skelett des verstorbenen Mannes aus Zentralafrika ist in seinem Reisebereicht von einer Schädelsammlung für Rudolf Virchow die Rede.[34] So beschreibt Stuhlmann die Plünderung von Gräbern angesehener Familien aus der Umgebung des Victoriasees:

> *»Bei näherer Untersuchung zeigte sich, dass unter den Matten zahllose Menschenskelette lagen, jedes auf eigenen Aesten oder*

30 Ebd., S. 864.
31 Ebd., S. 2.
32 Pesek, *Koloniale Herrschaft in Deutsch-Ostafrika*, S. 285.
33 Fabian, *Im Tropenfieber*, S. 72.
34 Stuhlmann, *Mit Emin Pascha ins Herz von Afrika*, S. 351. Hier spielt Stuhlmann auch wieder auf Kannibalismus und Hexerei an.

Brettern ruhend und von Rindenstoffen und Matten umhüllt. [...] *Wir konnten nicht umhin, eine Anzahl dieser Schädel für die Sammlung von Herrn Geheimrath Virchow einzupacken und nach der Station zu schaffen.«*[35]

Es liegt die Vermutung nahe, dass sich diese Schädel auch heute noch in Berlin befinden. Rudolf Virchow legte zu Lebzeiten zusammen mit dem Anthropologen Felix von Luschan (1854–1924) eine umfangreiche anthropologische Sammlung an, die 1905 unter dem Namen »Rudolf-Virchow-Sammlung der Berliner Anthropologischen Gesellschaft« subsumiert wurde.[36] Falls für diese Sammlungen Forschungen zur Provenienz und zum Erwerbungskontext geplant sind oder bereits laufen, so kann ein Blick in Stuhlmanns Reisebericht möglicherweise mehr Licht ins Dunkel bringen. Ein weiteres Schreiben Stuhlmanns deutet an, dass die ethnografischen Objekte an das Berliner Museum für Völkerkunde geliefert wurden.[37] Die sehr umfangreiche Sammlung im Bereich der Flora und Fauna ging sowohl an das Naturkundemuseum in Berlin als auch an das Naturhistorische Museum in Hamburg.[38]

So absurd diese Geschichten aus heutiger, postkolonialer Perspektive erscheinen mögen, so zeigen sie doch recht gut, wie Stuhlmanns Verhalten einzuordnen ist. Als Teilnehmer der Emin-Pascha-Expedition war er Kolonialist und reisender Naturforscher in einer Person und dadurch in der Lage, die »Sammelwut« der deutschen Anthropo-

35 Ebd., S. 698f.

36 Heute befinden sich Teile der Sammlung sowohl bei der Berliner Gesellschaft für Anthropologie, Ethnologie und Urgeschichte als auch im Berliner Museum für Vor- und Frühgeschichte. Diese Informationen stammen von der Seite Universitätssammlungen in Deutschland: *Anthropologische Sammlungen am Berliner Medizinhistorischen Museum.* http://www.universitaetssammlungen.de/sammlung/49 (24.10.2018). Ausführlicher zu der Virchow-Sammlung bei Kunst, Beate; Creutz, Ulrich: *Geschichte der Berliner anthropologischen Sammlungen von Rudolf Virchow und Felix von Luschan*, in: Stoecker, Holger; Schnalke, Thomas; Winkelmann, Andreas (Hg.): *Sammeln, Erforschen, Zurückgeben? Menschliche Gebeine aus der Kolonialzeit in akademischen und musealen Sammlungen,* Berlin 2013, S. 84–105.

37 Staatsarchiv Hamburg, *Personalakte Stuhlmann*, 361–6, I 86 Bd. 1, Schreiben von Stuhlmann an Kayser, 28. Oktober 1893.

38 Nachweis für Berlin bei Stuhlmann, *Mit Emin Pascha ins Herz von Afrika*, S. 628 und Nachweis für Hamburg in Staatsarchiv Hamburg, *Nachlass Franz Stuhlmann*, 622–2/63, C 1, Zeitungsausschnitt »Die Sammlung Dr. Stuhlmann´s im Naturhistorischen Museum zu Hamburg« von Prof. Kraepelin, ohne Datum. Es handelte sich bei den Sammlungen wohl um alle Gegenstände und Objekte, die er seit 1888 in Ostafrika zusammengetragen hatte.

logie zu befriedigen. Er war dabei geprägt durch die ›Rassendiskurse‹ in der Wissenschaft um die Jahrhundertwende.[39]

3.2 Ein Zoologe wird Kartograf – Stuhlmanns Anstellung im Gouvernement

Nach den Vorträgen und der Rundreise mit Chicanajo und Assimini stellte Stuhlmann seinen Reisebericht fertig und begab sich auf einen ärztlich angeordneten Kuraufenthalt in die Schweiz.[40] Festzuhalten bleibt, dass Stuhlmanns Gesundheitszustand fortwährend eine große Rolle in seinem Leben spielen wird, denn immer wieder musste er seine Tropenaufenthalte durch längere Erholungsphasen und Urlaube ausgleichen beziehungsweise unterbrechen. Der Topos der »krankmachenden Tropen«[41] tritt bei ihm sehr prominent zum Vorschein und wird in dieser Untersuchung immer wieder thematisiert werden.

Nach einigen Briefwechseln zwischen Stuhlmann, der Kolonialabteilung in Berlin und dem Gouvernement in Dar es Salaam einigten sich alle Parteien darauf, dass Stuhlmann wieder in den Kolonialdienst eintreten sollte. Offensichtlich hatte Stuhlmann sein Habilitationsvorhaben aufgegeben, denn in einem Brief an den Verleger Ernst Vohsen (1853–1919) schrieb er etwas resigniert aus Dar es Salaam: »Was hilft´s, ich muß hier vorwärts, denn zu Hause sehe ich ja keine Aussichten für

[39] Siehe ausführlicher die Beiträge von Laukötter, Anja: *Gefühle im Feld – Die »Sammelwut« der Anthropologen in Bezug auf Körperteile und das Konzept der »Rasse« um die Jahrhundertwende*, in: Stoecker, Holger; Schnalke, Thomas; Winkelmann, Andreas (Hg.): *Sammeln, Erforschen, Zurückgeben? Menschliche Gebeine aus der Kolonialzeit in akademischen und musealen Sammlungen*, Berlin 2013, S. 24–44; sowie von Lange, Britta: *Prekäre Situationen – Anthropologisches Sammeln im Kolonialismus*, in: Stoecker, Holger; Schnalke, Thomas; Winkelmann, Andreas (Hg.): *Sammeln, Erforschen, Zurückgeben? Menschliche Gebeine aus der Kolonialzeit in akademischen und musealen Sammlungen*, Berlin 2013, S. 45–68.

[40] Staatsarchiv Hamburg, *Personalakte Stuhlmann*, 361–6, I 86 Bd. 1, Schreiben von Stuhlmann an Kayser, 27. Mai 1893.

[41] Lesenswert zur Entstehung des Tropendispositivs ist Besser, Stephan: *Pathographie der Tropen. Literatur, Medizin und Kolonialismus um 1900*, Würzburg 2013. Zu den Stichworten Hygiene, Fieber und andere Krankheiten siehe auch Fabian, *Im Tropenfieber*, S. 86–95. Laut Fabian gehörte das Fieber zu jedem Reisenden in Afrika dazu und zwar im doppelten Sinne. Zum einen das Fieber als psychosomatischer Erschöpfungszustand und zum anderen als »Reisefieber« oder »Fieber der Ungeduld« als Resultat von Aufregung oder Ärger. Fabian, *Im Tropenfieber*, S. 91.

mich. Was meine Zukunft anbelangt, bin ich ziemlich pessimistisch.«[42] Gouverneur Friedrich von Schele (1847–1904) konnte (oder wollte) Stuhlmann nur eine Tätigkeit als Kartograf anbieten, freute sich aber ansonsten, dass er nach Deutsch-Ostafrika zurückkehren wollte:

> »*Eine andere Stellung* [als die eines Kartografen, Anm. BG] *ist in absehbarer Zeit nicht zu besetzen.* [...] *Den Bezirks-Amtmännern fehlt es meist an Zeit, sich eingehend in allen Theilen ihrer teilweise recht weiten Bezirke zu orientiren; häufig auch an den nöthigen Vorkenntnissen, um* [...] *ihre Orientirung auf kartographischem Wege allgemein nutzbar zu machen* [...]. *Die Aufgabe des Dr. Stuhlmann würde es zunächst sein, kartographisch das Hinterland* [...] *zu fixiren* [...]. *Die Erfahrungen und Kenntnisse des Dr. Stuhlmann versprechen eine schnelle Förderung dieser hochwichtigen Arbeit, zu deren Ausführung dem Gouvernement geeignete Kräfte einstweilen nicht zur Verfügung stehen.«*[43]

In von Scheles Schreiben wird deutlich, womit die Kolonialverwaltung in der Frühphase der deutschen Herrschaft in Ostafrika zu kämpfen hatte. Erstens schien das Gouvernement, möglicherweise aus finanziellen Gründen, nicht gewillt gewesen zu sein, Stuhlmann als festen Kolonialbeamten einzustellen. Dies ist verwunderlich, denn dem Militär von Schele musste eigentlich viel an brauchbaren Landkarten gelegen haben, setzte er doch vor allem auf die Eroberung des Inlandes als auf lästige Verwaltungstätigkeiten.[44] So wurde Stuhlmann nur als »ausseretatsmässiger Beamter« eingestellt. Zweitens fehlte es der Kolonialverwaltung vor Ort an handfestem Wissen über die jeweiligen Bezirke. Offensichtlich gab es nur unzureichendes oder überhaupt kein Kartenmaterial. Und drittens stellte sich die Personalsituation als widersprüchlich dar: Zum einen war keine andere Stelle als die des Kartografen frei. Zum anderen hielt von Schele die kartografische Arbeit für enorm wichtig, jedoch waren dafür wiederum keine geeigneten Kräfte

[42] Zitiert nach Essner, *Deutsche Afrikareisende im neunzehnten Jahrhundert*, S. 89. Die Originalbriefe befinden sich in der Nachlass- und Autographensammlung Staats- und Universitätsbibliothek Hamburg, *Nachlass Franz Stuhlmann*.

[43] Staatsarchiv Hamburg, *Personalakte Stuhlmann*, 361–6, I 86 Bd. 1, Schreiben von von Schele an Reichskanzler von Caprivi, 24. September 1893. Zur geografischen Unkenntnis vgl. auch Demhardt, *Deutsche Kolonialgrenzen in Afrika*, beispielsweise S. 15f.

[44] Pesek, *Koloniale Herrschaft in Deutsch-Ostafrika*, S. 272f.

vorhanden. Ergo waren die verfügbaren Planstellen im Gouvernement von den falschen, unfähigen Leuten besetzt. Stuhlmann selbst war aber mit diesem Angebot zufrieden, bekam er doch aus gesundheitlichen Gründen seinen Wunsch nach einem Wohnplatz an der Küste erfüllt. Später erkundigte er sich dennoch, ob er nicht

> »*ab dem 1. April 1894 unter den etatsmässigen Beamten eine Aufnahme finden werde, ob* [er] *dann pensionsberechtigt* [sei] *und ob in späterer Zeit eine Aufbesserung* [seiner] *Stellung möglich* [wäre]«[45].

Aus seinen Schreiben lässt sich auch eine gewisse Begeisterung und Motivation für das koloniale Projekt in Deutsch-Ostafrika herauslesen, denn er besorgte sich schon vor der endgültigen Zusage diverse Ausrüstungsgegenstände für zoologische und ethnografische Forschungen und hatte offensichtlich das eingangs erwähnte Vorhaben einer Habilitation aufgegeben.[46] Nach endgültiger Zusage und der Klärung von Formalitäten und Materialangelegenheiten reiste Stuhlmann im Spätherbst 1893 nach Dar es Salaam, wo er am 18. Dezember eintraf.[47]

So wurde aus dem forschungsreisenden Zoologen und Militärangehörigen nun auch noch ein Kartograf. Bedenkt man von Scheles Schreiben und den daraus resultierenden Anspruch an Stuhlmann (»schnelle Förderung dieser hochwichtigen Arbeit«), so ist aus den Quellen überhaupt nicht ersichtlich, woher er genügend Expertise für Vermessungsexpeditionen mitgebracht haben könnte. Durch seine Erfahrungen aus der Emin-Pascha-Expedition dürfte Stuhlmann zwar grundlegende Kenntnisse im Umgang mit dem Kompass und anderen Orientierungsmitteln gehabt haben, doch eine fundierte Ausbildung als Kartograf oder Ähnliches lässt sich nicht nachweisen. Nachdem in den Jahren zuvor überhaupt kein Interesse an einem flächendeckenden Kartenwerk bestanden hatte, war das Bedürfnis der Kolonialverwaltung nach geografischem Wissen über das ›eigene‹ Herrschaftsgebiet offensichtlich so groß, dass eben Leute mit »mangelhaften ingenieurtechnischen Qua-

45 Staatsarchiv Hamburg, *Personalakte Stuhlmann*, 361–6, I 86 Bd. 1, Schreiben von Stuhlmann an Kayser, 17. November 1893.

46 Staatsarchiv Hamburg, *Personalakte Stuhlmann*, 361–6, I 86 Bd. 1, Schreiben von Stuhlmann an Kayser, 27. September 1893.

47 Staatsarchiv Hamburg, *Personalakte Stuhlmann*, 361–6, I 86 Bd. 1, Schreiben des Gouvernements in Dar es Salaam an die Kolonialabteilung, 28. Dezember 1893.

lifikationen« angestellt wurden.[48] Die allgemeinen Überlegungen zu Grenzen, die Methoden der Grenzvermessung sowie die technischen Details sind eigene Forschungsgebiete und sollen an dieser Stelle nicht ausführlich thematisiert werden.[49] Einige generelle Punkte sollen hier jedoch genannt werden, die zum allgemeinen Verständnis der Kolonialgrenze in Afrika beitragen und dann zu Stuhlmanns Tätigkeiten als Kartograf hinführen.

Das Konzept der politischen Grenze allgemein ist fest mit der Entwicklung der Nationalstaaten verbunden.[50] Waren zuvor Abgrenzungen und Grenzräume zwischen Gemeinwesen und Herrschaftsgebieten durchaus bekannt, so wurde durch die Etablierung der territorial gebundenen Verfassungsstaaten die präzise Grenze zu einem juristischen Konstrukt. Zunächst ist eine Grenze eine Linie, die unterschiedlich strukturierte Räume voneinander trennt. Diese Trennung geschieht auf zwei Ebenen: der konkreten räumlichen Trennung vor Ort und der abstrakten, imaginierten Trennung auf dem Papier. Beide Ebenen beeinflussen jedoch das Denken und Handeln der Menschen. Für den Staat ist die exakte Begrenzung seines Gebietes zur Organisation und zur Durchführung hoheitlicher Aufgaben unabdingbar.[51] Für den Geografen Friedrich Ratzel (1844–1904) stellte die mathematische Genauigkeit der Grenze ein Charakteristikum höherer Zivilisationen dar.[52] Insofern war es in diesem Sinne nicht verwunderlich, dass die europäischen Kolonialmächte zunächst ihre jeweiligen Vorstellungen von klar umrissenen Territorien auf Afrika übertrugen und sich in einem zweiten Schritt Gedanken machten, wie dieser Anspruch auf dem Kontinent konkret umgesetzt werden könnte. Den Gruppen und Staatswesen des vorkolonialen Afrikas war die präzise gezogene Grenzlinie unbekannt.[53] Dass die kolonialen Grenzen auf der Berliner Afrika-Konferenz 1884/85 auf einer großen Wandkarte willkürlich gezogen wurden, ist ein Mythos. Andreas Eckert spricht gar von einem »fiktive[n] Akt«

48 Hafeneder, Rudolf: *Deutsche Kolonialkartographie 1884–1919*, Euskirchen 2008, S. 11. Das Zitat stammt aus Demhardt, *Deutsche Kolonialgrenzen in Afrika*, S. 20 und bezieht sich direkt auf Stuhlmann und die deutsch-portugiesische Grenzkommission 1895.

49 Für tiefergehende Details siehe Demhardt, *Deutsche Kolonialgrenzen in Afrika*, sowie Hafeneder, *Deutsche Kolonialkartographie 1884–1919*.

50 Demhardt, *Deutsche Kolonialgrenzen in Afrika*, S. 27f.

51 Ebd., S. 23 und 27f.

52 Ebd., S. 24.

53 Ebd., S. 28f.

der Aufteilung.[54] In erster Linie beschloss diese sogenannte ›Kongo-Konferenz‹ eine Art Regelwerk zur kolonialen Besitzergreifung, um Konflikte zwischen den Kolonialmächten zu vermeiden, wobei die konkreten Grenzen erst später und dann meistens bilateral verhandelt beziehungsweise festgelegt wurden.[55] Dabei darf die koloniale Grenzziehung allgemein nicht überbewertet werden. Bis zum Zweiten Weltkrieg hatten die Kolonialgrenzen wenig reale Bedeutung für die lokale Bevölkerung. Der koloniale Staat war kaum in der Lage, Grenzübertritte zu Handels-, Wander- und Fluchtbewegungen zu verhindern.[56] Vielfach existierten die Kolonialreiche nur auf dem Papier, aber selbst hierfür musste in irgendeiner Form geografisches Wissen produziert werden. Das einzig probate Mittel, einigermaßen präzise Grenzverläufe festzulegen, waren bis weit in das 20. Jahrhundert hinein die sogenannten Grenzkommissionen, die aus Mitgliedern der jeweilig betroffenen Kolonialmächte zusammengestellt wurden. Einheimische Interessen wurden dabei meistens übergangen. Diese Kommissionen durchwanderten und vermaßen das strittige Gebiet und fertigten am Ende Landkarten und Verträge an.[57] Zu Beginn der kolonialen Absteckung von Interessenssphären fehlten konkrete topografische Fixpunkte und geografische Ortsbestimmungen bei den Grenzverhandlungen. So griffen die Akteure oft auf astronomische Grenzlinien zurück, die sich an Längen- und Breitengraden orientierten. Das erklärt in den meisten Fällen auch die schnurgeraden Grenzlinien in manchen Teilen Afrikas. Ein Beispiel für Ostafrika ist die Grenze zwischen den heutigen Ländern Uganda, Kenia und Tansania, die 1° südlicher Breite schnurgerade durch den Victoriasee verläuft und 1886 zwischen Deutschland und Großbritannien ausgehandelt wurde.[58] Das Innere des afrikanischen Kontinents überzogen zahllose Routenaufnahmen der europäischen Afrikareisenden, die mittels Kompass ihre Reisewege teils sehr genau aufzeichneten. Zur Erstellung flächendeckender Karten taugten diese Geländeaufnahmen jedoch nicht. Auch Emin Pascha führte auf sei-

[54] Eckert, *Die Berliner Afrika-Konferenz (1884/85)*, S. 141.

[55] Überblicksartig zur Berliner Afrika-Konferenz siehe Eckert, *Die Berliner Afrika-Konferenz (1884/85)* S. 137–149.

[56] Ebd., S. 143.

[57] Allgemein zu Grenzkommissionen siehe Demhardt, *Deutsche Kolonialgrenzen in Afrika*, S. 67–70.

[58] Schneppen, Heinz: *Sansibar und die Deutschen. Ein besonderes Verhältnis. 1844–1966*, Berlin [2]2006, S. 164.

nen Expeditionen minutiöse Aufnahmen seines Reisewegs.[59] Weiterhin bleibt festzuhalten, dass sämtliche Vermessungsarbeit außerhalb Europas durch technische, astronomische und klimatische Bedingungen sehr ungenau werden konnte.[60]

3.3 Die deutsch-portugiesische Grenzkommission von 1895

Im Jahr 1886 legten Deutschland und Portugal ihre Einflusssphären in Südostafrika fest. Als gemeinsame Scheidelinie wurde der Rovuma[61] von seiner Mündung im Indischen Ozean bis in das Gebiet des Nyassa-Sees bestimmt. Südlich der Rovuma-Mündung lag die Bucht von Kionga, die einen guten Hafenplatz darstellte. Diese Bucht war der südlichste Außenposten des Sultanats von Sansibar und wurde 1887 gewaltsam von Portugal besetzt.[62] Im Sommer 1894 besetzten wiederum deutsche Truppen die Bucht sowie angrenzende Gebiete südlich des Rovuma, die fortan als sogenanntes Kionga-Dreieck bezeichnet wurden. Nachdem Portugal die Besetzung widerwillig akzeptiert hatte, wollten sich beide Parteien auf einen eindeutigen Grenzverlauf einigen.[63]

Ende 1894 wurde Stuhlmann in seiner Funktion als landeskundlicher und vermessungstechnischer Referent vom Gouvernement für eine gemeinsame Grenzkommission mit Portugal vorgeschlagen. Bereits am 20. Januar 1895 erreichte der portugiesische Leutnant zu See de Sepulveda Dar es Salaam, um die Expedition vorzubereiten.[64] Eine Woche später trafen Stuhlmann und de Sepulveda zusammen in Kionga ein und begannen ihre Arbeiten. Begleitet wurden sie dabei vom örtlichen Stationschef Leutnant Stenzler. Sein portugiesischer Widerpart musste zunächst bei seiner Gesellschaft um Erlaubnis bitten und kam vorerst nicht mit. Mithilfe von Routenaufnahmen, astronomischen Ortsbestimmungen und vergleichenden Betrachtungen älterer britischer Seekarten versuchte die Kommission, den Grenzverlauf möglichst präzise und ausgeglichen festzulegen. Es erstaunt schon sehr, welche Mühen und Aufwendungen seitens der Kolonialverwaltungen unternommen

59 Siehe Abbildungen 10 und 11 im Anhang.
60 Details bei Demhardt, *Deutsche Kolonialgrenzen in Afrika*, S. 77f.
61 Die Schreibweise variierte. Ruvuma, Rovuma und Rowuma waren gebräuchlich.
62 Demhardt, *Deutsche Kolonialgrenzen in Afrika*, S. 406f.
63 Ebd., S. 409–414.
64 Ebd., S. 414f.

wurden, um ein doch relativ kleines und wirtschaftlich unbedeutendes Gebiet genauestens zu vermessen. Besonders die deutsche Seite war sich im Klaren darüber, dass die Gebiete, die der Kolonie zugeschlagen wurden, absolut wertlos waren. Ein möglicher Hafen in Kionga konnte dem weiter südlich liegenden portugiesischen Handelsplatz Palma nicht den Rang ablaufen und zudem schätzte Stuhlmann die mögliche landwirtschaftliche Ausbeute als sehr gering ein. Dennoch arbeitete die Kommission den gesamten Februar sehr akribisch an der Grenzfestlegung.[65] Ein Blick in Stuhlmanns Bericht zur Vermessungspraxis vor Ort verdeutlicht, wie die Kommission arbeitete und wie mühselig um jeden Quadratkilometer verhandelt wurde:

> *»Die Lage dieses Ortes* [Mbwisi, Anm. BG], *und besonders die Ruine eines Steinhauses am Strande, wurde* […] *als gut bestimmt angenommen und in Folge dessen davon ausgegangen* […]. *Mit ziemlicher Mühe wurde im dichtesten Dornbusch eine Flucht nach Süden durchgeschlagen, und auf dieser 1200 Meter abgemessen, dann ein Grenzstein 60 Meter östlich von diesem Punkte eingesetzt, wo der 10° 40' von dem Wege von Mbwisi nach Tungi geschnitten wird.«*[66]

An anderer Stelle berichtet Stuhlmann über kleine Nachverhandlungen entlang der Grenze. Es ging um Dörfer, die durch den Grenzverlauf nicht zerschnitten werden sollten. Es musste vor Ort immer wieder verhandelt werden, welches Dorf nun auf welche Seite zugeschlagen werden sollte. So stellte die Kommission fest, »daß ein kleiner Theil des Gebietes von Nakwedanga nördlich von 10° 40' liegt, das somit dem portugiesischen Gebiet als Entschädigung für den Streifen Landes am Ruvuma zufallen würde«[67]. Weiterhin berichtete Stuhlmann, dass er »ein Stück südlich der Linie für uns beanspruchen mußte. Wir einigten uns auf 500 Meter südlich von 10° 40' bei der Pflanzung Mwikwi und setzten dort einen Stein.«[68]

Abschließend resümierte er in einem weiteren Bericht an das Gouvernement:

[65] Ebd., S. 421 und 419.
[66] Bericht Stuhlmanns an das Gouvernement Dar es Salaam, zit. aus ebd., S. 416f.
[67] Ebd., S. 419.
[68] Ebd.

»Wenn vielleicht auch bei der Compensation wir um ½–1 Quadratkilometer zu kurz gekommen sind, so haben wir doch am Cap Delgado ein Stück südliche der Linie, bis etwa 1600 m an das eigentliche Cap Delgado heran bekommen und außerdem den Streifen flußaufwärts am Ruvuma [...].«[69]

Trotz dieses Hin- und Herschiebens von Grenzlinien stellte der Referent für Grenzangelegenheiten in Berlin Dr. Alexander von Danckelmann (1855–1919) und das Kartographische Institut von Richard Kiepert (1846–1915) nach Überprüfung der astronomischen Daten fest, dass die eingereichte Rohkarte von Stuhlmann noch recht ungenau war. Zunächst zog man eine erneute Expedition in Erwägung, welche jedoch aufgrund der hohen Kosten und der vergleichsweise geringen Bedeutung des Gebietes wieder verworfen wurde. Der portugiesischen Seite empfahl man, die ausgehandelte Grenze zu akzeptieren.[70] Ein Gutachten bemerkte die »nicht sehr befriedigenden Ergebnisse«[71] und stellte etliche Falschberechnungen und Toleranzabweichungen fest. Dennoch: Nach dem Austausch von diplomatischen Noten und der nachträglichen Versetzung eines Grenzsteins am Strand von Mbwisi um 273 Meter nach Norden konnte die endgültige Karte des Kionga-Dreiecks im Herbst 1896 fertiggestellt und übergeben werden.[72] Die Karte in Abbildung 12 im Anhang veranschaulicht die Situation und das Ergebnis der Grenzkommission sehr gut.

Spätestens nach diesem Abschnitt lässt sich zusammenfassend feststellen, dass sich Stuhlmann mit seiner Tätigkeit als Grenzvermesser und Kartograf endgültig vom Reisenden beziehungsweise Forschenden zum Kolonialisten entwickelt hatte. Hier wird auch die enge Verzahnung von Geografie und Kolonialpolitik deutlich, über die schon viel gestritten worden ist.[73] Was das Verhältnis von Geografie und Politik betrifft, so bringt es kaum einer besser auf den Punkt als Stuhlmanns

[69] Ebd.
[70] Ebd., S. 421f.
[71] Ebd., S. 422.
[72] Eine nachträgliche Korrektur fand nochmals 1908 statt. ebd., S. 425–427.
[73] So zieht beispielsweise Jürgen Zimmerer eine direkte Kontinuitätslinie von Berliner Geografen vom Kolonialismus über das Dritte Reich bis in die Bundesrepublik, vgl. Zimmerer, Jürgen: *Im Dienste des Imperiums. Die Geographen der Berliner Universität zwischen Kolonialwissenschaften und Ostforschung*, in: *Jahrbuch für Universitätsgeschichte* 7 (2004), S. 73–99. Siehe auch Pesek, *Koloniale Herrschaft in Deutsch-Ostafrika*, Abschnitt *Vom Forschungsreisenden zum Kolonisierenden*, ab S. 153.

Zeitgenosse Friedrich Ratzel: »Das geographische Wissen hat sich von alters her als eine politische Kraft erwiesen.«[74]

3.4 Die Jahre 1895–1900 – Politik und Privates

Am 12. März 1895 traf Stuhlmann wieder in Dar es Salaam ein.[75] Offensichtlich war man im Gouvernement mit Stuhlmanns Arbeit zufrieden, denn ab dem 1. April des Jahres konnte er sich über eine feste Anstellung in Dar es Salaam freuen. Seine offizielle Bezeichnung lautete nun »Chef der Abteilung für Landeskultur und Landvermessung«.[76] Nach seiner Beförderung bat Stuhlmann erneut um einen mehrmonatigen Heimaturlaub, um seine Gesundheit wiederherzustellen. Der Bericht vom Dar es Salaamer Oberarzt Gaertner vom Juni 1895 konstatierte bis dato drei Malariaerkrankungen und weitere Fieberanfälle »mit hohen Temperatursteigerungen, lebhaftem Phantasiren und Athemnoth«. Weiterhin beklage sich Stuhlmann über »Mattigkeit und schnelle Ermüdung beim Arbeiten, sowie über [...] Hirnkopfschmerzen«. Der Arzt attestierte ihm einen »mäßig kräftigen Knochenbau, [...] etwas schlaffe Muskulatur« und blasse Hautfarbe. Dr. Gaertner empfahl einen sofortigen Urlaubsantritt von Stuhlmann, um zu gewährleisten, dass dieser sich in den Sommermonaten in Deutschland erholen könne.[77]

Als allgemeine Ursachen für ›tropisches‹ Fieber wurden bis zum Ende des 19. Jahrhunderts giftige Ausdünstungen aus sumpfigen Böden, die sogenannten Miasmen, verantwortlich gemacht. Dieser Wissenskorpus stammte aus dem 17. Jahrhundert und basierte vor allem auf den Erfahrungen von Schiffsärzten. Die Texte dieser Ärzte können als eigenständige Wissensform oder Fachdisziplin über tropische Krankheiten angesehen werden. Erst mit der Etablierung der Bakteriologie zu Beginn des 20. Jahrhunderts setzte eine paradigmatische Wende hin zu einem »tropenmedizinischen Dispositiv« ein, wie Stephan Besser

[74] Zit. Nach Demhardt, *Deutsche Kolonialgrenzen in Afrika*, S. 73.

[75] Ebd., S. 419.

[76] Staatsarchiv Hamburg, *Personalakte Stuhlmann*, 361–6, I 86 Bd. 1, Notiz vom 8. Mai 1895.

[77] Staatsarchiv Hamburg, *Personalakte Stuhlmann*, 361–6, I 86 Bd. 1, Abschrift des Berichts von Dr. Gaertner, angehängt an das Schreiben vom Gouvernement an den Reichskanzler, 20. Juni 1895.

es beschreibt.[78] Doch trotz medizinischer Verbesserungen blieb die Gefahr zu erkranken beziehungsweise dienstunfähig zu werden, allgemein hoch. Dafür waren jedoch nicht nur die Krankheiten an sich schuld, sondern auch die fragwürdigen Vorbeugungs- und Behandlungsmethoden der Europäer selbst. Chinin und Morphium wurden kaum richtig dosiert und Alkoholkonsum war selbst in den abgelegensten Gebieten Afrikas für die Kolonisatoren obligatorisch.[79]

Stuhlmann war mit seinem allgemeinen Gesundheitszustand kein Sonderfall. Empirische Untersuchungen für das 19. Jahrhundert belegen zumindest für Westafrika eine Sterberate bei den Europäern von etwa 50 Prozent.[80] Die Erkrankungs- und Mortalitätswerte dürften für Ostafrika ähnlich hoch gelegen haben. Für die ›Schutztruppe‹ in Ostafrika ist es möglich, konkrete Zahlen zu ermitteln. So fielen bei Kampfhandlungen in den Jahren 1889 bis 1906 insgesamt 30 Deutsche, während im selben Zeitraum 127 Angehörige der ›Schutztruppe‹ im »Tropendienst« verstarben.[81] Die Todesursachen waren überproportional häufig Fieber (unter anderem Schwarzwasserfieber), Malaria und Durchfallerkrankungen.[82] Insofern ist es auch nicht weiter verwunderlich, dass das Gouvernement beziehungsweise die Kolonialabteilung wohlwissend um die gesundheitlichen Zustände ihrer Beamten, Soldaten und Angestellten diese weiter beschäftigten und beförderten, denn gesunder Ersatz war Mangelware und würde ebenfalls während der Tropenaufenthalte nach und nach erkranken.

Am 25. Juli 1895 traf Stuhlmann in Hamburg ein und begann seinen viermonatigen Erholungsurlaub. In dieser Zeit heiratete er Alice Frege (ca. 1870–?), die Tochter des 1889 verstorbenen königlich-sächsischen Konsuls in Hamburg Christian Eduard Frege, und reiste im Herbst des

[78] Vgl. Besser, *Pathographie der Tropen*, S. 11–21. Zu den Miasmen siehe beispielsweise Baumann, Oscar: *Usambara und seine Nachbargebiete. Allgemeine Darstellung des nordöstlichen Deutsch-Ostafrika und seiner Bewohner auf Grund einer im Auftrage der Deutsch-Ostafricanischen Gesellschaft im Jahre 1890 ausgeführten Reise*, Berlin 1891, S. 295–297. Baumann führt hier die fieberhaften Erkrankungen direkt auf den Kontakt mit verseuchten Böden und Winden zurück und rät: »Wie überall in den Tropen, so zeigt es sich auch hier, dass mit dem Comfort auch der Gesundheitszustand sich hebt.« S. 296.

[79] Pesek, *Koloniale Herrschaft in Deutsch-Ostafrika*, S. 138.

[80] Besser, *Pathographie der Tropen*, S. 11.

[81] Nigmann, *Geschichte der Kaiserlichen Schutztruppe für Deutsch-Ostafrika*, S. 135–145.

[82] Ebd.

Jahres mit ihr zusammen nach Dar es Salaam zurück.[83] Nach nur vier Jahren trennten sich die beiden offensichtlich einvernehmlich wieder. Dennoch sorgte die Ehe nach Stuhlmanns Tod im Jahr 1928 für juristische Streitigkeiten mit der Stadt Hamburg. Laut den Dokumenten in seiner Personalakte erklärte sich Stuhlmann im Scheidungsprozess bereit, seiner Ex-Frau bis zu ihrem Lebensende ein Fünftel seines Gehalts beziehungsweise 3.000 Mark jährlich als Unterhalt zu zahlen.[84] Nachdem er gestorben war, blieben die Zahlungen aus, woraufhin sich Alice Stuhlmann mit Hilfe eines Anwalts an die Stadt Hamburg wandte und forderte, dass die Zahlungen von der Stadt weitergeleistet werden sollten. Begründet wurde dies mit einem Hinterbliebenen-Versorgungsgesetz, welches der Witwe Zahlungen zuspricht, falls der Mann schuldig geschieden wurde. Die Sachlage hierzu war jedoch unklar und deshalb lehnte man den Antrag ab. Frau Stuhlmann lebte zu dieser Zeit in Berlin und war sowohl gesundheitlich angeschlagen als auch mittellos. Auch angesichts der allgemeinen wirtschaftlichen Verhältnisse in der damaligen Zeit drohte ihr die völlige Verarmung.[85] Der Fall wurde auch in den Medien thematisiert. So betitelte die Zeitschrift *Fridericus* einen Bericht über diesen Fall mit dem Titel »Warum muß die Witwe des berühmten hamburgischen Gelehrten Geheimrat Professor Dr. Franz Stuhlmann hungern?« Der Artikel griff den Hamburger Senat mit seinem »berühmte[n] Hanseatengeist« scharf an und warf ihm Knauserigkeit und Unbarmherzigkeit vor.[86] Der Senat spielte offensichtlich auf Zeit und berief sich immer wieder auf die gesetzlichen Regelungen, wonach die Stadt nicht aufkommen müsse. Eine einvernehmliche Lösung geht aus den Akten bis dato nicht hervor. Interessant für die Person Franz Stuhlmann ist allerding ein kleines Aktenkonvolut des Staatsarchivs Hamburg, welches weder der Personalakte noch seinem Nachlass zugeordnet ist. Darin wird im Jahr 1935 der Rechtsstreit um die Hinterbliebenenrente erneut aufgegriffen. Das Rechtsamt der Gau-

83 Staatsarchiv Hamburg, *Personalakte Stuhlmann*, 361–6, I 86 Bd. 1, Stuhlmann an die Kolonialabteilung, 26. Juli 1895. Zur Hochzeit vgl. Staatsarchiv Hamburg, *Nachlass Franz Stuhlmann*, 622–2 / 63, C I, Zeitungsausschnitte vom August und Oktober 1895.

84 Staatsarchiv Hamburg, *Personalakte Stuhlmann*, 361–6, I 86 Bd. 5, Frau Zabe an Senator Dr. Chapeaurouge, 9. Juli 1929.

85 Die Informationen zu diesem Abschnitt stammen aus diversen Schreiben in Stuhlmanns Personalakte ab dem Jahr 1928.

86 Staatsarchiv Hamburg, *Personalakte Stuhlmann*, 361–6, I 86 Bd. 5, Zeitungsausschnitt aus dem *Fridericus*, Nr. 8, 1930.

leitung Berlin wandte sich mit folgenden Zeilen an den Senat der Stadt Hamburg:

> *»Das hiesige Rechtsamt ist der Ansicht, dass* […] *im vorliegenden Falle nicht allein der formale Urteilsspruch, sondern auch die tatsächlichen Verhältnisse, die zur Ehescheidung führten, berücksichtigt werden müssen. Nach diesen ist aber nur deshalb die Erklärung des Ehemannes als allein schuldigen Teil nicht erfolgt, weil Frau St. aus nationalen Gründen die Erörterung des wahren Ehescheidungsgrundes im öffentlichen Prozess vermeiden wollte. Nach dem dem Rechtsamt vorgelegten Material scheint der eigentliche Grund der Ehescheidung eine widernatürliche Veranlagung des Ehemannes, die unter den Tatbestand des § 175 des Strafgesetzbuches fällt, gewesen zu sein. Wenn mit Rücksicht auf die hervorragende aussenpolitische Stellung, die der Afrika-Forscher Stuhlmann hatte, sowie auf dringendes Anraten mehrerer politischer Persönlichkeiten die Ehefrau St. von dem Recht der Veröffentlichung dieser Tatsache im Prozess keinen Gebrauch machte, so kann und darf sie u. E. hierdurch nicht so schlecht gestellt werden* […].«[87]

Dieses Schreiben offenbart mehrere Erkenntnisse. Frau Stuhlmann hätte als Witwe offenbar Anspruch auf eine Hinterbliebenenrente gehabt, wenn Franz Stuhlmann im Scheidungsprozess für allein schuldig befunden worden wäre. Dazu hätte Alice Stuhlmann ihren Ehemann der damals strafbaren Homosexualität bezichtigen beziehungsweise Franz Stuhlmann hätte dies eingestehen müssen.[88] Dieses wiederum hätte wohl das Karriereende für den damals sehr angesehenen Wissenschaftler und Kolonialbeamten bedeutet und einen erheblichen Imageschaden für die Kolonialverwaltung in Dar es Salaam sowie in Berlin

[87] Staatsarchiv Hamburg: *Senatskanzlei – Personalabteilung I*, 1935 Kc106, Rechtsamt Berlin an Hamburger Senat, 20. März 1935. Hervorhebung im Original.

[88] Zum Paragrafen § 175 siehe Sommer, Kai: *Die Strafbarkeit der Homosexualität von der Kaiserzeit bis zum Nationalsozialismus. Eine Analyse der Straftatbestände im Strafgesetzbuch und in den Reformentwürfen (1871–1945)*, Frankfurt am Main 1998. Zur Illegalität von Homosexualität im Britischen Empire siehe Han, Enze; O'Mahoney, Joseph P. A.: *British Colonialism and the Criminalization of Homosexuality. Queens, Crime and Empire*, London/New York 2018.

verursacht.[89] Deshalb verzichtete Alice Stuhlmann aus »nationalen Gründen«, und weil sie wahrscheinlich unter Druck gesetzt worden war, auf ein Urteil zu ihren Gunsten. Franz Stuhlmann war wohl sehr leicht zu einem Vergleich bereit, wusste er doch um die möglichen Folgen seiner angeblichen sexuellen Neigung. Dass sich der Hamburger Senat so vehement gegen eine soziale und moralisch vertretbare Lösung in dem Streit wehrte, wird vermutlich auch damit zu tun haben, dass Stuhlmann in Hamburger Institutionen hohe Posten innegehabt hatte und mit diversen Ehren ausgezeichnet wurde.[90] Selbst die posthume Erkenntnis über einen homosexuellen Institutsleiter wäre für das Ansehen des Hamburger Senats vermutlich nicht akzeptabel gewesen. Ein eindeutiger Beschluss in der Causa Alice Stuhlmann ist aus den Schreiben jedenfalls nicht ersichtlich. Dieses Kapitel macht aber deutlich, wie schlecht es um die Rechte sowohl von Homosexuellen als auch von Frauen im Kaiserreich und in der Weimarer Republik bestellt war.[91] Was der Vorwurf der Homosexualität, besonders im kolonialen Kontext, anrichten konnte, zeigt der sogenannte ›Rechenberg-Skandal‹. Albrecht von Rechenberg (1861–1935) war von 1906 bis 1912 Gouverneur in Dar es Salaam und versuchte im Zuge der ›Ära Dernburg‹, die Lebens- und Arbeitsbedingungen für Afrikaner in der Kolonie zu verbessern, was die deutschen Siedler gegen ihn aufbrachte. Das Organ der Siedler, die Deutsch-Ostafrikanische Zeitung (DOAZ) und allen voran ihr Herausgeber Willy von Roy bezichtigten den Gouverneur der Homosexualität, was letztendlich dazu führte, dass Rechenberg von seinem Amt zurücktrat, unabhängig davon, ob sich die Vorwürfe

89 Zur Skandalisierung von Homosexualität in der Öffentlichkeit siehe Bösch, Frank: *Öffentliche Geheimnisse. Skandale, Politik und Medien in Deutschland und Großbritannien 1880–1914*, München 2009.

90 U.a. die Ehrendoktorwürde der Universität Hamburg.

91 Was den Themenbereich Homosexualität und Kolonialismus betrifft, so stellten weder Stuhlmann als Person noch Deutschland als Kolonialmacht einen Einzel- bzw. Sonderfall dar. Der wohl bekannteste Fall von Homosexualitätsvorwürfen im Kaiserreich war der sogenannte Eulenburg-Skandal in den Jahren 1907–1909, vgl. Domeier, Norman: *Der Eulenburg-Skandal. Eine politische Kulturgeschichte des Kaiserreichs*, Frankfurt am Main 2010. Für die Kolonialmächte Großbritannien, Frankreich und die Niederlande sei auf Aldrich, Robert: *Colonialism and homosexuality*, London/New York 2003 hingewiesen. Aldrich verweist auf die Komplexität von Homosexualität im kolonialen Kontext und analysiert überzeugend einige bekannte Fälle von vermeintlich homosexuellen Kolonialakteuren, wie beispielsweise Henry Morton Stanley, Richard Burton oder Cecil Rhodes.

erhärteten ließen oder nicht.[92] Ein solcher Skandal blieb Stuhlmann möglicherweise nur erspart, weil seine Frau, aus welchen Gründen auch immer, auf eine öffentliche Ansprache dieses Umstands im Scheidungsprozess verzichtete. Jedenfalls nahm seine Karriere im Gouvernement durch die Scheidung keinen Schaden.

In der Zeit von Herbst 1895 bis Anfang 1897 war Franz Stuhlmann in Deutsch-Ostafrika mit der Errichtung von landwirtschaftlichen Versuchsstationen beschäftigt.[93] Im Januar 1897 wandte er sich mit dem Wunsch nach einem Beamtentitel an Gouverneur Eduard von Liebert (1850–1934), woraufhin dieser ein wohlwollendes Schreiben an den Reichskanzler sendete. Darin lobt der Gouverneur die bisherigen Leistungen Stuhlmanns und begründet die Befürwortung eines Titels mit »dem analogen Vorgang der Beförderung des Dr. Bumiller«, welcher ebenfalls aus bürgerlichem Hause stammte und als Wegbegleiter Wissmanns im Jahr 1895 den Titel des Regierungsrats erhielt. Von Liebert schloss den Antrag mit der Bitte, »dem um die Kolonie hoch verdienten Beamten diese Rangerhöhung geneigtens zu bewilligen, um seine Dienstfreudigkeit zu steigern und ihn recht lange der hiesigen Stellung zu erhalten«[94]. Nach positivem Bescheid der Kolonialabteilung verkündete von Liebert im Gouvernementsbefehl Nr. 9 vom 6. Mai 1897, dass Franz Ludwig Stuhlmann zum Kaiserlichen Regierungsrat ernannt worden sei.[95] Bereits im Dezember des Jahres beantragte Stuhlmann beim Gouvernement einen Heimaturlaub »auf unbestimmte Dauer«. Allerdings darf diese Erkenntnis nicht überbewertet werden, denn Stuhlmann befand sich seit Ende 1895 im ununterbrochenen Dienst in der Kolonie und seine Urlaubsansprüche waren zu der Zeit im Rahmen des Üblichen.[96] Das Schreiben vom 30. Dezember offenbart aber noch

[92] Siehe ausführlicher Schmidt, Heike Ingeborg: *Colonial Intimacy: The Rechenberg Scandal and Homosexuality in German East Africa*, in: *Journal of the History of Sexuality* 17. 1 (2007), S. 25–59.

[93] Staatsarchiv Hamburg, *Personalakte Stuhlmann*, 361–6, I 86 Bd. 2, Von Liebert an den Reichskanzler, 29. Januar 1897. Zu den Kulturstationen und Versuchsplantagen siehe Kapitel 4.1.

[94] Ebd. Zu Theodor Bumiller siehe Keipert, Maria u. a. (Hg.): *Biographisches Handbuch des deutschen Auswärtigen Dienstes. 1871–1945*, Paderborn 2000, Bd. 1, S. 345.

[95] Staatsarchiv Hamburg, *Personalakte Stuhlmann*, 361–6, I 86 Bd. 2, Befehl von 6. Mai 1897.

[96] Staatsarchiv Hamburg, *Personalakte Stuhlmann*, 361–6, I 86 Bd. 2, von Liebert an Kolonialabteilung, 30. Dezember 1897. Eine Dienstperiode in Deutsch-Ostafrika dauerte zwei Jahre. Dann stand normalerweise ein mehrmonatiger Urlaub an. Vgl. Tesch, Johannes: *Die Laufbahn der deutschen Kolonialbeamten, ihre Pflich-*

mehr: Er legte nicht nur das Rückkehrdatum nicht fest, sondern drohte offen damit, überhaupt nicht in den Gouvernementsdienst zurückzukehren, falls sein Gehalt nicht deutlich angehoben werden würde. Stuhlmann argumentierte mit den hohen Lebenshaltungskosten in Dar es Salaam und den Aufwendungen für seine Ehefrau, die zu diesem Zeitpunkt noch an seiner Seite war. Gouverneur von Liebert war auch dieser Forderung gegenüber durchaus verständnisvoll und sorgte sich um den möglichen Verlust von Stuhlmann. Auch er sparte dabei in einem Brief an die Kolonialabteilung nicht mit Übertreibungen und Unwahrheiten:

> *»Von meinem Standpunkt kann ich nur hervorheben, daß ein Ausscheiden des Genannten eine unausfüllbare Lücke hier reißen würde, da er sich seit zehn Jahren in Ostafrika befindet, genauer Kenner des Landes bis ins Innere hinein ist, das Klima sehr gut verträgt und mit immer gleich bleibender persönlicher Anspruchslosigkeit eine großartige Arbeitskraft verbindet.«*[97]

So reiste Stuhlmann am 5. Januar 1898 nach Europa ab und bemühte sich in seiner Urlaubszeit hauptsächlich um weitere Gehaltserhöhungen und Pensionsansprüche. Allgemein wurde zu dieser Zeit in Politik und Gesellschaft diskutiert, wie man mit der Kolonialbeamtenschaft umgehen solle. Einheitliche Regelungen gab es kaum.[98] Stuhlmann und seine Pensionsansprüche wurden sogar von der Magdeburgischen Zeitung aufgegriffen und als verallgemeinerbares Beispiel genannt. Dort hieß es:

> *»Es ist bereits früher angeregt worden, die Pensionsverhältnisse der Colonialbeamten einheitlicher als bisher zu regeln, damit es möglich wird, tüchtige Kräfte, die sich bewährt haben, im Colonialdienst zu halten.* […] *Wir würden es z. B. lebhaft bedauern, wenn Dr. Stuhlmann* […] *aus solchen Erwägungen heraus den Dienst in Ostafrika verlassen würde. Nichts hat uns in den Colonien mehr geschadet als fortwährende Wechsel in den Persönlichkeiten.* […]

ten und Rechte. Mit Genehmigung des Auswärtigen Amtes unter Benutzung amtlicher Quellen, Berlin 1902, S. 17.

97 Staatsarchiv Hamburg, *Personalakte Stuhlmann*, 361–6, I 86 Bd. 2, von Liebert an Kolonialabteilung, 30. Dezember 1897.

98 Pesek, *Koloniale Herrschaft in Deutsch-Ostafrika*, S. 27.

Bei dem aufreibenden Tropenleben ist es aber doppelt nothwendig, daß die Zukunft der Beamten sichergestellt wird [...].«[99]

1898 machte sich nach anfänglicher Begeisterung für das koloniale Projekt in der deutschen Bevölkerung die Einsicht breit, dass die Kolonien bisher hinter den Erwartungen zurückgeblieben waren. Die Magdeburgische Zeitung machte für diese Misere die hohe personelle Fluktuation und die schlechten Pensionsverhältnisse der Kolonialbeamten aus, womit sie nicht ganz Unrecht hatte. Der deutsche Staat entnahm üblicherweise heimische Beamte und setzte sie für einige Zeit in den Kolonien ein. Dies sparte Geld, denn im Falle von Tropendienstuntauglichkeit (was häufig vorkam) konnten die Beamten einfach wieder in der Heimat eingesetzt werden und es entstanden kaum Mehrkosten. Vor Ort hatten die Beamten grundsätzlich große Machtbefugnisse, die meistens voll ausgenutzt wurden. So war die Politik *on the spot* sehr stark von individuellen Entscheidungen der nur kurz regierenden Beamten geprägt und deshalb selten einer klaren Linie folgend. Dies wirkte sich destruktiv auf Wirtschaft und Bevölkerung in den Kolonien aus.[100] Da Stuhlmann kein ausgebildeter Staatsdiener im herkömmlichen Sinne war, hätte er trotz seiner festen Anstellung im Gouvernement schlechtere Pensionsaussichten als ein vergleichbarer Beamter im Reich gehabt.[101] Dies würde Stuhlmanns fortlaufende Bemühungen um Gehaltserhöhungen und sein energisches Beharren auf Pensionsansprüchen erklären.

Entgegen der weiter oben zitierten Behauptung, Stuhlmann würde das Klima so gut vertragen, beantragte er im Mai 1898 wegen fortschreitender gesundheitlicher Probleme eine Verlängerung des Urlaubs um sechs Wochen. Seine Rückreise nach Dar es Salaam fand erst Ende Juni statt.[102] Aus einem Schreiben vom 20. September geht zudem her-

[99] Staatsarchiv Hamburg, *Personalakte Stuhlmann*, 361–6, I 86 Bd. 2, Zeitungsausschnitt aus der Magdeburgischen Zeitung vom 20. April 1898.

[100] Ruppenthal, *Kolonialismus als »Wissenschaft und Technik«*, S. 30f. Zur Macht der Gouverneure und Beamten vgl. Koponen, *Development for Exploitation*, S. 94–102, sowie Pesek, *Koloniale Herrschaft in Deutsch-Ostafrika*, S. 27.

[101] Ruppenthal, *Kolonialismus als »Wissenschaft und Technik«*, S. 30. Siehe auch zeitgenössisch Beneke, Max: *Die Ausbildung der Kolonialbeamten. Im Auftrag der deutschen Kolonialgesellschaft unter Benutzung amtlicher Quellen*, Berlin 1894 sowie Tesch, *Die Laufbahn der deutschen Kolonialbeamten, ihre Pflichten und Rechte*.

[102] Staatsarchiv Hamburg, *Personalakte Stuhlmann*, 361–6, I 86 Bd. 2, Stuhlmann an Kolonialamt mit angehängtem Attest, 4. Mai 1898 und ein Schreiben mit dem Rückreisedatum vom 20. Mai 1898.

vor, dass sich Stuhlmann offenbar seiner hohen Position im Gouvernement bewusst war und nach und nach auch an politischen Entscheidungsprozessen teilhaben wollte. Gouverneur von Liebert setzte sich bei der Kolonialabteilung dafür ein, dass Stuhlmann bei eventueller Vertretung des Gouverneurs zu berücksichtigen und gleichzeitig sein bisheriges Gehalt nochmals zu steigern sei.[103] Die Gehaltserhöhung wurde zwar abgelehnt, aber in der Folge wurde Stuhlmann als einer der dienstältesten Kolonialbeamten zum stellvertretenden Gouverneur ernannt. Doch zunächst stand für ihn ein erneuter Erholungsurlaub in Europa an, den er aufgrund eines ärztlichen Attests im Mai 1899 auf unbestimmte Dauer antrat. Das Attest bescheinigte ihm zum wiederholten Male diverse gesundheitliche Probleme, wie zum Beispiel Erschöpfung des Nervensystems, Ermüdung, Schlafstörungen, geistige Aufregung und juckender Hautausschlag. Der untersuchende Arzt riet, »Dr. Stuhlmann aus dem so wie so an der Nervenkraft des Europäers zehrenden Tropenklima für einige Zeit zu entfernen«[104]. Nach seiner Ankunft in Deutschland fuhr Stuhlmann zunächst nach Heidelberg, wo er seine freundschaftlichen Kontakte zur Familie Kraepelin nutzte und sich medizinischen Rat bei Emil Kraepelin (1856–1926) einholte. Dieser empfahl einen Kuraufenthalt in der Nähe von Heidelberg, wo sich Stuhlmann scheinbar sehr gut erholen konnte, denn im Juli 1899 machte er sich wieder auf den Rückweg nach Dar es Salaam.[105] Im Herbst des Jahres ließen sich Franz Stuhlmann und seine Frau Alice in Dar es Salaam scheiden.[106]

In die Zeit um die Jahrhundertwende fielen sowohl für Franz Stuhlmann als auch für die Kolonie Deutsch-Ostafrika wichtige Veränderungen. Zunächst war es für die DOAZ eine große und freudige Überraschung, dass Eduard von Liebert nach seinem Heimaturlaub im Februar 1899 nach Dar es Salaam zurückkehrte und als erster Gou-

[103] Staatsarchiv Hamburg, *Personalakte Stuhlmann*, 361–6, I 86 Bd. 2, Gouverneur von Liebert an die Kolonialabteilung, 20. September 1898.

[104] Staatsarchiv Hamburg, *Personalakte Stuhlmann*, 361–6, I 86 Bd. 2, Stuhlmann an die Kolonialabteilung, 29. April 1899 mit Attest vom 21. März, sowie Gouverneur von Liebert an die Kolonialabteilung, 7. April 1899.

[105] Staatsarchiv Hamburg, *Personalakte Stuhlmann*, 361–6, I 86 Bd. 2, Stuhlmann an die Kolonialabteilung, 10. Mai 1899 und Beleg zum Kuraufenthalt von Dr. Dambacher vom 9. Mai 1899. Emil Kraepelin war Psychiater an der Universität Heidelberg und der Bruder von Karl Kraepelin, mit dem Stuhlmann befreundet war. Siehe Einleitung.

[106] Staatsarchiv Hamburg, *Personalakte Stuhlmann*, 361–6, I 86 Bd. 5, Senator Dr. de Chapeaurouge an Senatsrat Hey, 6. Juni 1929.

verneur überhaupt in Deutsch-Ostafrika seine zweite Amtsperiode antrat. Die Zeitung sparte nicht mit verheißungsvollen und markigen Lobeshymnen auf den Gouverneur, der mit den Worten zitiert wurde, er wolle »keine Beamten- oder Militärkolonie, [sondern] eine Kolonie der freien wirtschaftlichen Entwickelung«[107]. Ebenfalls schien von Liebert laut des Blattes eine tiefgreifende Reform der Kolonialverwaltung angekündigt zu haben:

> *»Weiterhin sei infolge der Pazifizierung des Schutzgebietes die Phase des Militarismus als überwunden zu betrachten und die Aufhebung der unhaltbar gewordenen militärischen Gliederung der Beamtenschaft durch den Kaiser bereits genehmigt.«*[108]

Obwohl von Liebert ein Militär war, sind unter seiner Führung tatsächlich erste Schritte zur Entwicklung eines zivil verwalteten Kolonialstaats in Angriff genommen worden. Militärstationen wurden in Bezirksämter umgewandelt und bereits 1898 wurde damit begonnen, in einigen Teilen der Kolonie eine ›Hüttensteuer‹ einzuführen.[109] Zwar stiegen dadurch die Einnahmen der Kolonialverwaltung, jedoch wirkte sich die Steuer äußerst destruktiv auf das Leben der einheimischen Bevölkerung aus. Der Häuserbau ließ spürbar nach, manche flohen in die benachbarten Kolonien und die zwangsläufig benötigten Mehreinnahmen zur Steuerentrichtung führten zu erhöhter Arbeitsbelastung und dem Zwang, auf Plantagen der Lohnarbeit nachzugehen. Auch die Praxis der Steuereintreibung scheiterte an mangelnder Infrastruktur und langen Wegen. Zudem bedienten sich die Distriktkommandeure oftmals brutaler Eintreibungsmethoden. Die direkten Folgen der ›Hüttensteuer‹ waren teils gewaltsame Widerstandsaktionen, deren Anzahl in Gouverneur Lieberts Amtszeit (1896–1901) mit 25 angegeben wird. In der Kilimandscharo-Region wurden 19 Chagga-Anführer wegen ›Steuerrevolte‹ hingerichtet und für das gesamte ›Schutzgebiet‹ geht man von bis zu 2.000 Toten im Zuge des Widerstandes gegen die Steuer aus.[110] Bereits im Jahr 1903 wurde die ›Hüttensteuer‹ für gescheitert

[107] *Deutsch-Ostafrikanische Zeitung*, Jg. I, Nr. 1 (26. Februar 1899). Die DOAZ lässt sich im Grundsatz als Sprachrohr der Siedler sehen. Vgl. auch Pesek, *Koloniale Herrschaft in Deutsch-Ostafrika*, S. 261f.

[108] *Deutsch-Ostafrikanische Zeitung*, Jg. I, Nr. 1 (26. Februar 1899).

[109] Pesek, *Koloniale Herrschaft in Deutsch-Ostafrika*, S. 273; Henderson, *German East Africa, 1884–1918*, S. 133f.

[110] Henderson, *German East Africa, 1884–1918*, S. 137.

erklärt.[111] Von der oben zitierten »Pazifizierung des Schutzgebietes« konnte folglich keine Rede sein.

Eduard von Liebert war tendenziell siedlerfreundlich eingestellt und befürwortete die großzügige Unterstützung von Kleinansiedlungen in den Usambarabergen und im Hochland von Iringa.[112] Als Zwischenbemerkung wäre zu sagen, dass sich die Kolonialpolitik für Deutsch-Ostafrika permanent im Streit um die koloniale Ausrichtung befand: Sollte sie eine Siedlerkolonie sein, die auf den Zuzug von Europäern ausgelegt war? Oder eine Handelskolonie, in der die einheimische und lokale Wirtschaft gestärkt wurde und bei der die europäische Bevölkerung verhältnismäßig gering blieb? Bis zum Ende der deutschen Kolonialzeit wurde keine konsequente Linie in dieser Hinsicht gefunden und die Kolonie vereinte mehr oder weniger beide Bestandteile.[113] Zwecke beider Kolonisationsformen waren freilich die Ausbeutung des Landes und die ›Nutzbarmachung‹ der Wirtschaft für das Mutterland.[114] Doch diese ›Nutzbarmachung‹ gelang dem Gouvernement nicht wirklich. Die weiterhin hohen Ausgaben für militärische Aktionen, der kostspielige Aufbau einer Verwaltung und stagnierende Ausfuhren sorgten bis weit in das Jahr 1902 hinein für einen regelrechten »Kolonialpessimismus«.[115] Für Eduard von Liebert war vor allem Berlin schuld an dieser Situation. Er fühlte sich von der Kolonialverwaltung in seiner Freiheit als Gouverneur beschränkt und beklagte sich beim Kolonialrat:

> *»Die Kolonie könnte eine normale und gesunde Entwicklung nehmen, wenn nicht aus Berlin dieser schreckliche Verwaltungsdruck wäre, welcher die Kolonie belastet. Die Kolonialabteilung, das*

[111] Tetzlaff, *Koloniale Entwicklung und Ausbeutung*, S. 49–51; Henderson, *German East Africa, 1884–1918*, S. 137, sowie ausführlich zur ›Hüttensteuer‹ bei Bald, Detlef: *Deutsch-Ostafrika 1900–1914. Eine Studie über Verwaltung, Interessengruppen und wirtschaftliche Erschließung*, München 1970, S. 53–57.

[112] Tetzlaff, *Koloniale Entwicklung und Ausbeutung*, S. 104f.

[113] Bald, Detlef; Bald, Gerhild: *Das Forschungsinstitut Amani. Wirtschaft und Wissenschaft in der deutschen Kolonialpolitik, Ostafrika 1900–1918*, München 1972, S. 48, sowie Iliffe, John: *Tanganyika under German Rule 1905–1912*, Cambridge/London 1969, S. 50f.

[114] Siehe generell Koponen, *Development for Exploitation*, S. 89–94 und Pogge von Strandmann, *Imperialismus vom Grünen Tisch*, S. 161. Zur »Siedlerkolonie Deutsch-Ostafrika« ausführlicher bei Tetzlaff, *Koloniale Entwicklung und Ausbeutung*, S. 101–116.

[115] Tetzlaff, *Koloniale Entwicklung und Ausbeutung*, S. 71–79. Das Zitat von S. 77.

Schatzamt, der Kolonialrat, Reichstag und Rechnungshof haben ein Konsortium von Ämtern gebildet, unter deren dauernden Interventionen und Einflüssen ein junger primitiver Staat untergehen muß.«[116]

Dieser Konflikt mit Berlin sorgte schließlich im Frühjahr 1901 für die Absetzung von Lieberts als Gouverneur.[117] Vorangegangen waren diverse Streitigkeiten mit dem Kolonialdirektor Gerhard von Buchka (1851–1935), die unter anderem auch zu seinem Rücktritt aus der Kolonialabteilung führten.[118] Schon im August 1900 reiste von Liebert zum Erholungsurlaub nach Deutschland und die DOAZ hegte bereits zu diesem Zeitpunkt Zweifel daran, ob der Gouverneur noch einmal zurückkehren würde.[119] Für Franz Stuhlmann war von Lieberts Urlaub der erste Schritt in die repräsentative und zugleich machtvolle Position des stellvertretenden Gouverneurs, denn dieser übernahm bei Abwesenheit des Gouverneurs alle Befugnisse vom Oberbefehl über die ›Schutztruppe‹ bis hin zu Erlassen und Weisungen an die Bezirke sowie die Rechtsprechung in letzter Instanz.[120] Jedoch wurde Stuhlmann nicht direkt stellvertretender Gouverneur. Eduard von Liebert gab in einem Erlass vom 11. August bekannt, dass Major Ludwig von Estorff (1859–1943) »die Geschäfte des Gouvernements und das Kommando über die Schutztruppe« übernehmen würde.[121] Erst als von Estorff am 26. August eine dreiwöchige »Orientierungsreise« in die Usambaraberge antrat, kam Stuhlmann als Stellvertreter vom Stellvertreter zum Zuge, aber auch nur für Angelegenheiten der Zivilverwaltung.[122] Von

[116] Gouverneur von Liebert an Hammacher, 5. August 1898, zitiert aus Pogge von Strandmann, *Imperialismus vom Grünen Tisch*, S. 179.

[117] Pesek, *Koloniale Herrschaft in Deutsch-Ostafrika*, S. 273.

[118] Pogge von Strandmann, *Imperialismus vom Grünen Tisch*, S. 344.

[119] *Deutsch-Ostafrikanische Zeitung*, Jg. II, Nr. 31 (11. August 1900).

[120] Zur Macht der Gouverneure in den frühen Jahren siehe Henderson, *German East Africa, 1884–1918*, S. 132f.

[121] *Amtlicher Anzeiger für Deutsch-Ostafrika 09. August 1900*, in: *Amtlicher Anzeiger für Deutsch-Ostafrika. Beilage zur »Deutsch-Ostafrikanischen Zeitung« No. 31* (9. August 1900). Major von Estorff war 1904 unter Lothar von Trotha (1848–1920) einer der maßgeblich verantwortlichen Akteure im Vernichtungskrieg gegen die Herero in Deutsch-Südwestafrika. Siehe u.a. Schaller, Dominik J.: *»Ich glaube, dass die Nation als solche vernichtet werden muss«. Kolonialkrieg und Völkermord in »Deutsch-Südwestafrika« 1904–1907*, in: *Journal of Genocide Research* 6. 3 (2004), S. 395–430.

[122] *Amtlicher Anzeiger für Deutsch-Ostafrika 23. August 1900*, in: *Amtlicher Anzeiger für Deutsch-Ostafrika. Beilage zur »Deutsch-Ostafrikanischen Zeitung«*

September bis Dezember 1900 waren dann Stuhlmann und Major von Estorff gemeinsam als Stellvertretung des heimgekehrten Gouverneurs von Liebert aktiv. So belegen es jedenfalls die Meldungen und Bekanntmachungen im Amtlichen Anzeiger für Deutsch-Ostafrika.[123] Major von Estorff hatte den stellvertretenden Gouverneursposten noch bis zur Ankunft Graf von Götzens inne, während Stuhlmann zum Jahresende zu seiner Studienreise aufbrach. Diese wird unter anderem im folgenden Kapitel Thema sein.

No. 24 (23. August 1900). Die Angelegenheiten der ›Schutztruppe‹ übernahm Hauptmann von Prittwitz. Eine von Stuhlmanns nachweisbaren administrativen Aktionen in dieser Phase war die Bekanntmachung einer Erinnerung an einen Gouvernementsbefehl von 1895, siehe *Amtlicher Anzeiger für Deutsch-Ostafrika 30. August 1900, in: Amtlicher Anzeiger für Deutsch-Ostafrika. Beilage zur »Deutsch-Ostafrikanischen Zeitung« No. 25 (30. August 1900).* In dem Befehl ging es um die fristgerechte Einreichung von Vorschlägen zu etatmäßigen Anstellungen im Gouvernement.

123 Siehe *Amtlicher Anzeiger für Deutsch-Ostafrika* von August bis Dezember 1900.

4 Ökologischer Imperialismus oder wissenschaftlicher Fortschritt? – Landwirtschaftliche Entwicklungen und Konflikte im Norden der Kolonie

Dieses Kapitel befasst sich mit den Versuchen des Gouvernements und der Privatwirtschaft, die Kolonie Deutsch-Ostafrika wirtschaftlich ›rentabel‹ zu machen. Dabei werden sowohl die Initiativen der Wirtschaft als auch die Prozesse in der Verwaltung untersucht. Ebenso werden die gewalttätigen Konflikte mit der einheimischen Bevölkerung und die allgemeinen Probleme der Kolonialisten in den Blick genommen. Franz Stuhlmann, der in diesen Jahren auf seinem kolonialen ›Karrierehöhepunkt‹ war, wird im Hinblick auf seine kolonialen Tätigkeiten betrachtet. Dabei tritt sein offensichtlicher Rassismus ebenso zutage wie die Einordnung seiner Person in das Konzept des ökologischen Imperialismus. Seine Studienreise nach Niederländisch- und Britisch-Indien sowie Robert Kochs Forschungen und Versuche zur Malaria- und Schlafkrankheitsbekämpfung gelten als gute Beispiele für Kolonialherrschaft als gemeinsames europäisches Projekt.[1]

4.1 Plantagen und Pleiten

Am 26. April 1900 wandte sich das Kolonial-Wirtschaftliche Komitee (KWK) an die Kolonialabteilung in Berlin und fragte an, ob Franz Stuhlmann für eine ca. 6-monatige Studienreise nach Britisch- und Niederländisch-Indien freigestellt werden könne. Zweck dieser Reise sollte das Sammeln von Wissen und Erfahrungen bezüglich der britischen und niederländischen botanischen Gärten und Versuchsstationen sein, um die landwirtschaftlichen Stationen in Deutsch-Ostafrika ausbauen zu können.[2] Sowohl in den kolonialwirtschaftlichen Kreisen als auch in der Kolonialverwaltung war man sich nämlich im Klaren darüber, dass der Erfolg des kolonialen Projekts in Deutsch-Ostafrika

[1] Siehe dazu Ruppenthal, *Kolonialismus als »Wissenschaft und Technik«*, S. 28.

[2] Staatsarchiv Hamburg, *Personalakte Stuhlmann*, 361–6, I 86 Bd. 2, KWK an Kolonialabteilung, 26. April 1900.

im Wesentlichen vom landwirtschaftlichen Sektor abhing.[3] Im Gegensatz zum Kolonialrat, der als umstrittenes ›Nebenparlament‹ eine beratende, aber unverbindliche Funktion für die Kolonialabteilung hatte, war das KWK gänzlich privat organisiert und nahm Projekte zur Förderung der wirtschaftlichen Entwicklung in den Kolonien mit eigenen Mitteln selbst in die Hand. »Vorarbeiten zur Erschließung unserer Kolonien, zur Förderung des Eisenbahnbaues, der Schifffahrt sowie der Entwicklung des Baumwollanbaus«[4] waren die Kernaufgaben des Komitees. Das KWK war nicht gewinnorientiert, praktisch ausgerichtet und versuchte möglichst unparteiisch privatwirtschaftliche Investitionen in den Kolonien zu unterstützen.[5]

Wie bereits erwähnt, war eine Stoßrichtung der deutschen Kolonialpolitik in Deutsch-Ostafrika die Besiedlung durch auswanderungswillige Europäer, besonders von Deutschen, und die damit verbundenen Anlage von Plantagen. Besonders die Usambaraberge im Nordosten der Kolonie waren zu Beginn der deutschen Herrschaft das Hauptziel der Siedler und Plantagengesellschaften. Die Karte in Abbildung 13 im Anhang gibt einen guten geografischen Überblick über die Region. Die DOAG beauftragte 1890 den Geografen und Afrikaforscher Oscar Baumann (1864–1899), eine Studie über das Potenzial der Usambaraberge zu erstellen.[6] Baumann pries die Usambaraberge als »weit gesunder als die Niederungen« und fasste sein Urteil mit den Schlagworten »Leichtigkeit des Grunderwerbs, Wasserreichthum, Fruchtbarkeit des Bodens und Vorhandensein verschiedener Höhenzonen« zusammen.[7] Besonders der Punkt »Leichtigkeit des Grunderwerbs« deutet darauf hin, dass Baumann entweder die Präsenz der einheimischen Bevölkerung völlig ignorierte oder wie selbstverständlich davon ausging, dass Europäer ein Recht darauf hätten, auf einfachem Wege an das Land der durchaus präsenten Bewohner in der Region zu gelangen. Konflikte

3 Conte, Christopher Allan: *Highland Sanctuary. Environmental History in Tanzania's Usambara Mountains*, Athens 2004, S. 56.

4 Aus der Satzung des KWKs, zitiert aus Utermark, *»Schwarzer Untertan versus schwarzer Bruder«*, S. 143.

5 Pogge von Strandmann, *Imperialismus vom Grünen Tisch*, S. 281f. Zum Kolonialrat überblicksmäßig ders.: *Der Kolonialrat*, in: Van der Heyden, Ulrich; Zeller, Joachim (Hg.): *Kolonialmetropole Berlin. Eine Spurensuche*, Berlin 2002, S. 32–34. Zum KWK siehe auch Zepernick, Bernhard: *Zwischen Wirtschaft und Wissenschaft – die deutsche Schutzgebiets-Botanik*, in: *Berichte zur Wissenschaftsgeschichte* 13. 4 (1990), S. 207–217, S. 210–211.

6 Baumann, *Usambara und seine Nachbargebiete.*

7 Ebd., S. 297 und 301.

waren damit vorprogrammiert. Christopher Conte weist darauf hin, dass die Usambaraberge keineswegs als jungfräuliches Primärwald-Paradies anzusehen seien, welches nur darauf warten würde, von den Europäern »kultiviert« zu werden:

> *»DOAG-sponsored explorers continued to build expectations with their enthusiastic portrayal of the Usambara Urwald, the forest primeval, devoid of human influence. Urwälder they were not; the Usambaras, as well as the rest of East Africa's Eastern Arc Mountains, had served for centuries as settlement nodes.«*[8]

Und so setzte in den 1890er-Jahren ein regelrechter Plantagenboom in der Region ein. Besonders Kaffeeplantagen wurden gegründet und das Gouvernement unterstützte diese mit finanziellen Mitteln und der großzügigen Vergabe von Landkonzessionen. Allerdings fehlte es den Plantagenbesitzern allzu oft an fachlicher Expertise, was bis zur Jahrhundertwende zur sogenannten »Kaffeepleite von Usambara« führte.[9] Recht anschaulich und exemplarisch stellte die DOAG die Lage in einem Bericht aus dem Jahre 1899 dar:

> *»Wohl ist zu begreifen, daß bei ihrer* [eine Versuchsplantage, Anm. BG] *Anlage Fehler gemacht wurden. Man kannte Regen- und Windverhältnisse, die Eigenschaften des Landes überhaupt nicht, man hatte kein Urteil darüber, welche Schädlinge und Feindschaften sich dem Kaffee entgegenstellen würden und wie dagegen anzugehen sei.«*[10]

In dem Urteil von Oberbergrat Busse vom März 1901 wird auch Stuhlmann im Kontext der »Kaffeepleite von Usambara« indirekt für das Scheitern der Plantagenwirtschaft mitverantwortlich gemacht. Dort wird als Grund für das »nahezu vollständige Fiasko« die »mangelnde Sachkenntnis des Unternehmers, bzw. der leitenden Beamten« angeführt.[11] Denn ab April 1895 war Stuhlmann ein leitender Beamter, er war sogar »Chef der Abteilung für Landeskultur und Vermessung«,

[8] Conte, *Highland Sanctuary*, S. 45.

[9] Ausführlicher zu den Plantagengesellschaften und den allgemeinen Umständen siehe Tetzlaff, *Koloniale Entwicklung und Ausbeutung*, S. 56–62 und Bald, Bald, *Das Forschungsinstitut Amani*, S. 41–44.

[10] Zit. nach Tetzlaff, *Koloniale Entwicklung und Ausbeutung*, S. 59.

[11] Zit. nach Tetzlaff, *Koloniale Entwicklung und Ausbeutung*.

also direkt verantwortlich für die landwirtschaftlichen Tätigkeiten in den Usambarabergen.

Die Unfähigkeiten der Plantagenbesitzer und der Bedarf an praktischem Wissen für deutsche Siedler führten 1896 zur Gründung der Kulturstation Kwai in den westlichen Usambarabergen, für die Franz Stuhlmann in seiner Funktion als Chef der Abteilung für Landeskultur in Zusammenarbeit mit der DOAG zuständig war.[12] Sowohl die Gründung der Station Kwai als auch des Botanischen Gartens in Dar es Salaam sowie des Instituts in Amani lassen sich in das Konzept des ökologischen Imperialismus einordnen, welches Alfred Crosby überzeugend ausgearbeitet hat. Crosby sieht dabei den gewollten und ungewollten Transfer von Pflanzen, Tieren und Krankheiten von einem Kontinent zum anderen als einen Teil der gesamteuropäischen Expansion und speziell für das 19. Jahrhundert als Teil des europäischen Kolonialismus.[13] Dieser Aspekt sollte immer mitbedacht werden, wenn man über Stuhlmann oder die Kulturstationen der Deutschen in Afrika spricht.[14]

Mit der Anlage in Kwai sollte jedenfalls bewiesen werden, dass sich das Hochland von Usambara zur Besiedlung eignete und dass dort europäische Obst- und Gemüsesorten, Vieh und Plantagenprodukte wie beispielsweise Kaffee gedeihen konnten. Tiefergehende systematische Forschungen und wissenschaftliche Untersuchungen der Böden waren nicht vorgesehen[15] und so blieben die Probleme und Fragen der Pflanzer zu Schädlingen, Krankheiten und Düngung weitestgehend ungelöst. Was bei der Darstellung von Detlef und Gerhild Bald[16] gänzlich

12 Staatsarchiv Hamburg, *Personalakte Stuhlmann*, 361–6, I 86 Bd. 2, von Liebert an den Reichskanzler, 29. Januar 1897. Den Hinweis zur DOAG zu finden bei Conte, *Highland Sanctuary*, S. 48.

13 Crosby bezieht sich in seiner Studie zwar auf die europäische Auswanderung und die biologisch-ökologische Expansion in die Amerikas, nach Australien und Neuseeland, doch diese Funktionsweisen lassen sich ohne Probleme auch auf den europäischen Kolonialismus in Afrika und Asien übertragen. Siehe Crosby, Alfred W.: *Ecological Imperialism. The Biological Expansion of Europe, 900–1900*, Cambridge 2015.

14 Ein ausführlicher, zeitgenössischer Überblick und detaillierte Ausführungen zu den landwirtschaftlichen Stationen in Ostafrika zu finden im Volkens, G.: *Kulturnachweisungen ostafrikanischer Stationen für das Jahr vom 1. Juni 1897 bis 31. Mai 1898*, in: *Notizblatt des Königl. botanischen Gartens und Museums zu Berlin* 2. 16 (1898), S. 219–239.

15 Bald, Bald, *Das Forschungsinstitut Amani*, S. 36.

16 Balds Darstellung über Amani bietet einen recht guten Überblick zur Sachlage aus deutscher Sicht. Allerdings ist der Text eher einer kolonialapologetischen

ungesagt bleibt, ist die Tatsache, dass mit der Anlage der Station bereits von Einheimischen kultiviertes Land okkupiert wurde.[17] In der Geschichte der Mbugu spielte die Region um den Ort Kwai schon lange vor der ›Entdeckung‹ durch Europäer eine wichtige Rolle als Siedlungsgebiet und als sicherer Rückzugsort bei kriegerischen Auseinandersetzungen mit den Massai.[18] Die Station Kwai hatte von Anfang an mit massivem Arbeitermangel zu kämpfen, weil die einheimische Bevölkerung aus nachvollziehbaren Gründen nicht bereit war, auf der Farm zu leben und zu arbeiten. Ein Bericht aus dem Jahr 1898 zu »Kulturversuchen in Deutsch-Ostafrika« lässt erahnen, mit welchen rassistischen Annahmen die DOAG beziehungsweise die Kolonialverwaltung handelte:

> *»Die Bergbevölkerung war mit wenigen Ausnahmen nicht zum Arbeiten zu bewegen; sie wollten nicht arbeiten, da sie den Zweck der Arbeit bei dem Reichtum der Berge* […] *nicht einsehen, und ausserdem ein Grundzug des Charakters der männlichen Bevölkerung eine unüberwindliche Arbeitsscheu ist* […]. *Da es weder durch Geld noch durch gute Worte gelang, Arbeiter zu erhalten, wurden die einzelnen Ortsältesten für das Erscheinen ihrer Leute verantwortlich gemacht.«*[19]

Die letzte Bemerkung scheint euphemistisch auszudrücken, dass von deutscher Seite Arbeitszwang angewandt wurde. Es kam auch zu gewalttätigen Auseinandersetzungen zwischen den Mbugu und den deutschen Landwirten in Kwai, namentlich mit dem Farmer Eick, der die durchaus funktionierende Viehwirtschaft der Mbugu ignorierte und aus einem Überlegenheitsdenken heraus damit begann, europäisches und einheimisches Vieh zur ›Verbesserung‹ zu kreuzen. Da die Mbugu aber nicht bereit waren, ihr Vieh zur Besamung abzugeben, und dafür auch noch eine Gebühr bezahlen sollten, beschwerten sich diese bei der Verwaltung in Tanga und bekamen Recht. Sie seien nicht zu Abgaben verpflichtet. Ein Schlichtungsversuch vor Ort endete mit einer

Richtung zuzuordnen und auch der typische Sprachduktus der 1970er-Jahre entspricht nicht den heutigen Standards einer kritischen Kolonialforschung.

17 Conte, *Highland Sanctuary*, S. 47f.

18 Ebd., S. 48.

19 Engler, A.: *Bericht über Kulturversuche in Deutsch-Ostafrika. (Für das Jahr vom Juni 1896 bis Juni 1897)*, in: *Notizblatt des Königl. botanischen Gartens und Museums zu Berlin* 2. 12 (1898), S. 27–51, S. 32.

Schießerei und mehreren Toten Mbugu.[20] Während einige Zeitgenossen in der Station Kwai ein »echtes, rechtes Landgut«[21] sahen, kritisierten andere wiederum öffentlich die Zustände dort. Dieses geschah allerdings weniger aus ethisch-moralischen Standpunkten heraus, sondern vor allem aus wirtschaftlichen:

> *»Als gänzlich verfehlt müssen von vornherein die riesigen Aufwendungen bezeichnet werden, welche für Verarbeitung der Produkte der Viehzucht gemacht worden sind.* [Es] *erscheint* [...] *doch im höchsten Grade überflüssig, daß* [...] *große Centrifugen und alle möglichen anderen Apparate zur Verarbeitung der gar nicht vorhandenen Milch mit unendlichen Kosten nach Quai* [sic] *heraufgeschafft wurden.«*[22]

Weiterhin scheint diesem Zeitgenossen durchaus bewusst gewesen zu sein, dass die einheimische Bevölkerung sehr wohl zu eigenen landwirtschaftlichen Leistungen in der Lage war. Er berichtet nämlich weiter:

> *»Auf der anderen Seite war es aber gar nicht nötig, den Nachweis zu liefern, daß man im Hochplateau von Quai Butter machen kann. Die Eingeborenen in Deutsch-Ostafrika machen überall Butter, wo Viehzucht vorhanden ist, und Kuhkäse kann schließlich nicht als Exportartikel gedacht werden.«*[23]

Nicht nur die landwirtschaftlichen Misserfolge, sondern auch die gewaltsamen Vorfälle, für die indirekt auch Franz Stuhlmann verantwortlich gemacht werden kann, führten letztendlich zur Aufgabe der Experimente und zur Verpachtung der Station an einen privaten Landwirt.[24]

Zur Besiedlungsfähigkeit der westlichen Usambaraberge kam der Kritiker in seinem Bericht im *Tropenpflanzer* übrigens zu einem vernichtenden Urteil:

[20] Conte, *Highland Sanctuary*, S. 49f.

[21] Richelmann: *Kwai, ein deutsches Landgut in Ostafrika*, in: *Deutsche Kolonialzeitung. Organ der deutschen Kolonialgesellschaft* 26, S. 780.

[22] Neubaur, Paul: *Die Besiedelungsfähigkeit von Westusambara*, in: *Der Tropenpflanzer* 6 (1902), S. 496–513, S. 498.

[23] Ebd., S. 499.

[24] Conte, *Highland Sanctuary*, S. 50.

»Die erzielten Erfolge sind gleich Null. Ein wirklicher Reinertrag ist bisher von niemandem [...] *zu verzeichnen. Einzelne Ansiedler sind überhaupt nur vier vorhanden. Der eine davon ist* [...] *eben erst angekommen;* [...] *Herr Hauptmann Prince*[25] [...] *hat auch erst angefangen* [...]. *Man muß sich billig fragen, ob diesen Thatsachen gegenüber man überhaupt in der Gegenwart eine Ansiedlung in Westusambara noch befürworten darf, und diese Frage ist mit einem absoluten ›Nein‹ zu beantworten.«*[26]

Als Gründe für dieses Urteil führt er die schlechten Transportbedingungen, das schwierige Gelände, die Unerfahrenheit der Siedler in Bezug auf die »afrikanischen Verhältnisse« und das daraus resultierende rücksichtslose Verhalten gegenüber der einheimischen Bevölkerung an.[27]

Als ein zweites Beispiel für ökologischen Imperialismus sei der Versuchsgarten in Dar es Salaam zu nennen, der bereits 1893 von Stuhlmann mithilfe der Botanischen Zentralstelle für die deutschen Kolonien in Berlin angelegt wurde.[28] Die Zentralstelle stattete den Garten mit Samen und Setzlingen aus, die zum einen auf ihre Anbaufähigkeit hin getestet und zum anderen als Zierpflanzen und Alleebäume gezüchtet werden sollten. Die Erfolge waren jedoch eher bescheiden, wie die Berichte in den Notizblättern des Königlichen Botanischen Gartens und Museums zu Berlin bezeugen. Viele Pflanzen und Bäume fielen dem Klima oder Schädlingen zum Opfer.[29] Nach Gründung des Biologisch-

[25] Zur fragwürdigen Rolle des Hauptmanns Tom von Prince in der Zeit der ersten Plantagen und zu seinem kolonialrassistischen Auftreten gegenüber den Afrikanern siehe Bald, *Deutsch-Ostafrika 1900–1914*, S. 58–63.

[26] Neubaur, *Die Besiedelungsfähigkeit von Westusambara*, S. 507.

[27] Neubaur, *Die Besiedelungsfähigkeit von Westusambara*, S. 507.

[28] Der Garten in Dar es Salaam war nicht der einzige in den deutschen Kolonien. Die älteste Einrichtung dieser Art war der Garten in Victoria, Kamerun, der schon 1889 mithilfe des Berliner Botanischen Gartens aufgebaut wurde, vgl. Zepernick, Bernhard: *Die Botanische Zentralstelle für die deutschen Kolonien*, in: Van der Heyden, Ulrich; Zeller, Joachim (Hg.): *Kolonialmetropole Berlin. Eine Spurensuche,* Berlin 2002, S. 107–111. Siehe dazu exemplarisch auch Volkens, G.: *Kulturerfolge des Versuchsgartens von Victoria in Kamerun mit den von der Botanischen Centralstelle in Berlin gelieferten Nutzpflanzen. Nach Berichten des Direktors Dr. Preuss*, in: *Notizblatt des Königl. botanischen Gartens und Museums zu Berlin* 2. 14 (1898), S. 159–173.

[29] Siehe u.a. Engler, *Bericht über Kulturversuche in Deutsch-Ostafrika. (Für das Jahr vom Juni 1896 bis Juni 1897)*, S. 38–42, oder auch Volkens, *Kulturnachweisungen ostafrikanischer Stationen für das Jahr vom 1. Juni 1897 bis 31. Mai 1898*,

Landwirtschaftlichen Instituts in Amani 1902 wurde der Versuchsgarten Dar es Salaam zu einem Botanischen Garten umgewandelt, der bis heute in der tansanischen Hauptstadt besteht.[30] Abbildung 14 im Anhang zeigt den Botanischen Gartens im Zustand von 2018.

Von der Privatwirtschaft und namentlich dem KWK gingen ab Juni 1898 Forderungen nach einer wissenschaftlichen Versuchsstation aus, deren Umfang und Ausstattung weit über die bestehenden Anlagen in Kwai und Dar es Salaam hinausgingen.[31]

4.2 Studienreise nach Indien 1901 / 02

Im Hinblick auf die aus kolonialwirtschaftlicher Sichtweise miserabel verlaufenden Versuche, Profite aus der Kolonie herauszuziehen, schauten die verantwortlichen Herren im KWK mit neidvollen Blicken nach Indien und Südostasien, wo Briten und Niederländer seit geraumer Zeit ihr imperiales Wissen systematisch vergrößerten und versuchten, mit wissenschaftlichen Methoden ihre Kolonien ›rentabel‹ zu machen.[32] Ein besonderes Vorbild sowohl für die deutsche Kolonialwirtschaft als auch für die Wissenschaft war der damals sehr renommierte Botanische Garten in Buitenzorg auf Java, »dem gelobten Lande der Botaniker und Tropenpflanzer«.[33] Die Niederländer beauftragten zu Beginn des 19. Jahrhunderts den Naturwissenschaftler und Pharmazeuten Caspar Georg Karl Reinwardt (1773–1854) mit der Anlage eines Gartens auf der Insel Java zur Untersuchung einheimischer Pflanzen. Mit der offiziellen Gründung 1817 begannen die Niederländer, systematisch die dort angepflanzten Gewächse landwirtschaftlich

S. 226–232. Auch andere Zeitgenossen hielten den Garten in Dar es Salaam für »sehr bescheiden«, siehe Hindorf, Richard: *Eine Versuchsstation für Tropenkulturen in Usambara*, in: *Der Tropenpflanzer* 2 (1898), S. 137–142, Zitat von S. 140.

30 Bald, Bald, *Das Forschungsinstitut Amani*, S. 38–40. Zur Botanischen Zentralstelle siehe Zepernick, *Die Botanische Zentralstelle für die deutschen Kolonien*, S. 107–111.

31 Bald, Bald, *Das Forschungsinstitut Amani*, S. 28.

32 Conte, *Highland Sanctuary*, S. 45.

33 Stuhlmann, Franz: *Studienreise nach Niederländisch- und Britisch-Indien*, in: *Beihefte zum Tropenpflanzer* 1 (1903), S. 1–58, Zitat von S. 3. Die allgemeine Berichterstattung über Buitenzorg sowohl in zeitgenössischer als auch in jüngerer geschichtswissenschaftlicher Literatur ist äußerst einseitig lobend. Kritische Forschungsarbeiten im Sinne von *»imperial science«* (Conte, *Highland Sanctuary*, S. 45 bzw. Crosby, *Ecological Imperialism*) konnten für diese Arbeit nicht ausfindig gemacht werden. Eine Studie in diese Richtung erscheint lohnenswert.

und arzneilich nutzbar zu machen. Besonders unter der Leitung von Melchior Treub (1851–1910) erlangte Buitenzorg einen internationalen Ruf, weil die Anlage bewusst darauf ausgelegt worden war, ausländische Gäste und Forscher aufzunehmen. Ein pharmakologisches Labor und weitere Laboratorien für die Gäste sorgten ebenso für den hohen Bekanntheitsgrad wie auch die periodischen Veröffentlichungen, das Museum und die Bibliothek.[34] Bis zum Jahr 1902 waren an deutschen Hochschulen über 20 Dozenten tätig, die in Buitenzorg wissenschaftlich gearbeitet hatten.[35] Der Garten wurde zwar vom niederländischen Staat unterhalten und verwaltet, hatte aber keine Probleme mit privatwirtschaftlichen finanziellen Zuwendungen, besonders vonseiten indischer Banken und Pflanzer-Vereinigungen. Buitenzorg erfüllte somit von vorherein eine Doppelfunktion: wissenschaftliche Forschung losgelöst von Nützlichkeitsstandpunkten und praktische Forschungen zu wirtschaftlichen Fragen.[36] Schon 1890 waren die britischen und niederländischen Stationen als Vorbild für den Aufbau der deutschen Kolonie in Ostafrika herangezogen worden. Besonders der Pflanzer Richard Hindorf (1863–1954), der unter anderem Mitglied im Kolonialrat war und das KWK mitbegründete, wurde nicht müde, auf die Notwendigkeit einer landwirtschaftlichen Versuchsstation in Deutsch-Ostafrika hinzuweisen.[37] In der Deutschen Kolonialzeitung (DKZ) schrieb er beispielsweise,

> *»daß z. B. die Engländer und Holländer in ihren Kolonien zahlreiche derartige Institute und botanische Gärten haben, und daß dieselben dort allenthalben in segensreicher Weise wirken.* [...] *Diesen Versuchsstationen verdankt Englisch- und Holländisch-*

[34] Hermann, Jutta: *Pharmazeutische Biologie im Botanischen Garten 's Lands Plantentuin zu Buitenzorg/Java (1817–heute)*, in: Groeben, Christiane (Hg.): *Stätten biologischer Forschung/Places of biological research. Beiträge zur 12. Jahrestagung der DGGTB in Neapel 2003*, Berlin 2005, S. 217–226, S. 218f. Treub, Melchior: *Kurze Geschichte des botanischen Gartens zu Buitenzorg*, in: Treub, Melchior (Hg.): *Der Botanische Garten »'s Lands Plantentuin« zu Buitenzorg auf Java. Festschrift zur Feier seines 75jährigen Bestehens (1817–1892)*, Leipzig 1893, S. 23–73.

[35] Bald, Bald, *Das Forschungsinstitut Amani*, S. 46.

[36] Ebd., S. 45f.

[37] Zu Hindorf siehe u. a. Zabel, Hans-Henning: *»Hindorf, Richard«*, in: *Neue Deutsche Biographie* 9 (1972), S. 182

> *Indien die Einführung des Theestrauches und des Fieberrindenbaumes* […].«[38]

Auch die Gründungen einiger Versuchsstationen in der Kolonie, wie beispielsweise Kwai in den Usambarabergen, reichten Hindorf und dem KWK offenbar nicht aus, denn 1898 meldete er sich erneut mit einer Denkschrift zu Wort und fasste für eine »Versuchsstation, von vornherein groß angelegt«[39], konkret die östlichen Usambaraberge ins Auge. Außerdem hielt er es für dringend notwendig,

> *»diejenigen, die zu leitender Mitarbeit bei der Anlage und Organisation unserer Versuchsstation berufen werden, zuvor gründliche Studien in Buitenzorg, Peradenia*[40] *und ähnlichen Anstalten machen zu lassen«*[41].

So ist es zu erklären, dass das KWK um die Jahrhundertwende an Stuhlmann herantrat und ihn für eine Studienreise nach Indien und Südostasien zu gewinnen versuchte. Stuhlmann wird in dem Schreiben vom 26. April 1900 bereits als »Leiter der Versuchsstationen in Deutsch-Ostafrika«[42] benannt, obwohl Ausgestaltung und Organisation der Anlage zu diesem Zeitpunkt noch nicht festgelegt waren.

[38] *Deutsche Kolonialzeitung 04. Oktober 1890*, in: *Deutsche Kolonialzeitung. Organ der deutschen Kolonialgesellschaft* 3 (4. Oktober 1890), S. 248–252. Zitat von S. 249.

[39] Hindorf, *Eine Versuchsstation für Tropenkulturen in Usambara*, S. 137.

[40] Der Königliche Botanische Garten in Peradeniya (nicht Peradenia) entstand in seiner heutigen Form im frühen 19. Jahrhundert unter britischer Herrschaft auf Ceylon, dem heutigen Sri Lanka. Siehe ausführlicher Webb, James L. A.: *Tropical Pioneers. Human Agency and Ecological Change in the Highlands of Sri Lanka, 1800–1900*, Athens 2002, besonders S. 53–75.

[41] Hindorf, *Eine Versuchsstation für Tropenkulturen in Usambara*, S. 142. An dieser Stelle muss aber gefragt werden, warum überhaupt eine so groß geplante Versuchsstation, die den Siedlern dienen sollte, in Deutsch-Ostafrika und nicht in Deutsch-Südwestafrika errichtet werden musste, war doch Deutsch-Südwestafrika von vornherein als Siedlerkolonie gedacht. Außerdem war die Anzahl der deutschen Sidler in Ostafrika um die Jahrhundertwende in Relation zu den übrigen europäischen Bewohnern sehr gering, nämlich bei gerade einmal 76 im Jahr 1900 und 180 im Jahr 1905. Vgl. Tetzlaff, *Koloniale Entwicklung und Ausbeutung*, S. 115. Auch kritisch zur Besiedlung Neubaur, *Die Besiedelungsfähigkeit von Westusambara*, S. 496–513. Diese Frage kann an dieser Stelle jedoch nicht beantwortet werden und bleibt zukünftigen Forschungen überlassen.

[42] Staatsarchiv Hamburg, *Personalakte Stuhlmann*, 361–6, I 86 Bd. 2, KWK an Kolonialabteilung, 26. April 1900.

Nachdem sowohl der Gouverneur als auch die Kolonialabteilung den 6-monatigen Urlaub genehmigt hatten und die finanziellen Fragen geklärt waren[43], setzte das KWK die Reiseroute wie folgt fest: Bombay – Haiderabad – Saharampure – Delhi – Simala – Lahor – Calcutta – Bengal – Madras – Colombo (Ceylon) – Singapore – Penang (Hinter-Indien) – Delhi (Sumatra) – Batavia – Buitenzorg (Java).[44] Stuhlmann brach am 25. Dezember mit einem Dampfer der Deutschen Ostafrika Linie von Dar es Salaam Richtung Indien auf und erreichte Bombay am 11. Januar 1901.[45]

Die Reise wurde von Stuhlmann tagebuchartig festgehalten, um anschließend über diese in der Zeitschrift *Der Tropenpflanzer* für das Fachpublikum zu berichten.[46] Interessant sind allerdings weniger die veröffentlichten Beiträge, denn diese beschränkten sich fast ausschließlich auf die botanischen, geologischen und landwirtschaftlichen Details, die Stuhlmann im Auftrage des KWK zusammentragen sollte. Weitaus mehr Einblicke in die koloniale Gedankenwelt des Protagonisten geben die ausführlichen Beschreibungen der Reise, die nicht im *Tropenpflanzer* erschienen sind. Dazu gehören ethnologische und anthropologische Beobachtungen der Menschen vor Ort, die man unter dem Stichwort ›Kolonialrassismus‹ zusammenfassen kann. Ebenfalls gibt sich Stuhlmann als erfahrener Reisender und streut hin und wieder Details ein, die man heute eher in touristischen Reiseführern vermuten würde. Auch über kolonialpolitische Themen wie Eisenbahnbau oder Ansiedlungsfragen lässt sich Stuhlmann ausführlicher aus. Die unterschiedlichen Themenbereiche erscheinen dabei recht unvermittelt und zusammenhangslos hintereinander und erinnern im Stil an die klassischen Reiseberichte aus Afrika des 19. Jahrhunderts, wo sich die Reisenden als Eklektiker und scheinbar allwissende Experten präsentierten. »Der Kolonisierende sei nicht nur Beamter und Offizier, sondern

[43] Das KWK finanzierte einen Teil der Reise aus Mitteln der Wohlfahrtslotterie selbst. Siehe ebd. Zur Bewilligung des Urlaubs siehe Staatsarchiv Hamburg, *Personalakte Stuhlmann*, 361–6, I 86 Bd. 2, Schreiben zwischen den Verwaltungsstellen, 8. Mai, 31. Juli und 4. September 1900.

[44] Schreibweisen so übernommen aus Staatsarchiv Hamburg, *Personalakte Stuhlmann*, 361–6, I 86 Bd. 2, KWK an Kolonialabteilung, 6.9.1900.

[45] Staatsarchiv Hamburg, *Personalakte Stuhlmann*, 361–6, I 86 Bd. 2, Gouvernement an Kolonialabteilung, 22. Dezember 1900, sowie Stuhlmanns Bericht zu seiner Reise in BArch, N2303 / 1.

[46] Die Beiträge sind gestückelt in folgenden Nummern des *Tropenpflanzers* erschienen: Vol. 5, Nr. 6, 1901; Vol. 5, Nr. 8, 1901; Vol. 6, Nr. 4, 1902; sowie in *Beihefte zum Tropenpflanzer:* Bd. 4, Heft 1, 1903.

auch Arzt, Naturwissenschaftler, Ethnograph und Botaniker«, stellt Michael Pesek treffend fest.[47] Um Stuhlmann als koloniale Persönlichkeit mit all seinen Facetten besser einordnen zu können und gleichzeitig den Mythos des ›unschuldigen‹ Wissenschaftlers[48] zu dekonstruieren, sollen im Folgenden die relevantesten Abschnitte sowohl des unveröffentlichten Berichts als auch aus den Beiträgen im *Tropenpflanzer* nach Themen vorgestellt werden.

4.2.1 Themenblock 1: Stuhlmann als Kolonialpolitiker und Agent des ökologischen Imperialismus

Ganz im Sinne des KWK verfolgte Stuhlmann seinen eigentlichen Auftrag, nämlich die Beschaffung von Informationen und Material für die landwirtschaftlichen Versuchsstationen in Deutsch-Ostafrika. Er bestellte Rinder, Büffel und Pferde bei einem Händler in Bombay, ließ Sämereien aus den Gärten in Bombay, Puna, Lahore, Saharanpur, Calcutta, Peradenia und Buitenzorg nach Dar es Salaam und Berlin senden, besuchte Papiermühlen, Kopra-Fabriken, Baumwoll- und Teeplantagen, Forstkulturen und Chinarindenbaum-Plantagen, informierte sich über Bewässerungsanlagen, kaufte landwirtschaftliche Geräte ein und streute permanent Beschreibungen der Vegetation und des Bodens ein.[49] Daneben schien er offensichtlich beauftragt worden zu sein, herauszufinden, wie Deutsch-Ostafrika wirtschaftlich ›nutzbarer‹ gemacht werden konnte. Wie Stuhlmanns Haltung zur afrikanischen Bevölkerung in der Kolonie aussah, offenbaren die folgenden Abschnitte.

Besonders ›stolz‹ war er anscheinend auf die Lederindustrie in der nordindischen Stadt Kanpur, die seit 20 Jahren von einem Deutschen

47 Pesek, *Koloniale Herrschaft in Deutsch-Ostafrika*, S. 296. Zu den Reiseberichten allgemein siehe Essner, *Deutsche Afrikareisende im neunzehnten Jahrhundert*.

48 Bernd-Stefan Grewe merkt zum Mythos der Unschuld an, dass »dieses wissenschaftlich generierte Wissen praktische Folgen für die koloniale Politik und Verwaltung besaß. Unschuldig waren die wissenschaftlichen Kategorien keineswegs […].« Zitiert aus Grewe, Bernd-Stefan: *Das schwierige Erbe des Kolonialismus. Probleme und Potenziale für den Geschichtsunterricht*, in: Bechhaus-Gerst, Marianne; Zeller, Joachim (Hg.): *Deutschland postkolonial? Die Gegenwart der imperialen Vergangenheit*, Berlin 2018, S. 473–504, S. 490.

49 BArch, N2303 / 1, Reisebericht Stuhlmann, passim, sowie Stuhlmann, *Studienreise nach Niederländisch- und Britisch-Indien*, passim.

namens G. von der Wense dominiert wurde. Aus nationalen Motiven heraus stellte Stuhlmann leicht resigniert folgende Überlegungen an:

> *»Solche grosse deutsche Anlagen im Auslande, die die Konkurrenz erfolgreich besiegen, können jeden Deutschen nur mit Stolz erfüllen. Wenn wir in Ostafrika doch auch solche Unternehmen hätten.* […] *Wie zu allem fehlen uns aber die geschickten und zahlreichen Hände der Indier.«*[50]

Erkennbar schwebte ihm nach einem Gespräch mit Herrn von der Wense die Anwerbung von Indern als billige Arbeitskräfte für die Kolonie vor.[51] Inoffiziell schien ihn sogar das Gouvernement in Dar es Salaam mit dieser Frage beauftragt zu haben:

> *»Ausserdem betrachtete ich es als meine wichtigste Aufgabe, die Bedingungen der Einwanderung indischer Arbeiter nach Deutsch-Ostafrika zu studieren, wozu ich vom Gouvernement besonders beauftragt war, und worüber ich an das Gouvernement direkt berichtete, da die Frage noch nicht für die Oeffentlichkeit reif ist.«*[52]

Warum Stuhlmann die Zuwanderung von Indern als Arbeitskräfte für notwendig hält, wird in folgendem Absatz aus seinem Bericht deutlich:

> *»Unsere Neger* [sic] *aber zu anderen Kulturen zu bewegen, scheint ausgeschlossen. Nur indische Ansiedler können uns da helfen. Immerhin habe ich Jute-Saat nach Deutsch-Ostafrika und Berlin zu Versuchen gesandt.«*[53]

An anderer Stelle heißt es bei ihm leidvoll:

> *»Ich glaube, wir könnten selbst aus Ugogo und dem Massailand mindestens ebensoviel* [wie aus den bewässerten Gegenden in Südindien, Anm. BG] *machen, wenn wir nur die intelligenten, fleissigen Leute hätten.«*[54]

[50] BArch, N2303/1, Reisebericht Stuhlmann, Blatt 185ff.
[51] BArch, N2303/1, Reisebericht Stuhlmann, Blatt 191.
[52] BArch, N2303/1, Reisebericht Stuhlmann, Blatt 206.
[53] BArch, N2303/1, Reisebericht Stuhlmann, Blatt 222.
[54] BArch, N2303/1, Reisebericht Stuhlmann, Blatt 273.

Ähnlich klingt folgender Absatz zur Nutzung von Bambus:

> *»Wenn auch unsere Eingeborenen den Bambus nie so verwerten werden wie die Javanen, so halte ich doch die Einführung guter Sorten in Ostafrika für sehr wichtig und habe deshalb eine Menge bestellt.«*[55]

Wie Stuhlmann diesem Mangel Abhilfe schaffen wollte, verdeutlichte er bei einem Besuch des Botanischen Gartens in Utakamund, wo er sich von den einheimischen Büroangestellten sehr beeindruckt zeigte. Die indischen Angestellten verfassten unter anderem die Jahresberichte der indischen Institutionen, woraufhin er für Ostafrika empfahl, dass es »erstrebenswert [sei], unsere Neger [sic] nicht nur im Schreiben und Lesen, sondern auch in der deutschen Sprache zu unterrichten, damit wir Unterbeamte aus ihnen erziehen können«[56].

Die oben zitierten Stellen über die angebliche Unfähigkeit und Unbrauchbarkeit der Afrikaner sind allesamt nicht im *Tropenpflanzer* veröffentlicht worden und gehören somit zur Gedankenwelt Stuhlmanns. Diese Passagen stellen glaubwürdige Quellen zum Beleg seiner inneren, rassistischen Einstellung dar. Im Gegensatz dazu äußerte er sich in der Öffentlichkeit völlig anders, wie beispielsweise ein Vortrag bei der DKG aus dem Jahr 1898 belegt: »Als Plantagenarbeiter eignen sich die Neger [sic] vorzüglich, so daß die teuren asiatischen Arbeiter nach und nach entlassen werden […].«[57] Auf der einen Seite erscheinen ihm die asiatischen Arbeiter zu teuer, auf der anderen Seite fordert er ein paar Jahre später vehement die Anwerbung von indischen Arbeitern für die Plantagen und den Eisenbahnbau. Eine klare kolonialpolitische Linie lässt sich hier bei Stuhlmann nicht erkennen. Jedoch kann vermutet werden, dass die positive Darstellung der Lage in Deutsch-Ostafrika politische Hintergründe hatte, da Stuhlmann als Vertreter des kolonialen Staates vor den kolonialbegeisterten Vertretern der DKG selbstredend die ›Erfolge‹ der Kolonie herausstellen wollte. Was die Forstwirtschaft in Ostafrika anging, war Stuhlmann ein Verfechter der Herrschaft durch Verwaltung, Bürokratie und Ordnung und

[55] Stuhlmann, *Studienreise nach Niederländisch- und Britisch-Indien*, S. 56.

[56] BArch, N2303 / 1, Reisebericht Stuhlmann, Blatt 279.

[57] Stuhlmann, Franz: *Dr. Stuhlmann über die wirtschaftliche Entwickelung Deutsch-Ostafrikas*, in: *Der Tropenpflanzer* 2 (1898), S. 119–125, Zitat von S. 122.

wünschte sich, diese Eigenschaften besser auf die deutsche Kolonie zu übertragen[58]:

> »*Es ist dies* [die Forstverwaltung in Indien, Anm. BG] *ein schönes Beispiel, dass eine energische Forstwirtschaft den Waldzerstörern entgegentreten kann. In Ostafrika sind wir ja durch eine besondere Verordnung auf demselben Weg gegangen, aber bei Mangel an Personal wird es lange dauern, bis alles Land formell occupiert und forstlich geschützt ist, bis vor allem die Idee in das Volk gedrungen ist, dass der Wald staatliches Eigentum und kein Ausbeutungsobjekt für Jedermann ist.*«[59]

Da Stuhlmann einen Großteil seiner Indienreise per Bahn durchführte, erläutert er immer wieder Details der Streckenführung, der Waggons oder der Baukosten für die entsprechenden Trassen. Speziell für den Bau einer Bahn in die Usambaraberge hinein (die spätere Sigi-Bahn) sieht er die Bahnstrecke von Silipuri nach Darjeeling am Rande des Himalayas als lohnendes Vorbild.[60] Er ist grundsätzlich davon überzeugt, »dass die Europäer besser arbeiten«[61], wenn es um den direkten Vergleich der Produktivität von Wirtschaftsunternehmen geht.

Die Infrastruktur und Wirtschaft der Insel Ceylon beschreibt Stuhlmann sehr ausführlich und unterlegt seine Angaben mit allerlei Tabellen und Zahlenmaterial. Dieser Abschnitt wurde auch im *Tropenpflanzer* veröffentlicht und bezweckte wahrscheinlich den Vergleich mit der Region Usambara-Tanga in Ostafrika, welche laut Stuhlmann topografisch der Region »Inneres Hochland und Küste« von Ceylon ähnelte. Das Hochland von Ceylon war durch eine Bahn an die Küste angebunden. Die angebauten Produkte der Region (Tee, Kopra, Palmöl etc.) wurden exportiert und sorgten durch Verzollung dafür, dass die Kolonialverwaltung in Colombo zusammen mit den sonstigen Einnahmen eine ausgeglichene Bilanz hatte. Laut Stuhlmanns Auflistungen finanzierte sich die Kolonie selbst und schien eine effektive Selbstverwal-

[58] Vgl. Eckert, Andreas; Pesek, Michael: *Bürokratische Ordnung und koloniale Praxis. Herrschaft und Verwaltung in Preußen und Afrika*, in: Conrad, Sebastian; Osterhammel, Jürgen (Hg.): *Das Kaiserreich transnational. Deutschland in der Welt 1871–1914*, Göttingen 2004, S. 87–106.

[59] BArch, N2303 / 1, Reisebericht Stuhlmann, Blatt 224.

[60] BArch, N2303 / 1, Reisebericht Stuhlmann, Blatt 225.

[61] BArch, N2303 / 1, Reisebericht Stuhlmann, Blatt 260.

tung zu haben.[62] Dass Ceylon von Stuhlmann als koloniales Vorbild für Deutsch-Ostafrika herangezogen wurde, verwundert daher nicht.

In Buitenzorg auf Java traf er mit Albrecht Zimmermann zusammen (1860–1931), der zu dieser Zeit vor Ort forschte und ebenfalls einen wesentlichen Anteil an der Gründung von Amani haben sollte.[63] Zimmermann fokussierte sich in Buitenzorg besonders auf Kaffeeanbau, Düngung und Schädlingsbekämpfung, was sicher auch mit der anfänglich geplanten Ausrichtung der Versuchsstation Amani zu tun haben mochte, die vor allem den Kaffeepflanzern helfen sollte.[64]

Der Dampfer hielt auf seinem Weg nach Indien unter anderem auch in Mombasa, wo Stuhlmann offenbar Informationen über die Kolonialpolitik der Briten in Uganda erhielt. In seinem Bericht lässt er sich darüber aus, dass in Uganda ein »Protectivsystem gegen europäische Ansiedlung eingeführt« wurde, woraus er folgert, »dass bei diesem Verfahren ein landwirtschaftlicher Betrieb für Europäer ganz ausgeschlossen sein muss«. Stuhlmann erlaubte sich diese Spitze möglicherweise im Hinblick auf die fortlaufenden Diskussionen in der deutschen Kolonialpolitik, ob Deutsch-Ostafrika nun eine Siedlerkolonie sei oder nicht. Er sprach sich damit indirekt eher für eine siedlerfreundliche Politik aus.[65] Allgemein bewegte sich die deutsche Kolonialpolitik in Deutsch-Ostafrika im Spannungsfeld von massiver deutscher Besiedlung und einer starken einheimischen Wirtschaft, was zu ideologischen Widersprüchen führte. Dieses Spannungsfeld erkannte auch Stuhlmann, als er die koloniale Situation im Hochland von Utakamund analysiert:

> *»Dass Leute* [Europäer, Anm. BG] *hier dauernd leben können, beweisen die kl. Kaffeepflanzer, die ihr ganzes Leben hier sind und kaum je nach hause gehen. Ein grosses Hindernis für die Ansiedlung von Europäern ist die indische Konkurrenz. Wo man eine unternehmende intelligente Bevölkerung hat, die Ackerbau und Gartenbetrieb gut kennt, kann der Europäer mit seinen höheren Lebensansprüchen nicht mitkommen.«*[66]

[62] Stuhlmann, Franz: *Studienreise nach Niederländisch- und Britisch-Indien: Ceylon*, in: *Der Tropenpflanzer* 6 (1902), S. 181–197.
[63] Stuhlmann, *Studienreise nach Niederländisch- und Britisch-Indien*, S. 4.
[64] Ebd., S. 5, sowie Bald, Bald, *Das Forschungsinstitut Amani*, S. 34f.
[65] BArch, N2303 / 1, Reisebericht Stuhlmann, Blatt 93.
[66] BArch, N2303 / 1, Reisebericht Stuhlmann, Blatt 281.

Der ideologische Widerspruch bestand darin, dass die europäischen Siedler in den Kolonien ein rassistisch begründetes Überlegenheitsdenken pflegten, welches die Einheimischen in fast allen Bereichen des Lebens abwertete. Auf der anderen Seite hatten aber auch die Siedler landwirtschaftlich kaum eine Chance, neben den effektiven Produktionsmethoden der einheimischen Bevölkerung auf dem freien Markt zu bestehen.[67] Die Forderungen der Siedler nach protektionistischen Maßnahmen seitens der Kolonialverwaltung war dort am lautesten, wo etablierte einheimische Betriebe dicht neben europäischen Pflanzungen zu finden waren, wie beispielsweise in den Usambarabergen.[68] Auf die europäische Kolonialherrschaft allgemein übertragen lässt sich Folgendes resümieren:

> »*Einer der zentralen Widersprüche kolonialer Herrschaft in Afrika bestand darin, dass sich die Europäer auf der einen Seite als Vorbild setzten,* [aber] *auf der anderen Seite nichts mehr fürchteten als Afrikaner, die sich kulturell anpassten.*«[69]

Stuhlmann kritisierte die Handelsgesellschaften, die in der Frühphase der deutschen Kolonialherrschaft durch günstige Konditionen zu sehr viel Landbesitz gekommen waren, und sprach sich indirekt für Kleinansiedlungen aus. Nach einem Besuch auf der Plantage Lodaja, die in Besitz eines deutschen Pflanzers war, zog Stuhlmann Parallelen zur Plantagenwirtschaft in Deutsch-Ostafrika:

> »*So muß Lodaja pro Jahr 8000 fl.* [Gulden, Anm. BG] *Steuer und Pacht bezahlen. Wir können daraus lernen, daß wir in Ostafrika den Plantagen viel zu große Flächen gegeben haben, und daß die Landpreise bei uns viel zu niedrig sind. Die deutschen Gesellschaften machten seiner Zeit viel Lärm, als man eine Erbpacht in*

[67] Petersson, Niels P.: *Markt, Zivilisierungsmission und Imperialismus*, in: Barth, Boris; Osterhammel, Jürgen (Hg.): *Zivilisierungsmissionen. Imperiale Weltverbesserung seit dem 18. Jahrhundert,* Konstanz 2005, S. 33–54, S. 40.

[68] Bald, Deutsch-Ostafrika, S. 135–140.

[69] Eckert, Andreas: *Die Verheißung der Bürokratie. Verwaltung als Zivilisierungsagentur im kolonialen Westafrika*, in: Barth, Boris; Osterhammel, Jürgen (Hg.): *Zivilisierungsmissionen. Imperiale Weltverbesserung seit dem 18. Jahrhundert,* Konstanz 2005, S. 269–284, S. 271.

Ostafrika einführen wollte [...]. *Hier gibt es* [...] *kaum etwas anderes als Erbpacht, und 600 ha in Pacht gilt als ein großes Land.*«[70]

Auch die folgende Passage stützt die Vermutung, dass Stuhlmann eher siedlerfreundlich eingestellt war. In einem weiteren Beitrag im *Tropenpflanzer* äußerte er sich zur Siedlerfrage in Deutsch-Ostafrika und vergleicht die Ansiedlung britischer Bauern im Hochland des heutigen Sri Lankas mit den Ansiedlungen und Pflanzungen der Deutschen in den Usambarabergen. Er kommt zu dem Schluss, dass sich die beiden Regionen nicht vergleichen lassen und dass man die Siedlungsversuche in Usambara trotz aller Schwierigkeiten sehr wohl fortsetzen müsse. Er fordert eine bessere infrastrukturelle Anbindung und sieht darin die Probleme des fehlenden Absatzes der Pflanzer gelöst. Besonders interessant sind seine Auslassungen über die vermeintlich biologischen Fähigkeiten europäischer Völker zur Kolonisation und die für Stuhlmann daraus resultierenden Konsequenzen:

> »*Es kommt vielleicht hinzu, daß der Engländer sich in den Tropen nicht so zum Kolonisten eignet wie z. B. der Franzose.* [...] *Der Franzose geht in Mengen außer Landes, um sich auf immer im fremden Lande anzusiedeln, er nimmt Familie und alles, was er hat mit* [...]. *Er hat das Talent, sich leicht im fremden Lande einzugewöhnen, den Eingeborenen aber seine Art zu leben anzugewöhnen. So sind Réunion und Mauritius eben ganz französisch geworden* [...]. *Der Engländer aber wird nur eine Zeit lang bleiben, um Geld zu verdienen, um dann baldmöglichst nach Old England zurückzukehren.* [...] *Wir Deutschen haben leider auch den Trieb der Engländer; am stärksten darin sind unsere Beamten mit ihren häufigen Urlaubsreisen.* [...] *Außerdem ist man bei uns der Meinung, die Tropen seien nur ein Durchgangsstadium der Beamtenlaufbahn, keine Lebensaufgabe* [...]. *Solange wir in Ostafrika nicht dauernde Beamtenverhältnisse haben,* [...] *so lange werden wir keine Kolonisatoren werden, sondern höchstens Verwalter eines Landes.*«[71]

[70] Stuhlmann, *Studienreise nach Niederländisch- und Britisch-Indien*, S. 12.

[71] Stuhlmann, Franz: *Über die Ansiedelung europäischer Bauern in den Gebirgen von Ceylon und Deutsch-Ostafrika*, in: *Der Tropenpflanzer* 6 (1902), S. 10–12.

Seine Bemerkung über die Beamten mit »ihren häufigen Urlaubsreisen« verwundert etwas, denn Stuhlmann war ja selbst als Kolonialbeamter sehr häufig im Erholungsurlaub. Möglicherweise zielte diese Art von Selbstkritik aber eher auf das grundsätzliche System der Kolonialbeamtenschaft ab, denen turnusmäßig alle zweieinhalb Jahre ein längerer Heimaturlaub zustand. Im Gegensatz dazu erwarben die Engländer erst nach acht Jahren Dienst in den Kolonien einen Urlaubsanspruch.[72]

4.2.2 Themenblock 2: Stuhlmann als kolonialrassistischer Anthropologe

Im zeitgenössischen Habitus des europäischen Reisenden des späten 19. und frühen 20. Jahrhundert war es selbstverständlich, über Aussehen und Verhaltensweisen der bereisten Gesellschaften zu berichten. Oftmals dienten diese meist pejorativen Beschreibungen weniger einem ›wissenschaftlichen‹ Zweck als vielmehr der stetigen Selbstvergewisserung der eigenen, europäischen Höherwertigkeit. Auch das Zurschaustellen eines vermeintlichen Expertentums und der Beweis, dass man wirklich dort gewesen ist, können Motive für diese Art von Berichterstattung sein.[73] Es soll an dieser Stelle jedoch noch einmal darauf hingewiesen werden, dass die folgenden Passagen überwiegend nicht veröffentlicht wurden, sondern höchstwahrscheinlich in Stuhlmanns Privatbesitz blieben. Dennoch spiegeln sie seine inneren Einstellungen und Denkweisen sehr gut wider. Grundsätzlich wird nicht ersichtlich, worauf Stuhlmanns Ausführungen basierten. Sein ethnologisches Fachwissen entsprang keiner akademischen Vorbildung und so scheint es, als ob er entweder viel beobachtete und / oder seine Informationen von anderen Personen aus Gesprächen heraus schöpfte. Darauf lässt folgende Passage von einem Zwischenhalt in Goa schließen:

> *»Ich bediene mich eines Indiers, der Kiswahili kann, als Dolmetscher, kann aber nicht den Stammesnamen der Leute herausbekommen. Die Antwort lautet Mohamedaner oder Christ.* […] *Aus*

[72] Informationen hierzu aus ebd., S. 12. Für Ostafrika wurde eine Dienstperiode von zwei Jahren festgesetzt. Vgl. Tesch, *Die Laufbahn der deutschen Kolonialbeamten, ihre Pflichten und Rechte*, S. 17.

[73] Zu den Reiseberichten allgemein und den Entstehungsbedingungen, Strukturen und Entwicklungen speziell siehe Essner, *Deutsche Afrikareisende im neunzehnten Jahrhundert*, S. 108–119.

meinen ethnographischen Erinnerungen reime ich mir zusammen, dass es Dravida ähnliche Mischvölker sind […].[74]

Wertende und rassistische Untertöne blieben bei Stuhlmann nicht aus. So beschrieb er die Sprache der Inder als »sehr hässlich« und lässt sich über die Mitreisenden aus Goa aus:

> »*Als letztes Volkselement an Bord sind die Goanesen zu erwähnen, deren Stammort Goa wir ja anlaufen. Elende Gestalten mit hellbrauner Gesichtsfarbe, schäbig europäischem Anzug* […]. *In diesen sogenannten Portugiesen wohnt wohl kaum 5 % europäischen Blutes. – ein Schimmer von Europäern, wie die portugiesischen Kolonien nur noch ein Schimmer von einstiger Größe sind.*«[75]

Auch für seinen indischen Diener, der ihn seit Bombay begleitete, hatte Stuhlmann nur kolonialrassistische Klischees übrig:

> »[W]*enn ich meinen Bombay-Diener nach der Herkunft einen auffallenden Menschen frage, bekomme ich immer nur heraus, es sei ein Fakir. Der Boy zeichnet sich nämlich durch abnorme Dummheit und Schläfrigkeit aus, aber ich will ihn nicht fortjagen, weil er willig und ehrlich ist. Nützen thut der Mensch mir aber wenig, besonders weil er oft etwas ganz anderes beim Dolmetschen übersetzt, als ich ihm sage.*«[76]

Allzu oft waren seine Beschreibungen der Bevölkerung vom zeitgenössischen Sprachduktus durchsetzt:

> »*Wie unendlich verschieden ist die Menschenrasse hier* [in Calcutta, Anm. BG] *von den bisher gesehenen* […]. *Man sieht zwar auch alle anderen Indiersorten, aber vorwiegend den ›Bengali‹* […]. *Die Gesichtszüge sehr regelmässig und fast europäisch, aber weicher, die Hautfarbe vom gelblichbraun bis zum schwarz* […]. *Der Bengali hat eine starke Neigung zum Fettwerden und gleicht dann einer quabbligen Masse.*«[77]

[74] BArch, N2303 / 1, Reisebericht Stuhlmann, Blatt 99f.
[75] BArch, N2303 / 1, Reisebericht Stuhlmann, Blatt 96f.
[76] BArch, N2303 / 1, Reisebericht Stuhlmann, Blatt 168.
[77] BArch, N2303 / 1, Reisebericht Stuhlmann, Blatt 216.

Stuhlmann empfand es offenbar auch als relevant, Details zu Aussehen und Kleidungsstil von Frauen zu notieren:

> *»Auffallend ist, dass man hier* [in Südindien, Anm. BG] *viel mehr Frauen auf der Straße sieht, als in Bengalen, sie sind nicht hässlich* […]. *Ausser dem meist roten grossen Tuch tragen sie meist noch einen kurzen Büstenhalter, der vorn geschlossen wird, nicht hinten wie in Nord-Indien.«*[78]

Stuhlmanns Haltung zur sogenannten ›Rassenmischung‹ und zu ›Mischehen‹ wird in einigen Passagen der Berichte deutlich, so zum Beispiel als er über das niederländische Kolonialsystem auf Java berichtet[79]:

> *»Für Holland ist die Kolonie eine Citrone, die möglichst ausgepreßt werden muß. Das Prestige der Europäer muß gewahrt werden, das ist die Losung des Europäers* […]. *Aber das hindert ihn* [den Holländer, Anm. BG] *nicht, sich den größten Teil des Tages wie die Eingeborenen zu kleiden, das hindert die Holländerinnen nicht, den ganzen Tag in der Kleidung der Javanen* […] *und nackten Füßen herumzulaufen, und das hindert sie auch nicht, sich so mit den Inländern zu mischen, wie ich es sonst nur in portugiesischen oder französischen Kolonien sah, und zahllose Mischlinge zu erzeugen, die gesetzmäßig, d. h. sobald die ›anerkannt‹ werden, zu den Europäern zählen.«*[80]

Es scheint so, als ob Stuhlmann durch die zeitgenössischen Rassendiskurse geprägt wurde und diesen Ideen anhing. Jedenfalls lassen diese Zeilen den Schluss zu, dass Stuhlmann die von ihm beschriebenen Zustände auf Java nicht guthieß und ebenfalls implementierte, wie er sich die Kolonialpolitik / Bevölkerungspolitik in Deutsch-Ostafrika vorstellen könnte.[81] Von den Portugiesen allgemein schien Stuhlmann wenig zu halten:

[78] BArch, N2303 / 1, Reisebericht Stuhlmann, Blatt 256.

[79] Zu ›Mischehen‹ und ›Rassenmischung‹ im deutschen Kolonialismus siehe weiterführend Becker, Frank (Hg.): *Rassenmischehen – Mischlinge – Rassentrennung. Zur Politik der Rasse im deutschen Kolonialreich*, Stuttgart 2004.

[80] Stuhlmann, *Studienreise nach Niederländisch- und Britisch-Indien*, S. 23.

[81] Zum Rassendiskurs siehe Tetzlaff, *Koloniale Entwicklung und Ausbeutung*, S. 197–208.

»Ebenso haben die Portugiesen überall die Völker mit der häßlichen, nachtjackenartigen Frauenkleidung (Kabaya) beglückt. Wohl keine Nation hat überall so viel Eindrücke hinterlassen wie die Portugiesen; man kann das in Java ebensogut sehen wie in Ceylon, Indien etc. Zahllose Mischlinge sprechen in manchen Ländern noch ein korrumpiertes Portugiesisch [...].*«*[82]

4.2.3 Themenblock 3: Stuhlmann als ›Reise-Experte‹

Stuhlmann suggerierte in seinem Bericht immer wieder, wie auslandserfahren er doch war:

»Die bunten Eindrücke [von Bombay, Anm. BG] *waren natürlich für mich, der ich viele Jahre im Orient lebe, nicht so erdrückend, als für den Neuling* [...].*«*[83]

Im Widerspruch dazu schien ihn aber sehr wohl das »Leben der Grossstadt [Calcutta, Anm. BG] erdrückt« zu haben.[84] Streckenweise bewegte er sich wie ein klassischer Tourist durch das Land. Aus Jaipur berichtete er Folgendes:

»[E]*s ist ein Leben, wie ich es noch nirgends auf all meinen Reisen traf. Mich fesselt das Menschengetümmel immer mehr als alles Andere, und ich kann die Leute nicht verstehen, die sich scheuen, sich in dies Leben hineinzuwagen, auch auf die Gefahr hin, nicht als fashionable Europäer betrachtet zu werden. Wenn irgendwo, so kann man sich hier in ein Märchen von 1001 Nacht hineinträumen.«*[85]

Auch ein Besuch des Taj Mahal bei Agra war für Stuhlmann offenbar obligatorisch.[86] Er hielt kleine Reiseanekdoten fest, wie beispielsweise einen »zufällig mit eingepackte[n] Revolver«, welcher bei der Einreise nach Indien Probleme machte, und riet davon ab, »Waffen mit nach In-

82 Stuhlmann, *Studienreise nach Niederländisch- und Britisch-Indien*, S. 51.
83 BArch, N2303 / 1, Reisebericht Stuhlmann, Blatt 101.
84 BArch, N2303 / 1, Reisebericht Stuhlmann, Blatt 205.
85 BArch, N2303 / 1, Reisebericht Stuhlmann, Blatt 142.
86 BArch, N2303 / 1, Reisebericht Stuhlmann, Blatt 154.

dien zu bringen, lieber kaufe man sie hier«[87]. Hin und wieder analysierte er die Funktionsweise des britischen Kolonialismus und konstatierte, dass man von

> *»den englischen Beamten* [...] *oft nur sehr wenig erfahren* [kann]. *Sie werden zwischen hier und England* [...] *durch einander versetzt, so dass sie oft kaum in ihrem Ressort Bescheid wissen.* [...] *So kommt es, dass die Continuität der Verwaltung meist in den Händen der gebildeten indischen Subalternbeamten liegt, an denen man oft ein staunenswertes Gedächtnis und Specialkenntnisse bemerkt.«*[88]

Über den niederländischen Kolonialismus gab sich Stuhlmann ebenfalls als Experte und konstatierte anerkennend:

> *»Gegen den Europäer sind sie* [die Menschen von Java, Anm. BG] *sehr devot und bescheiden* [...]. *Kommt ein Europäer ihnen entgegen, so nehmen sie mindestens ihre Hüte ab* [...]. *Noch heute findet ein Sundanese und Javaner es ganz in der Ordnung, wenn sein Dorfschulze oder auf der Plantage sein Aufseher ihm einen großen Teil seines Verdienstes abnimmt* [...]. *Der Holländer setzt bei der Behandlung der Leute alles daran, das Prestige des Europäers zu bewahren und um den Abstand zwischen Herren und ›Inländern‹ möglichst groß zu machen.«*[89]

Stuhlmanns allgemein schlechter Gesundheitszustand machte sich auch auf dieser Reise bemerkbar. In Delhi litt er an einer heftigen Erkältung, die ihn aber nicht davon abhielt, die touristischen Highlights der Stadt zu besuchen.[90] Er wusste allerlei über Hotels in Bandoeng, deren »unaufmerksame Bedienung« und über die Essgewohnheiten auf Java zu berichten und hielt »Wasser und Reiskultur« für die »Lebenselemente« der »gelben, untersetzten Menschen« auf Westjava. Die Frauen dort hielt er für »durchweg häßlich«.[91]

[87] BArch, N2303 / 1, Reisebericht Stuhlmann, Blatt 103.
[88] BArch, N2303 / 1, Reisebericht Stuhlmann, Blatt 109.
[89] Stuhlmann, *Studienreise nach Niederländisch- und Britisch-Indien*, S. 9.
[90] BArch, N2303 / 1, Reisebericht Stuhlmann, Blatt 159.
[91] Stuhlmann, *Studienreise nach Niederländisch- und Britisch-Indien*, S. 8f.

4.2.4 Rückkehr nach Dar es Salaam

Stuhlmann kehrte am 12. Juli 1901 von seiner Studienreise zurück.[92] Aus der Gesamtheit der Berichte und Veröffentlichungen lässt sich folgende Quintessenz festhalten: Stuhlmann brachte nicht nur Samen, Pflanzen und praktisch-landwirtschaftliches Wissen von seiner Reise mit, sondern auch grundsätzliche Erkenntnisse über koloniale Herrschaftssysteme anderer europäischer Nationen. So beeindruckten ihn auf der einen Seite die niederländische Plantagenwirtschaft auf Java und ganz besonders der Botanische Garten in Buitenzorg. Andererseits war er von der niederländischen Kolonialverwaltung in Anbetracht von sogenannter ›Rassenmischung‹ nicht sehr angetan. Im Gegensatz dazu hielt er die britische Wirtschaftspolitik in Indien für weniger leistungsfähig als die niederländische, bewunderte aber gleichzeitig die Ausbildung indischer Beamter und die Verbreitung der englischen Sprache durch kolonial verwaltete Schulen. Was die Franzosen anbelangt, so begeisterte er sich für deren angebliche Fähigkeit zur dauerhaften Ansiedlung in ihren Kolonien. Die Portugiesen waren für Stuhlmann nur noch ein Abglanz alter Größe und taugten seiner Meinung nach nicht als Vorbild für die deutsche Kolonialherrschaft. So ›bastelte‹ er sich seine persönliche Vorstellung von kolonialer Herrschaft zusammen. Stuhlmanns Studienreise ist ebenfalls eine anschauliche Konkretion der These vom gemeinsamen, europäisch-kolonialen Projekt. Er war zwar aus nationalistischen Motiven unterwegs, jedoch dienten die ›alten‹ Kolonialmächte als Vorbild, von denen man etwas lernen könnte. Gleichzeitig kooperierten die Verwaltungen in Britisch- und Niederländisch-Indien sehr wohlwollend mit Stuhlmann und sowohl auf politischer als auch auf wissenschaftlicher Ebene begegnete man sich offen und auf Augenhöhe.[93]

Offenbar war das KWK mit den Ergebnissen zufrieden. Neben den Veröffentlichungen im *Tropenpflanzer* erreichten viele der versende-

[92] Staatsarchiv Hamburg, *Personalakte Stuhlmann*, 361–6, I 86 Bd. 2, Gouvernement an Kolonialabteilung, 13. Juli 1901.

[93] Zur These vom »Kolonialismus als europäisches Projekt« siehe überblicksartig Eckert, Andreas: *Der Kolonialismus im europäischen Gedächtnis.* http://www.bpb.de/apuz/31498/der-kolonialismus-im-europaeischen-gedaechtnis (4.2.2019). Zum deutsch-britischen Kolonialverhältnis siehe Lindner, Ulrike: *Koloniale Begegnungen. Deutschland und Großbritannien als Imperialmächte in Afrika 1880–1914*, Frankfurt am Main 2011 sowie Ruppenthal, *Kolonialismus als »Wissenschaft und Technik«*, S. 28.

ten Sämereien und Setzlinge ihre Zielorte in Deutschland oder Ostafrika. Beispielsweise ließ Stuhlmann zwölf Chinarindenbäume zur Chinin-Produktion von Buitenzorg nach Amani senden, von denen sechs überlebten und sich vermehren ließen.[94] Die DOAZ äußerte unmittelbar nach seiner Rückkehr die Hoffnung, dass die »Frage der tropischen Versuchsstation in Deutsch-Ostafrika« durch Stuhlmanns »reiche Erfahrungen [...] schnell einer befriedigenden Lösung entgegen geführt«[95] wird.

Auch in der jüngeren Forschung zu Stuhlmann trifft man auf konträre Bewertungen. Speziell diese Reise wird bei Reinhard Bindseil unkritisch zusammengefasst:

> *»Stuhlmanns Studienreise entwickelte sich zu einem vollen Erfolg hinsichtlich der Sammlung von Erkenntnissen, wie die landwirtschaftliche Forschung in Deutsch-Ostafrika verbessert und vorangetrieben werden könnte.«*[96]

Dieses Statement lässt wesentliche Erkenntnisse aus den oben zitierten Beiträgen außer Acht. Wenn überhaupt, dann war die Studienreise höchstens für Stuhlmanns wissenschaftliche Karriere ein Erfolg. Zudem gilt die ›verbesserte‹ landwirtschaftliche Forschung für Deutsch-Ostafrika im Grunde genommen nur für die Perspektive der Kolonialmacht. Die Belange der einheimischen Bevölkerung waren stets nachrangig.

Jedenfalls führte die Reise unter anderem dazu, dass das KWK und das Gouvernement im Laufe des Jahres 1901 die Gründung einer wissenschaftlichen Versuchsstation in den Usambarabergen vorantrieben. Als ›Höhepunkt‹ des ökologischen Imperialismus in der deutschen Kolonialzeit soll im folgenden Kapitel das Kaiserliche Biologisch-Landwirtschaftliche Institut Amani vorgestellt werden.

4.3 Das Biologisch-Landwirtschaftliche Institut Amani

In Deutsch-Ostafrika hatte es während Stuhlmanns Reise eine wichtige personelle Veränderung gegeben. Wie die DOAZ schon im August

94 Stuhlmann, *Studienreise nach Niederländisch- und Britisch-Indien*, S. 20.
95 *Deutsch-Ostafrikanische Zeitung*, Jg. III, Nr. 29 (27. Juli 1901).
96 Bindseil, *Franz Stuhlmann (1863–1928)*, S. 22.

1900 vermutet hatte, kehrte Eduard von Liebert nicht mehr von seinem Heimaturlaub zurück[97], sondern trat, verärgert über die deutsche Kolonialpolitik, als General wieder in die Armee ein.[98] An seine Stelle trat der erst 34 Jahre alte Offizier Gustav Adolf Graf von Götzen, der am 15. April 1901 in Dar es Salaam eintraf.[99] Um die Umstände in Deutsch-Ostafrika und die Rolle Stuhlmanns in der Kolonialpolitik der Jahre 1901 bis 1906 vor allem mit Blick auf die Gründung des BLI besser einordnen zu können, ist ein kurzes Porträt seines neuen direkten Vorgesetzten Gustav Adolf Graf von Götzen (1866–1910) notwendig, da es sich laut Bindseil um »eine Personalveränderung, die für den weiteren Lebensweg Stuhlmanns von tiefgreifender Bedeutung sein sollte«[100], handelte. Etwas zu huldigend erklärt Bindseil Franz Stuhlmann und Graf Götzen zu einem »›Gespann‹ engagierter Afrikaforscher [...], die beide aus großer Lebenserfahrung schöpfen konnten« und die gemeinsam die »rechtliche und praktische Neuordnung des landwirtschaftlichen Versuchswesens« durchführten.[101] Das klingt zunächst verdächtig nach einer ›Heldengeschichte weißer Männer‹ und scheint jegliche internen und externen Einflüsse, Ereignisse und Akteure außer Acht zu lassen. Eine Prüfung des historischen Sachverhalts ist daher angebracht. Ebenso stellt sich die Frage, ob es hiernach noch gerechtfertigt sein wird, bei Götzen in Anbetracht seiner fragwürdigen Siedlerpolitik und dem ab 1905 ausbrechenden Maji-Maji-Krieg weiterhin von einem »Tüchtigen« zu sprechen, der es zu einer »Traumkarriere« gebracht hat.[102]

97 *Deutsch-Ostafrikanische Zeitung*, Jg. II, Nr. 31 (11. August 1900).

98 Bindseil, Reinhart: *Ruanda im Lebensbild des Offiziers, Afrikaforschers und Kaiserlichen Gouverneurs Gustav Adolf Graf von Götzen (1866–1910). Mit einem Abriß über die zeitgenössischen Forschungsreisenden Franz Stuhlmann, Oscar Baumann, Richard Kandt, Adolf Friedrich Herzog zu Mecklenburg und Hans Meyer*, Berlin 1992, S. 127.

99 *Deutsch-Ostafrikanische Zeitung*, Jg. III, Nr. 15 (20. April 1901).

100 Bindseil, *Franz Stuhlmann (1863–1928)*, S. 23. Leider ist die Literaturlage zu Götzen in Bezug auf eine aus heutiger Perspektive angemessene biografische Darstellung unzureichend. Wie auch zu Stuhlmann hat sich bisher nur der Nicht-Historiker Reinhart Bindseil biografisch mit Götzen befasst und auch diese Darstellung genügt den Ansprüchen einer progressiv-kritischen Geschichtsschreibung nicht. Da im Rahmen dieser Arbeit aber kein Akten- und Quellenstudium zu Götzen vorgenommen werden konnte, sind die biografischen Rahmendaten dennoch aus Bindseil, *Ruanda im Lebensbild des Offiziers, Afrikaforschers und Kaiserlichen Gouverneurs Gustav Adolf Graf von Götzen (1866–1910)* entnommen.

101 Formulierungen so bei Bindseil, *Franz Stuhlmann (1863–1928)*, S. 25.

102 Ebd.

Der am 12. Mai 1866 geborene Spross eines alten brandenburgischen Adelsgeschlechts konnte nach gymnasialer Ausbildung, einer kurzen Dienstzeit beim Militär und einem rechts- und staatswissenschaftlichen Studium eine militärisch-diplomatische Anstellung in Italien und später in den USA antreten. Durch adliges Privatvermögen und gute Kontakte zu hohen Regierungskreisen war Götzen in der privilegierten Position, im Jahr 1891 einen privaten Jagdausflug in die Kilimandscharo-Region unternehmen zu können.[103] Offenbar fasziniert von Reisen auf dem afrikanischen Kontinent rüstete Götzen Ende 1893 aus seinem Privatvermögen eine große Expedition aus, die von der ostafrikanischen Küste aus ins Innere Afrikas vorstoßen sollte. Aus Platzgründen soll hier auf eine detaillierte Darstellung der Expedition verzichtet werden.[104] Es seien nur ein paar Stichpunkte genannt: Sowohl Götzen selbst als auch Bindseil stellen die Expedition als Heldenleistung mit »übermenschlichen« Anstrengungen dar.[105] Auch die Audienz Götzens am ruandischen Königshof wird zum historischen Ereignis und zum Beginn der deutsch-ruandischen Beziehungen (v)erklärt. Doch ganz so heldenhaft darf man Götzens Agieren in Zentralafrika nicht sehen, immerhin wurde er qua seiner europäischen Herkunft zum Kolonialisten, auch wenn er stets beteuerte, privat unterwegs gewesen zu sein.[106] Gegenüber den Vertretern des ruandischen Königshauses verhielt er sich arrogant und respektlos und konnte sich nur aufgrund der waffentechnischen Überlegenheit seiner Truppe ein solches Auftreten erlauben.[107] Ebenfalls wenig heldenhaft war die Bilanz der Todesopfer in seiner Karawane: Etwa ein Drittel der Träger kam ums Leben.[108]

Bindseil suggeriert dennoch ein allzu positives und fürsorgliches

[103] Bindseil, *Ruanda im Lebensbild des Offiziers, Afrikaforschers und Kaiserlichen Gouverneurs Gustav Adolf Graf von Götzen (1866–1910)*, S. 31–41.

[104] Die Expedition aus Götzens Sicht fand ihren Niederschlag in Götzen, Gustav A. von: *Durch Afrika von Ost nach West. Resultate und Begebenheiten einer Reise von der deutsch-ostafrikanischen Küste bis zur Kongomündung in den Jahren 1893/94*, Berlin 1895.

[105] U.a. Bindseil, *Ruanda im Lebensbild des Offiziers, Afrikaforschers und Kaiserlichen Gouverneurs Gustav Adolf Graf von Götzen (1866–1910)*, S. 75.

[106] Ebd., S. 67. Zum Selbstverständnis der reisenden Europäer siehe Pesek, *Koloniale Herrschaft in Deutsch-Ostafrika*, S. 285f.

[107] Bindseil, *Ruanda im Lebensbild des Offiziers, Afrikaforschers und Kaiserlichen Gouverneurs Gustav Adolf Graf von Götzen (1866–1910)*, S. 63–67. Siehe auch Pesek, *Koloniale Herrschaft in Deutsch-Ostafrika*, S. 144f. Eine differenziertere Darstellung auch zu finden bei Strizek, *Geschenkte Kolonien*, S. 63–71.

[108] Strizek, *Geschenkte Kolonien*, S. 75.

Bild der deutschen Kolonialherrschaft unter Götzen, wenn es bei ihm heißt:

> »*Im Rahmen seiner* [Götzens, Anm. BG] *Afrikadurchquerung von Ost nach West im Jahre 1894 vollbrachte er eine glanzvolle organisatorische und wissenschaftliche Leistung. Seine Beschreibung Ruandas und der ersten Begegnung mit dem ruandischen König bewirkten eine Sensibilisierung der deutschen Regierung, sich von nun an für dortige Grenzfragen aktiv zu interessieren, Expeditionen von Schutztruppenoffizieren zu entsenden und das Land nicht durch eine ›schräge Grenzlinie‹*[109] *zerschneiden zu lassen. Auch Graf Götzen plädierte 1899 demonstrativ für die Einheit dieses Landes. Das Schicksal wollte es, daß er in seiner weiteren Karriere zum Gouverneur von Deutsch-Ostafrika (1901–1906) avancierte und von dieser Position aus noch die weitere Entwicklung Ruandas zur ›Residentur‹* [...] *wenigstens programmieren konnte.*«[110]

Abgesehen davon, dass Formulierungen wie »das Schicksal wollte es« in historischen Darstellungen eher unpassend sind, verteidigt Bindseil mit euphemistischen Begrifflichkeiten wie »Sensibilisierung«, »sich aktiv interessieren«, »für die Einheit plädieren« und »Entwicklung« die damalige koloniale Expansion der Deutschen und stellt die Situation so

[109] Diese ›schräge Linie‹ entstand in den 1890er-Jahren folgendermaßen: Als Deutschland, Belgien und Großbritannien über die Absteckung ihrer Interessensphären verhandelten, beschränkte sich deren Wissen über die Region zwischen Tanganjikasee und Victoriasee auf sehr vage Informationen, vornehmlich von Henry Morton Stanley. Der belgische König legte jedoch im Rahmen der Berliner Afrika-Konferenz die Ostgrenze seines Territoriums bereits fest. Er zog eine schräge Linie von 30° östliche Länge bis zur Nordspitze des Tanganjikasees, die 1894 so auch von Stuhlmann nach der Emin-Pascha-Expedition auf seiner Landkarte eingezeichnet worden ist. Diese Linie verlief tatsächlich durch das Königreich Ruanda, was die Sorge von Götzen zur Teilung des Landes erklärt. Ab 1897 wurde Ruanda in die Kolonie Deutsch-Ostafrika eingegliedert und erst 1900 führten Deutsche und Belgier eine gemeinsame Vermessungsexpedition durch. Siehe dazu auch ebd., S. 25–27 und 74–76 sowie Bindseil, *Ruanda im Lebensbild des Offiziers, Afrikaforschers und Kaiserlichen Gouverneurs Gustav Adolf Graf von Götzen (1866–1910)*, Ruanda, S. 21–25, 83 und 109. Im Anhang befinden sich in den Abbildungen 15 und 16 zwei Landkarten aus den Jahren 1897 und 1907, die den Sachverhalt verdeutlichen.

[110] Bindseil, *Ruanda im Lebensbild des Offiziers, Afrikaforschers und Kaiserlichen Gouverneurs Gustav Adolf Graf von Götzen (1866–1910)*, S. 25f.

dar, als täten die Akteure etwas Uneigennütziges. Den oben zitierten Absatz könnte man aber auch folgendermaßen ausdrücken: Aus karrierefördernden Gründen und mit den finanziellen Mitteln seiner privilegierten Adelsstellung führte Götzen 1894 eine Afrikadurchquerung durch und wurde dadurch zum Agenten des deutschen Kolonialismus. Er lenkte die Aufmerksamkeit der deutschen Regierung auf Ruanda, welches auf keinen Fall durch eine Grenze zerschnitten, sondern komplett zum deutschen Einflussgebiet zugeschlagen werden sollte. Ruanda sollte weder unabhängig bleiben noch an die Belgier fallen. In seiner Amtszeit als Gouverneur scheiterte Götzen mit dem Versuch, Ruanda direkt zu beherrschen, und musste sich mit dessen Teilautonomie und einem ›Residenten‹ vor Ort zufriedengeben. Bindseil lässt sich nichtsdestotrotz zu folgendem Resümee der Expedition hinreißen:

> *»Graf Götzen konnte stolz darauf sein, daß diese von ihm privat unternommene und finanzierte Reise Forschungsergebnisse hervorgebracht hatte, die die geographischen Erkenntnisse über Zentralafrika wieder ein großes Stück voranbrachten. Er wurde damit in der Reihe der großen Afrikaforscher der letzte Entdecker einer Region, die bis dahin für Europa unbekannt gewesen war. Ab 1895 gab es keine wirklichen ›weißen Flecken‹ mehr auf der afrikanischen Landkarte* […].«[111]

Die starke Betonung von »privater Reise« und den »wissenschaftlichen Erkenntnissen« täuscht über die Tatsache hinweg, dass es offensichtlich eine Kontinuität von Forschungsreisen hin zu Kolonisierenden gab. Pesek formuliert sehr passend, dass »die koloniale Expedition zum Herrschaftsalltag [gehörte]. Was die Forschungsreisenden auf ihren Expeditionen gelernt haben mochten, blieb auch für die deutsche Kolonialherrschaft relevant.«[112] Dies trifft auch auf Götzen zu, denn nach seinem Dienst als Militärattaché in Washington und vor allem durch seine weiterhin guten Kontakte zum Kaiser war er offenbar der einzige

[111] Ebd. Kritische Betrachtung bei Pesek, *Koloniale Herrschaft in Deutsch-Ostafrika*, S. 105f.

[112] Pesek, *Koloniale Herrschaft in Deutsch-Ostafrika*, S. 104. Generell stellt Peseks kritische Analyse der Forschungsreisenden, u.a. auch Götzens, eine unbedingt notwendige alternative Lesart zu Bindseils apologetischer Heldengeschichte dar. Siehe vor allem Pesek, *Koloniale Herrschaft in Deutsch-Ostafrika*, S. 102–145.

Kandidat für die anstehende Neubesetzung des Gouverneurspostens in Dar es Salaam.[113]

Offensichtlich hatte der Wechsel auf dem Gouverneursposten in Dar es Salaam tatsächlich eine entscheidende Wendung hin zur Gründung des BLI in Amani gebracht. Eduard von Liebert lehnte die Gründung eines solchen Instituts noch ab und begründete dies mit fehlenden Finanzmitteln. Außerdem hielt er es zunächst für notwendiger, »die Kolonie wirthschaftlich hochzubringen, was nur durch Schaffung von Verkehrsmitteln möglich«[114] wäre. Zu diesem Zeitpunkt war Stuhlmanns Studienreise nach Britisch- und Niederländisch-Indien bereits genehmigt, jedoch wandte er ein, dass diese »nur die Hälfte der Erfolge aufzuweisen haben wird, wenn sie unternommen wird, während die Tropenstation noch nicht in Anlage begriffen ist«[115]. Der Druck der Privatwirtschaft zur Gründung einer Versuchsstation blieb unterdessen weiterhin hoch. Richard Hindorf, der Agrarbotaniker Otto Warburg (1859–1938) und der Vorsitzende des KWK, Karl Supf (1855–1915), erneuerten fortwährend ihre Forderungen in den verschiedenen kolonialpolitischen Kreisen.[116] Das KWK befürwortete ein rein privat finanziertes und verwaltetes Institut,

> *»da andernfalls die Gefahr bestünde, ›von der gesamten Presse sowie vom Reichstag‹ kontrolliert zu werden. Damit würde es den politischen Gegnern zu leicht gemacht, öffentlich zu fragen: ›Was hat das Institut geleistet; sind unsere Kolonien wirklich dadurch schon wirtschaftlich weitergekommen?‹«*[117]

Eine simple Dichotomie der Interessen (Privatwirtschaft vs. Reich) anzunehmen, ist jedoch zu einfach. Vielmehr handelte es sich um eine Art Dreiecksbeziehung. Das KWK und die Plantagengesellschaften in den Usambarabergen leiteten ab 1901 eigenständig Maßnahmen zur Schaffung einer Station ein. Das Auswärtige Amt wiederum war of-

[113] Bindseil, *Ruanda im Lebensbild des Offiziers, Afrikaforschers und Kaiserlichen Gouverneurs Gustav Adolf Graf von Götzen (1866–1910)*, S. 117 und 127.

[114] BArch, N2303/10, Liebert an Stuhlmann, 8. Mai 1900.

[115] BArch, N2303/10, Stuhlmann an Liebert, 21. Mai 1900. In diesem Schreiben zeichnet Stuhlmann unter genauen Angaben der Aktenzeichen die Entwicklung der Versuchsstationen in der Kolonie ab 1894 nach und versucht so, Liebert doch noch zu überzeugen. Eine Antwort Lieberts ist in der Akte nicht überliefert.

[116] Bald, Bald, *Das Forschungsinstitut Amani*, S. 27–29.

[117] Zitiert aus ebd., S. 31f.

fenbar angetan von dieser privaten Initiative und erkundigte sich über mögliche finanzielle Beteiligungen und Zuschüsse der einzelnen Gesellschaften. Selbstredend leiteten diese aus ihren finanziellen Anteilen ein Mitbestimmungsrecht über das Institut ab, was vom Gouvernement und besonders von Stuhlmann strikt abgelehnt wurde.[118] Das Auswärtige Amt arbeitete indirekt gegen das Gouvernement in Dar es Salaam. Dass jedoch Stuhlmann und Götzen am längeren Hebel saßen, belegt der folgende Abschnitt:

> *»Die Koppelung der Gewährung eines Zuschusses mit Bedingungen erschien dem für landwirtschaftliche Kulturfragen zuständigen Referenten Franz Stuhlmann unannehmbar und im Hinblick auf die Unabhängigkeit eines Forschungsinstituts geradezu gefährlich. Seinem Einfluss ist es zu zuzuschreiben, wenn die finanzielle (und organisatorische) Beteiligung von Privatfirmen zurückgewiesen wurde, ›damit das zu errichtende Institut einerseits unabhängig ist und andererseits nicht zu einer ungleichmäßigen Behandlung der einzelnen Pflanzungen gezwungen ist, die nur Unzuträglichkeiten herbeiführen* [würde].*‹«*[119]

Unvereinbar standen sich zwei unterschiedliche Auffassungen von ›Unabhängigkeit‹ gegenüber: Die einen wollten von parlamentarischer und medialer Kontrolle unabhängig sein, die anderen von Privat- und Firmeninteressen. Die Kolonialabteilung tat sich schwer, dem KWK diese Wendung zu erklären, und versuchte mit Kompromissen ihr Gesicht zu wahren, welche aber ebenfalls vom Gouvernement abgewiesen wurden.[120] Götzen und Stuhlmann waren fest davon überzeugt, dass das Institut ausschließlich aus der Kolonie heraus finanziert und unterhalten werden sollte.

Ein weiterer Konflikt zwischen KWK und Gouvernement zeichnete sich in einer Personalfrage ab. Zwar war das KWK maßgeblich dafür verantwortlich, dass Stuhlmann seine Studienreise nach Britisch- und Niederländisch-Indien unternehmen konnte und auch als möglicher Kandidat für den Direktorenposten gehandelt wurde, jedoch schwebte dem KWK ab 1901 noch ein anderer Name für diesen Posten vor: Alb-

118 Ebd., S. 32f.

119 Zitiert aus ebd., S. 33. Die Originalakten hierzu liegen im Nationalarchiv von Tansania in Dar es Salaam.

120 Ebd., S. 33f.

recht Zimmermann. Der Botaniker Zimmermann beschäftigte sich von 1896 bis 1901 auf Java im Botanischen Garten Buitenzorg hauptsächlich mit dem Anbau von Kaffeepflanzen und galt als Experte auf diesem Gebiet.[121] Da sich das KWK von dem neuen Institut hauptsächlich Forschung und Förderung für den Kaffeeanbau in den Usambarabergen vorstellte, war Zimmermann dessen Wunschkandidat.[122] Zimmermann rückte jedoch nach und nach von einer zu eng auf den Kaffee bezogenen Aufgabenverteilung des Instituts ab und schwenkte damit auf die Linie Stuhlmanns ein.[123] Machtpolitische Aspekte mögen dabei auch eine Rolle gespielt haben, als Zimmermann klar wurde, dass das Gouvernement die letztendliche Entscheidung treffen würde und Stuhlmann als aussichtsreichster Kandidat für den Direktorenposten infrage kam.[124] Und tatsächlich wurde Zimmermann nach Gründung des BLI zunächst nur stellvertretender Direktor.[125]

Weiterhin verzögerten die Fragen nach dem Standort sowie dem Verbleib der Kulturstation Kwai und des Botanischen Gartens in Dar es Salaam die endgültige Entscheidung für Amani. Aufgrund der bereits erwähnten Probleme der Station Kwai und des Gartens in der Hauptstadt schieden beide Anlagen bei der Auswahl des Standortes aus. Bald / Bald behaupten, dass Stuhlmann zunächst plante, den Garten in Dar es Salaam zu einer größeren Forschungsstation auszubauen, ohne dies jedoch zu belegen.[126] Ihnen wird nicht klar, warum das Institut dann doch von Stuhlmann in die Berge gelegt wurde, wo doch schon an früherer Stelle von Stuhlmann aus gesundheitlichen Gründen der Wunsch nach einer Verlegung seines Referats in die Usambaraberge geäußert worden ist.[127]

Auch der Konflikt zwischen KWK und dem Gouvernement über die

[121] Zimmermann traf sich 1901 mit Stuhlmann in Buitenzorg, als dieser auf seiner Reise nach Java kam. Kurze Übersicht zu Zimmermann in Schnee, Heinrich: *Deutsches Koloniallexikon in 3 Bänden*, Saarbrücken 2011, Bd. III, S. 750.

[122] Bald, Bald, *Das Forschungsinstitut Amani*, S. 35.

[123] Ebd., S. 51f.

[124] Eine Notiz von Götzen vom 24. August 1901 bestätigt, dass zu diesem Zeitpunkt Stuhlmann bereits als Direktor vorgeschlagen wurde und dieser auch zugestimmt hatte. Siehe Staatsarchiv Hamburg, *Personalakte Stuhlmann*, 361–6, I 86 Bd. 2, Notiz, 24. August 1901.

[125] Bald, Bald, *Das Forschungsinstitut Amani*, S. 27. Zimmermann wurde erst 1911 Direktor des BLI, siehe Schnee, *Deutsches Koloniallexikon in 3 Bänden*, Band III, S. 750.

[126] Bald, Bald, *Das Forschungsinstitut Amani*, S. 39.

[127] BArch, N2303 / 10, Liebert an Stuhlmann, 8. Mai 1900.

inhaltliche Ausrichtung des Instituts ging unvermittelt weiter. Zwar war eine reine »Kaffee-Versuchsanlage«[128] vom Tisch und das Gouvernement hielt die Zügel der Entscheidungen fest in der Hand, doch konnte es die Interessen des KWK und der Plantagenbesitzer vor Ort nicht völlig ignorieren, hing doch die Handelsbilanz der Kolonie unmittelbar von den wirtschaftlichen Erfolgen der Plantagen ab.[129] Die Lösung sah folgendermaßen aus: Offiziell diente das Institut der »Hebung oder Erhaltung der ostafrikanischen Landeskulturen«, sprich den Plantagen,[130] doch inoffiziell und erst nach der endgültigen Gründung des BLI verschoben Stuhlmann und Zimmermann allmählich den Fokus zu allgemeineren Forschungen sowie zu »Untersuchungen von Nutzpflanzen-Versuchen für Europäer und Afrikaner über Gesteinsanalysen bis zur Bestimmung seltener Tier- oder Pflanzenspezies«[131].

Wenn man so will, dann kann der 4. Juni 1902 als offizielles Gründungsdatum des BLI gelten, da an diesem Tag Gouverneur Götzen ein Telegramm an den zukünftigen stellvertretenden Direktor des Instituts schickte, in dem er das Gelände um das Dorf Amani in den östlichen Usambarabergen als Standort festlegte.[132] Detlef und Gerhild Balds These, nach der ausschließlich »[p]rivate Initiativen, nicht die Vorausschau der Verwaltungsbehörden […] den Anstoß für die Errichtung des Instituts«[133] gaben, kann nicht hundertprozentig aufrechterhalten werden. Wie der Blick in die Akten gezeigt hat, war bereits um die Jahrhundertwende in der Abteilung für Landeskultur unter der Leitung Stuhlmanns die Errichtung einer Station angedacht, die jedoch am Widerstand des damaligen Gouverneurs von Liebert scheiterte.[134] Zudem äußerte sich Stuhlmann schon 1894 in seinem Bericht zur Emin-Pascha-Expedition zu der Errichtung von staatlich organisierten, landwirtschaftlichen Versuchsstationen:

[128] Bald, Bald, *Das Forschungsinstitut Amani*, S. 48.

[129] Conte, *Highland Sanctuary*, S. 56.

[130] Bald, Bald, *Das Forschungsinstitut Amani*, S. 49.

[131] Ebd., S. 50. Ausführlichere Beschreibung dieser Funktionsausweitung von Amani bei Bald, Bald, *Das Forschungsinstitut Amani*, S. 51–54 und S. 61.

[132] Bald, Bald, *Das Forschungsinstitut Amani*, S. 27. Das Telegramm ging an Zimmermann und nicht an den designierten Direktor Stuhlmann, da dieser sich zu diesem Zeitpunkt auf Heimaturlaub in Deutschland befand. Siehe dazu Staatsarchiv Hamburg, *Personalakte Stuhlmann*, 361–6, I 86 Bd. 2, Götzen an Kolonialabteilung, 26. Juli 1902.

[133] Bald, Bald, *Das Forschungsinstitut Amani*, S. 29.

[134] BArch, N2303 / 10, Liebert an Stuhlmann, 8. Mai 1900.

> *»Nächstdem sind aber Ackerbau-Stationen ein dringendes Bedürfnis für die Kolonie. In diesen müssen Versuche angestellt werden, mit der Einführung von neuen Kulturprodukten.«*[135]

Dennoch ist die Gründung des BLI nicht einer Einzelperson oder einem »Gespann engagierter Afrikaforscher«[136] zuzuschreiben, sondern einer bestimmten Konstellation aus privatwirtschaftlichen Interessen, deren politischer Lobbygruppe und einer neuen Personalsituation in der Kolonie. Auf tiefgehende Details zu Bautätigkeiten, materieller und personeller Ausstattung und zu administrativen Abläufen des BLI soll an dieser Stelle verzichtet werden. Es ist jedoch wichtig zu sagen, dass das Institut nach Vorbild des Botanischen Gartens in Buitenzorg aufgebaut wurde. Es umfasste neben den Laboratorien und Versuchsgärten auch eine Bibliothek, eine Poststation sowie ein Gästehaus.[137] Es sei zudem erwähnt, dass sowohl für die Bauarbeiten als auch später für den Betrieb der Anlage Kooperation und Mitarbeit der einheimischen Bevölkerung notwendig waren. Ohne die einheimischen Arbeiter und Angestellten hätte das BLI niemals funktionieren können. Auf diese Tatsache muss immer hingewiesen werden, wenn davon die Rede ist, dass »persönliche[r] Einsatz«, »Phantasie« und »Tatkraft« der »Forscher« für das Entstehen und Betreiben des Instituts maßgeblich verantwortlich waren.[138] Was die ›Anwerbung‹ von Arbeitern betraf, so stand das BLI in Konkurrenz zu den umliegenden Plantagen und den angelaufenen Eisenbahnbautätigkeiten in Tanga. Da laut Bald/Bald »nur analphabetische, völlig ungelernte und unerfahrene Afrikaner als Arbeiter zur Verfügung standen«[139], führte das Gouvernement nach und nach ein Arbeiterfürsorge-System ein, welches aus einer Schule, einer Klinik und einer Sparkasse für die lokale Bevölkerung bestand.[140] Zunächst ließ aber Gouverneur Götzen die Einheimischen, die auf dem Gelände des BLI wohnten, zwangsweise, jedoch mit Entschädigung, umsiedeln, um Platz für die Anlage von Versuchsgärten und Plantagen zu schaffen. Dies verschärfte den Arbeitermangel erheblich und erst unter Gouverneur Rechenberg bildete sich ab 1906 ein verlässlicher

[135] Stuhlmann, *Mit Emin Pascha ins Herz von Afrika*, S. 864f.
[136] Bindseil, *Franz Stuhlmann (1863–1928)*, S. 25.
[137] Die ›Fakten‹ hierzu kann man bei Bald, Bald, *Das Forschungsinstitut Amani* nachlesen, speziell S. 61–75.
[138] Ebd., S. 61.
[139] Ebd., S. 67.
[140] Ebd., S. 67–69.

Grundstock an Arbeitern für das BLI heraus.[141] Neben den vermeintlich ›zivilisatorischen‹ Neuerungen und den veränderten Arbeitsbedingungen für die lokale Bevölkerung sorgte die Landbesitzfrage langfristig für Konflikte, die sich vor allem in der britischen Mandatszeit nach dem Ersten Weltkrieg entluden.[142]

Die Gründung des BLI in Amani brachte aber nicht nur gesellschaftliche und soziale Einschnitte mit sich. Auch ökologisch prägten die Deutschen die Region nachhaltig. Die Anlage von Gärten und Versuchsplantagen veränderte die unmittelbare Umgebung von Amani erheblich, da zum einen die einheimischen Anbaufelder weichen mussten und zum anderen der umliegende Urwald gerodet wurde. Die Plantagen standen diametral den Interessen der Bauern vor Ort entgegen, doch die Wissenschaftler, allen voran Franz Stuhlmann, interessierten sich nicht für deren Belange.[143] Ölpalmen, diverse Fruchtbäume, Kautschuk, Bananen, Tee, Kakao, Zimt, Pfeffer, Chinarindenbäume und weitere Pflanzen zur medizinischen Nutzung dominierten fortan das Erscheinungsbild von Amani.[144] Zu Beginn der Tätigkeiten des BLI stand aber der Kaffee im Vordergrund. Die Hänge der Berge waren gesäumt von kranken und toten Kaffeebäumen, die bereits in den Jahren vor der Gründung des Instituts angepflanzt worden waren und deren Anbaumethoden im BLI erforscht und verbessert werden sollten. Doch der ausgelaugte Boden, die klimatischen Verhältnisse sowie der gefallene Weltmarktpreis ließen die Anbauversuche in den Usambarabergen endgültig scheitern. Zimmermann verlegte den Anbau in seiner Funktion als ›Kaffeeverantwortlicher‹ in die Kilimandscharo-Region und zurück blieben weitestgehend entwaldete Berghänge.[145] Die vor allem von Franz Stuhlmann aus aller Welt eingeführten Pflanzen und Bäume waren für das fragile Ökosystem äußerst aggressive Eindringlinge. Nicht weniger als 48 neue Arten wurden in den Wäldern der östlichen Usambaraberge während der deutschen Kolonialzeit heimisch.[146] Nach dem gescheiterten Kaffeeanbau konzentrierten sich die Wissenschaftler in Amani auf die Kultivierung von Kautschuk und Sisal. Beide Produkte stehen exemplarisch für die verschiedenen Aspekte und Auswir-

[141] Ebd., S. 67f.
[142] Conte, *Highland Sanctuary*, S. 62.
[143] Ebd., S. 61f.
[144] Ebd., S. 60f.
[145] Ebd., S. 60f.; Bald, Bald, *Das Forschungsinstitut Amani*, S. 70f., sowie Tetzlaff, *Koloniale Entwicklung und Ausbeutung*, S. 130f.
[146] Conte, *Highland Sanctuary*, S. 62.

kungen kolonialer Herrschaft: Einfuhr und Anbau nicht-heimischer Spezies, Verdrängung lokaler Produktionsweisen, einseitige Ausrichtung auf den Export sowie Wissenschaft im Dienste kolonialer Interessen.

Kautschuk war schon lange vor der Kolonialzeit als Produkt bekannt und wurde von den Einheimischen aus wildwachsenden Bäumen gewonnen. Mit dem steigenden Bedarf der Industriestaaten reichte die lokale Produktion weltweit jedoch nicht mehr aus. Besonders Albrecht Zimmerman forschte am BLI an der ›Verbesserung‹ des Kautschukanbaus. Die Einführung einer neuen Sorte machte den Kautschuk plantagenfähig und ab 1909 überstieg der Monokultur-Ertrag allmählich die bis dahin dominierende lokale Produktionsmethode. Waren 1904 etwa 500.000 Kautschukbäume in Deutsch-Ostafrika angepflanzt, so stieg deren Zahl in den folgenden drei Jahren auf 5–7 Millionen an. Kautschuk war bis 1912 die wichtigste Handelsware der Kolonie.[147]

Die Geschichte der Sisalagave in Deutsch-Ostafrika gilt als Paradebeispiel für ökologischen Imperialismus und nachhaltige Abhängigkeit einer unabhängig gewordenen Kolonie von weltmarktdominierten Rohprodukten. Richard Hindorf, Mitbegründer des KWK und selbst ›Tropenpflanzer‹, machte sich in den 1890er-Jahren im Auftrag der DOAG auf die Suche nach kommerziell anbaubaren Tropenpflanzen. Es gelang ihm, die in Mexiko heimische Sisalagave über einen Händler in Florida nach Ostafrika zu transportieren und dort zu vermehren. Aus der Pflanze wurden Hartfasern zur Herstellung von Seilen und Geweben gewonnen, sie wurde ab 1895 im großen Stil in der Region zwischen Tanga und den Usambarabergen angebaut.[148] Das BLI schätzte den wirtschaftlichen Gewinn von Sisal von Anfang an positiv ein und war maßgeblich für die Suche nach geeigneten Anbauregionen in der Kolonie zuständig.[149] 1912 überflügelte der wirtschaftliche Gewinn aus dem Sisal den des Kautschuks. Die Sisalplantagen gehörten zu den wenigen Kulturen in Deutsch-Ostafrika, die für deutsche Investoren und

[147] Zum Kautschukanbau siehe ausführlicher Tetzlaff, *Koloniale Entwicklung und Ausbeutung*, S. 123–130, Bald, Bald, *Das Forschungsinstitut Amani*, S. 71f. und Conte, *Highland Sanctuary*, S. 61f.

[148] Marcus, August: *Über die Sisalagave und ihre Züchtung in Ostafrika*, in: *Materiae Vegetabiles* 1. 3 (1953), S. 300–309, S. 300, sowie Sabea, Hanan: *Mastering the Landscape? Sisal Plantations, Land, and Labor in Tanga Region, 1893–1980s*, in: *International Journal of African Historical Studies* 41. 3 (2008), S. 411–432, S. 413f. Valide Zahlen zu Anbaufläche und Gewinn sind bei Tetzlaff, *Koloniale Entwicklung und Ausbeutung*, S. 118–123 zu finden.

[149] Bald, Bald, *Das Forschungsinstitut Amani*, S. 72.

Firmen Gewinne abwarfen.[150] In der britischen Mandatszeit wurde der Anbau von Sisal soweit forciert, dass das Tanganjika-Territorium zum weltgrößten Sisalproduzenten wurde. Bis in die späten 1960er-Jahre wurde Sisal das »Gold Tansanias« genannt.[151] Neben den Konflikten um Landnutzung und Arbeitsverhältnisse bedeutete die Monokultur Sisal sowohl für die lokale Bevölkerung als auch für die Gesamtwirtschaft des Landes eine Gefahr. Ende der 1960erJahre verlor Sisal auf dem Weltmarkt an Bedeutung, da synthetische Fasern zunehmend billiger und in anderen Weltregionen hergestellt wurden. Die Industrie brach zusammen und die Arbeitslosigkeit in den Anbaugebieten stieg. Eine Rückkehr zur kleinbäuerlichen Nahrungsmittelproduktion oder Ähnliches war durch veränderten Landbesitz für die einzelnen Familien nicht ohne Weiteres möglich.[152] Sowohl sozial als auch ökologisch kann der Sisalanbau als äußerst destruktiv bezeichnet werden.[153] Kolonialwirtschaftliche Entscheidungen unter deutscher Herrschaft, unterstützt von wissenschaftlicher Expertise des BLI und verantwortet unter anderem von Franz Stuhlmann, schlugen sich unmittelbar in die Gegenwart durch und sind aus der Perspektive dieser Arbeit weder zu vernachlässigen noch zu verharmlosen.

In Amani wurde jedoch nicht nur landwirtschaftlich geforscht. Albrecht Zimmermann und Franz Stuhlmann waren schon vor der Gründung des Instituts bemüht, neben den einheimischen Arbeitern europäische Fachkräfte anzuwerben, von denen der Zoologe Julius Vosseler

150 Tetzlaff, *Koloniale Entwicklung und Ausbeutung*, S. 118–123.

151 Siehe Sabea, *Mastering the Landscape?*, S. 411. Auch ältere Artikel rekurrierten in Bezug auf Sisal auf die Gold-Metapher, z.B. Ettighoffer, Paul C.; Hindorf, Richard: *Sisal. Das blonde Gold Afrikas. Die Tat des Dr. Hindorf*, Gütersloh 1943.

152 Ausführlicher zur Geschichte des Sisals bei Sabea, *Mastering the Landscape?*; Marcus, *Über die Sisalagave und ihre Züchtung in Ostafrika*. Zeitgenössisch siehe Bruck, Werner Friedrich: *Die Sisalkultur in Deutsch-Ostafrika. Eine Einführung für den während der 26. Wanderausstellung der Deutschen Landwirtschafts-Gesellschaft veranstalteten Sisalwettbewerb*, Berlin 1913 und Hindorf, Richard: *Der Sisalbau in Deutsch-Ostafrika*, Berlin 1925.

153 Ehrlicherweise muss dazu gesagt werden, dass in der Gegenwart die Sisalagave ein Comeback feiert. Als nachhaltige Alternative zu den kunststoffbasierten Äquivalenten und als Pflanze, die in Tansania auch bei anhaltender Dürre gedeiht, wird Sisal wieder attraktiv. Vgl. bspw. o. A.: *Sustainable sisal in Tanzania*, in: *New Agriculturist*, Mai 2009. http://www.new-ag.info/en/focus/focusItem.php?a=740 (eingesehen am 13.9.2020).

(1861–1933) einer der bekanntesten war.[154] Auch Stuhlmann mit seinem zoologischen Bildungshintergrund weitete sein Forschungsfeld aus. So hielt sich beispielsweise Robert Koch (1843–1910) im Rahmen seiner medizinischen Forschungsreisen mehrmals in Ostafrika auf und fand Unterkunft bei Franz Stuhlmann. Da es in der Geschichtswissenschaft kontroverse Diskurse um Robert Koch und sein Wirken gibt und Franz Stuhlmann, besonders in den Jahren 1904–1906, unmittelbar mit Koch zusammenarbeitete, soll im folgenden Abschnitt auf die Verbindung Koch–Stuhlmann und die Forschungen zu tropischen Krankheiten eingegangen werden.

4.4 Exkurs: Robert Koch in Ostafrika

Die Karriere des Bakteriologen Robert Koch gilt als eines der prominentesten Beispiele für die Verstrickung von Kolonialismus und Tropenmedizin. Seine Forschungsreisen führten ihn in den Jahren 1896–1907 nicht nur nach Süd- und Ostafrika, sondern auch nach Indien und Südostasien.[155] Die Literatur zu Bakteriologie, Tropenmedizin und speziell zu der Biografie Kochs ist nahezu unüberschaubar und auf eine erneute Darstellung von Kochs Leben und Wirken soll hier verzichtet werden.[156]

Stuhlmann und Koch trafen erstmals im Jahr 1896 aufeinander, als Koch auf seiner Reise nach Südafrika für einen Tag in Dar es Salaam weilte. Nach Stuhlmanns Angaben war Koch schon damals der Ansicht, dass der »Hauptfeind für unsere Kolonisation« die Malaria sei, die »in systematischer Weise« bekämpft werden müsse.[157] Für den Mediziner

[154] Bald, Bald, *Das Forschungsinstitut Amani*, S. 70. Am BLI arbeiteten 1903 bereits 16 europäische Angestellte und Beamte. Nach Julius Vosseler ist im Übrigen auch eine Straße in Hamburg in der Nähe des Tierparks benannt.

[155] Vgl. Besser, *Pathographie der Tropen*, S. 20.

[156] Vgl. Gradmann, Christoph: *Krankheit im Labor. Robert Koch und die medizinische Bakteriologie*, Göttingen [2]2010, S. 9. Unter den zahlreichen mehr oder weniger brauchbaren alten und neuen Biografien und Werken zu Koch und der deutschen Tropenmedizin seien hier nur einige aktuellere Publikationen genannt, die für diese Kapitel relevant sind: Bauche, Manuela: *Medizin und Herrschaft. Malariabekämpfung in Kamerun, Ostafrika und Ostfriesland (1890–1919)*, Frankfurt am Main 2017; Eckart, Wolfgang U.: *Medizin und Kolonialimperialismus. Deutschland 1884–1945*, Paderborn / München / Wien / Zürich 1997; Besser, *Pathographie der Tropen*; Gradmann, *Krankheit im Labor.*

[157] Zitate aus *Deutsche Kolonialzeitung 28. Juni 1910*, in: *Deutsche Kolonialzeitung. Organ der deutschen Kolonialgesellschaft* 27 (28. Juni 1910), 434f..

Koch stand aber weniger die »Utopie vom Heilen«, sondern vielmehr die »Utopie von staatlicher und imperialer Herrschaft« im Vordergrund.[158] Von seiner Pestexpedition in Indien zurückgekehrt, traf Koch am 12. Juli 1897 erneut in Dar es Salaam ein und beschäftigte sich mehr als neun Monate mit den Krankheiten in der Kolonie, wobei er auf die koloniale Infrastruktur der Hauptstadt zurückgreifen konnte – das sich noch im Aufbau befindliche Gouvernements-Krankenhaus.[159] Zudem reiste er in die Usambaraberge, um an der Kulturstation Kwai den allgemeinen Zustand der lokalen Bevölkerung zu untersuchen.[160] Der Schwerpunkt lag auf der Bekämpfung der Malaria. So etablierte er die Malariaprophylaxe mit Chinin, forschte zu den unterschiedlichen Verlaufsformen der Malaria und ordnete an, dass die Sumpfgebiete in und um Dar es Salaam trockengelegt werden müssten. Diese Maßnahmen dienten jedoch in erster Linie zur Verbesserung der Lebensumstände der Europäer.[161] Mit Robert Koch fand auch eine folgenreiche Akzentverschiebung in Bezug auf die Malariabekämpfung statt: Neben den räumlichen Maßnahmen (Trockenlegung von Sümpfen, Bauweise von Häusern etc.) rückten nun auch zunehmend die Menschen und besonders die einheimische Bevölkerung in den Fokus der Mediziner. Manuela Bauche resümiert für Kochs ersten Aufenthalt in Ostafrika sehr passend, was für die späteren Expeditionen und Forschungen noch viel drastischer und folgenreicher galt:

> *»Insofern war Kochs Reise mit dem Anliegen verbunden, den Einfluss medizinischer Interventionen und damit auch kolonialer Macht in der Region zu erweitern. Die Verknüpfung zwischen seiner Forschungsreise und der kolonialen Geopolitik stellte Koch in Berichten und Vorträgen explizit her.«*[162]

Medizin und koloniale Herrschaft gingen folglich Hand in Hand.

Franz Stuhlmann hatte nach eigenen Angaben erst wieder Ende 1904

[158] Bauche, *Medizin und Herrschaft*, S. 7.

[159] Siehe Eckart, *Medizin und Kolonialimperialismus*, S. 315f. Das Gouvernements-Krankenhaus in Dar es Salaam heißt heute *Hospitali ya Ocean Road* und stellt einen markanten kolonialen Erinnerungsort in der Stadt dar.

[160] Bauche, *Medizin und Herrschaft*, S. 138f.

[161] Eckart, *Medizin und Kolonialimperialismus*, S. 303; Bauche, *Medizin und Herrschaft*, S. 88–93 und besonders S. 94 sowie Stuhlmann, Franz: *Persönliches von Robert Koch aus Afrika*, in: *Deutsche Kolonialzeitung* 27. 26 (28. Juni 1910).

[162] Bauche, *Medizin und Herrschaft*, S. 139.

engeren Kontakt zu Koch, als er selbst stellvertretender Gouverneur war und Koch, während er seine Studien zum Texas- und Küstenfieber in der Kolonie fortsetzte, bei Stuhlmann »monatelang im Hause«[163] wohnte. Ab Juli 1905 arbeiteten beide Männer gemeinsam am BLI in Amani an der Erforschung der Schlafkrankheit. Grund für diese Forschungen war das seit 1902 vermehrte Auftreten dieser Krankheit um den Victoriasee herum, wobei nach Schätzungen im Jahr 1903 bereits ca. 200.000 Afrikaner gestorben waren.[164] Koch und Stuhlmann versuchten die Entstehungsgeschichte, die Übertragungsarten und mögliche Therapien zu erforschen. Das Institut stellte dafür Laboratorien und Wohnraum für Koch und seine Begleiter zur Verfügung.[165] Im Vordergrund standen zunächst aber noch Experimente an und mit Tieren, da die Schlafkrankheit besonders die Viehwirtschaft der Kolonie beeinträchtigte.[166]

Doch als sich die Berichte über die hohen Sterbezahlen vom Victoriasee häuften und die Fälle auch auf deutschem Gebiet zunahmen, erkannten Kolonialabteilung und Reichsgesundheitsamt eher zögerlich den Bedarf an einer groß angelegten medizinischen Expedition in diese Region.[167] Zur Vorarbeit reisten Stuhlmann und Koch im September 1905 gemeinsam für »einen kurzen Ausflug nach dem Victoriasee«[168]. Bei dieser Reise beziehungsweise Stuhlmanns Bericht darüber wird deutlich, dass vor allem Stuhlmann selbst immer »tropendienstuntauglicher« zu werden schien:

> *»Leider hatte ich mir auf der Eisenbahn durch eine Erkältung eine heftige Neuralgie zugezogen und konnte sehr wenig an den Arbeiten teilnehmen, umso mehr aber bewunderte ich Kochs Arbeitskraft. In den wenigen Tagen unseres Aufenthalts in Entebbe, der Hauptstadt von Uganda, wurden mehr als 2000 Fliegen mikroskopisch untersucht, und eine Fahrt nach Bukoba ließ ihn man-*

163 Stuhlmann, *Persönliches von Robert Koch aus Afrika*.
164 Eckart, *Medizin und Kolonialimperialismus*, S. 340f.
165 Ebd.
166 Stuhlmann, *Persönliches von Robert Koch aus Afrika*, sowie Gradmann, *Krankheit im Labor*, S. 307f. Stuhlmann publizierte auf Kochs Anraten 1907 ein Buch über die Tsetsefliege: Stuhlmann, Franz: *Beiträge zur Kenntnis der Tsetsefliege (Glossina fusca und Gl. tachinoides)*, Berlin / Heidelberg 1907.
167 Eckart, *Medizin und Kolonialimperialismus*, S. 341, sowie ausführlich bei Gradmann, *Krankheit im Labor*, S. 299–313.
168 Stuhlmann, *Persönliches von Robert Koch aus Afrika*.

che Einblicke in die Lebensbedingungen der gefährlichen Fliegen erhalten.«[169]

Nach diesen Vorbereitungen traf die eigentliche Expedition im Mai 1906 in Tanga ein, nachdem Koch noch im Dezember 1905 den Nobelpreis entgegengenommen hatte. Seine Frau Hedwig und weiteres medizinisches Personal begleiteten ihn. Koch suchte zunächst wieder das BLI in den Usambarabergen auf, anstatt sich direkt zur Seuchenbekämpfung in das Landesinnere zu begeben. Offenbar hatte er es nicht sehr eilig und genoss sichtlich die angenehme Arbeitsatmosphäre in Amani: »Gefährlich ist diese Expedition nicht im geringsten. Abgesehen von den wissenschaftlichen Arbeiten, ist sie eher als eine Erholungs- und Erfrischungsreise anzusehen.«[170] Und in einem anderen Schreiben von ihm heißt es:

> *»Wir haben uns in dem Laboratorium des Instituts eingerichtet und sind fleißig bei der Arbeit.* [...] *In den Regenpausen habe ich mit meiner Frau einige Spaziergänge durch den Urwald und auf einen benachbarten Berg gemacht* [...]. *Es hat uns beiden sehr gefallen.«*[171]

Hieraus wird deutlich, dass das BLI in Amani neben den Möglichkeiten, wissenschaftlich zu arbeiten, auch zur Erholung bei den Europäern beliebt war und als deutsches Pendant zu den britischen *hill stations* angesehen werden kann.[172] Für Koch, der laut Christoph Gradmann von der Differenzierung und zunehmenden Konkurrenzsituationen innerhalb der Tropenmedizin im Deutschen Reich sichtlich überfordert war[173], bot das attraktive Umfeld des BLI in Amani die Möglichkeit, noch einmal im »Stil des reisenden Experimentalwissenschaftlers« Pionierarbeit zu leisten.[174] Doch Kochs Aufenthalt in den Usambarabergen endete früher als von ihm gewünscht. Berichte über eine regelrechte Schlafkrankheitsepidemie aus dem Bezirk Muansa, die sich im Nach-

169 Ebd.
170 Zitiert aus Gradmann, *Krankheit im Labor*, S. 314.
171 Ebd.
172 Zu den *hill stations* der Briten vgl. Kenny, Judith T.: *Climate, Race, and Imperial Authority: The Symbolic Landscape of the British Hill Station in India*, in: *Annals of the Association of American Geographers*, 85(4), 1995, S. 694–714.
173 Gradmann, *Krankheit im Labor*, S. 259.
174 Ebd., S. 263.

hinein als übertrieben herausstellten, ließen Koch und seine Begleiter im Sommer 1906 zum Victoriasee aufbrechen. Da nun ein neuer Epidemieherd gefunden werden musste, reiste die Expedition mit britischer Erlaubnis auf die zu Uganda gehörenden Sese-Inseln im Victoriasee und begann dort mit Experimenten und medizinischen Behandlungen, die aus heutiger Perspektive höchst fragwürdig erscheinen und schon damals zumindest für Kontroversen sorgten.[175]

Auf den Sese-Inseln war bereits ein Großteil der ursprünglich etwa 30.000 Bewohner durch die Schlafkrankheit gestorben. Koch und sein Team begannen mit der experimentellen Behandlung der verbliebenen Bevölkerung mit dem Arsenpräparat *Atoxyl.* Von vornherein setzte Koch aus Unwissenheit die Dosis sehr hoch an und die Patienten entzogen sich nach und nach der schmerzhaften Behandlung, die heftige Nebenwirkungen wie Erblindung, Übelkeit, Erbrechen und Schwindelgefühle hervorrief. Obwohl keine nachhaltigen Erfolge nachgewiesen werden konnten, ließ Koch die Versuche auch nach seiner Abreise nach Deutschland unvermindert fortsetzen.[176] Er schlug mehrere Methoden zu Präventions- und Therapiemaßnahmen vor, die sich in Radikalität und Zynismus regelrecht überboten: Erstens sollte in den betroffenen Gebieten damit begonnen, werden die Wälder flächendeckend abzuholzen, um den Fliegen ihren Lebensraum zu nehmen. Zweitens sollten die infizierten Personen in Konzentrationslagern[177] untergebracht werden, in denen dann die Behandlung mit *Atoxyl* fortgesetzt werden konnte.[178] Die dritte, radikalste und letztendlich nicht durchführbare Methode wäre nach Koch folgende gewesen: Man könne

> *»dazu übergehen, die ganze Bevölkerung verseuchter Bezirke in gesunde Gegenden zu versetzen; die infizierten Individuen würden dann, da die Sterblichkeit ohne Behandlung eine absolute sei,*

[175] Ebd., S. 313–318, sowie Eckart, *Medizin und Kolonialimperialismus*, S. 342f.

[176] Eckart, *Medizin und Kolonialimperialismus*, S. 343–345 und Gradmann, *Krankheit im Labor*, S. 318–328.

[177] Der Begriff tauchte zuerst bei den Briten um die Jahrhundertwende als »*Concentration Camps*« auf. Sie dienten zur Internierung der Buren, mit denen Großbritannien in Südafrika im Krieg lag. Interniert wurde nach Möglichkeit die ganze Bevölkerung, im Unterschied zu Kriegsgefangenenlagern, in denen nur Kombattanten untergebracht werden sollten. Vgl. van Heyningen, Elizabeth: *The Concentration Camps of the Anglo-Boer War. A Social History*, Auckland Park 2013.

[178] Eckart, *Medizin und Kolonialimperialismus*, S. 345.

> *ausnahmslos zugrunde gehen, damit werde dann die Seuche erlöschen* […].«[179]

An dieser Stelle kann nur spekuliert werden, ob diese Äußerung in den kontrovers diskutierten Zusammenhang von Kolonialismus und Holocaust eingeordnet werden könnte.[180] Auffällig ist zum einen, dass Koch sehr radikal dachte und die Therapie von Individuen hinter die Auslöschung der Seuche zurückstellte, was zumindest hypothetisch den nächsten Schritt zur Auslöschung von Bevölkerungsgruppen prinzipiell sagbar machte. Zum anderen stellt sich die Frage, ob diese radikalen Gedanken und die wenig später errichteten Schlafkrankheitskonzentrationslager nur zufällig in dieselbe Zeitspanne wie der Maji-Maji-Krieg fielen, oder ob es einen kausalen Zusammenhang zwischen beiden Ereignissen gab. Die Radikalität der Methoden (Konzentrationslager im Norden der Kolonie, ›Verbrannte Erde‹ im Süden) der deutschen Kolonialverwaltung lässt auf jeden Fall noch einige Forschungsfragen offen.[181]

Dass diese oben zitierte dritte Methode nicht in die Praxis umgesetzt wurde, hatte nur teilweise mit der praktischen Undurchführbarkeit zu tun. Gradmann fasst hierzu sehr passend zusammen:

> *»Es wird auch deutlich, dass Koch, indem er der Seuchenbekämpfung den Vorzug vor der Therapie gab, den ideologischen Rahmen der kolonialen Menschenökonomie für sich akzeptierte. Wie er betonte, lag der Wert der von ihm konzipierten Kampagne nicht in der Heilung Einzelner, sondern darin, den Kolonialherren die Arbeitskraft der Bevölkerung als Ganzer zu erhalten.«*[182]

Das Gouvernement machte sich in den Jahren nach 1906 besonders die zweite Methode Kochs zu eigen und errichtete im Zwischenseengebiet mehrere Schlafkrankheitslager, in denen möglicherweise neben

[179] Zitiert nach ebd.

[180] Zu dieser komplexen Frage vgl. Zimmerer, Jürgen: *Von Windhuk nach Auschwitz? Beiträge zum Verhältnis von Kolonialismus und Holocaust*, Münster 2011.

[181] Den Zusammenhang von kolonialer Herrschaft in Ostafrika und dem Holocaust diskutiert auch van Laak, *Kolonien als »Laboratorien der Moderne«?*, S. 267–269. Zum Maji-Maji-Krieg ausführlicher siehe Becker, Beez, *Der Maji-Maji-Krieg in Deutsch-Ostafrika* oder auch Giblin, James Leonard; Monson, Jamie (Hg.): *Maji Maji. Lifting the fog of war*, Leiden 2010.

[182] Zitiert aus Gradmann, *Krankheit im Labor*, S. 330.

tatsächlich Erkrankten auch Verdachtsfälle interniert und behandelt wurden. Die Erfolgsquote war gering, die Flucht- und Todesrate dafür umso höher. So lässt sich aus den Statistiken von 1908 bis 1911 Folgendes herauslesen: Von insgesamt 11.079 Internierten galten nur 2.439 als geheilt, 2.858 Personen flüchteten aus den Lagern und 1.487 Menschen starben entweder an der Krankheit direkt oder an den Folgen der Behandlung. Das Schicksal der fehlenden 4.295 Personen ist unbekannt.[183] Nach Veröffentlichungen von Berichten zu den fragwürdigen Behandlungen und deren geringer Wirksamkeit ordnete das Reichskolonialamt im Jahr 1911 die Einstellung von Arsen-Behandlungen in den deutschen Kolonien an. Die Lager wurden daraufhin aufgelöst.[184]

Zur Rolle Stuhlmanns in diesem Falle lässt sich zusammenfassend sagen, dass eine direkte Beteiligung an den Versuchen und Behandlungen rund um den Victoriasee und die Schlafkrankheitslager bisher nicht nachgewiesen werden konnte. Dennoch bot das BLI die infrastrukturellen Voraussetzungen für eine in Robert Kochs Sinne ›erfolgreiche‹ Kampagne gegen die Schlafkrankheit, an der auch Franz Stuhlmann einen nicht unwesentlichen Anteil hatte. Es ist daher unangebracht, in wissenschaftlichen Studien über Robert Koch oder Franz Stuhlmann die oben beschriebenen Ereignisse zu ignorieren oder herunterzuspielen. Auch auf unkritische Lobeshymnen zu den angeblich bahnbrechenden wissenschaftlichen Leistungen der Protagonisten sollte verzichtet werden. Besonders für Koch gilt, dass die tatsächlichen medizinischen Entwicklungen, von denen die Menschen heute durchaus profitieren, immer im Spiegelbild kolonialer, rassistischer und hegemonialer Herrschafts- und Machtverhältnisse zu betrachten sind. Ohne koloniale Infrastruktur, ohne epistemische Grundsätze zur Tropenmedizin[185] und ohne rassifizierende Unterscheidungen zwischen Schwarz und Weiß wären Konzentrationslager, *Atoxyl*-Behandlungen und andere Menschenversuche überhaupt nicht denkbar und machbar gewesen. Gewissermaßen gilt in diesem Falle der von Helen Tilley geprägte Begriff von »*Africa as a living laboratory*«.[186]

[183] Eckart, *Medizin und Kolonialimperialismus*, S. 349.

[184] Ebd., S. 348f.

[185] Zum tropenmedizinischen Dispositiv siehe allgemein Besser, *Pathographie der Tropen*.

[186] Tilley, Helen: *Africa as a Living Laboratory. Empire, Development, and the Problem of Scientific Knowledge, 1870–1950*, Chicago 2011, S. 1–30.

4.5 Zwischenfazit II: Amani – »Gelehrtenrepublik« oder »kolonialer Elfenbeinturm«?

Mit dem vorangegangenen Kapitel über die Genese des Biologisch-Landwirtschaftlichen Instituts in Amani und dessen Funktion innerhalb der Kolonie sollte aufgezeigt werden, welchen Stellenwert diese Einrichtung für die Frage nach kolonialen Reformbestrebungen um die Jahrhundertwende hatte. Das BLI ist auf parallele und teilweise entgegenlaufende Initiativen sowohl des KWK als auch von Stuhlmann, Götzen und Zimmermann zurückzuführen. Letztendlich setzte sich das Gouvernement mit seiner Vorstellung eines breit aufgestellten staatlichen Instituts gegenüber den eng auf die Plantagen abzielenden Privatinteressen der Kolonialwirtschaft durch. Besonders Franz Stuhlmann erkannte schon zu Beginn der deutschen Herrschaft in Ostafrika, dass es für eine im Sinne der Kolonialmacht ›gewinnbringende‹ Kolonie notwendig sei, die Landwirtschaft zu ›verwissenschaftlichen‹ und mit der Einführung und dem Anbau von geeigneten Plantagenprodukten ›produktiver‹ zu gestalten. Dies geschah mitnichten aus Menschenliebe oder Fürsorglichkeit gegenüber der einheimischen Bevölkerung. Im Gegenteil, die Kolonie sollte in erster Linie dem Mutterland dienen.

Was die Bewertung des BLI in der Forschung aus den letzten Jahrzehnten angeht, so lassen sich grob zwei Strömungen ausmachen. Die eine kann als kolonialapologetisch gelten. Sowohl Bindseil als auch Bald / Bald stellen in ihren Darstellungen zu Stuhlmann und dem BLI das koloniale System überhaupt nicht infrage. Problematische Prozesse und Ereignisse der deutschen Herrschaft werden zwar in Ansätzen benannt, doch grundsätzlich scheinen sie davon auszugehen, dass der Kolonialismus an sich schon in Ordnung war, wenn er nur besser organisiert und durchgeführt worden wäre. So schreiben Bald / Bald ganz unvermittelt:

> *»In AMANI war das erste Forschungsinstitut dieser Art auf dem afrikanischen Kontinent zur Entfaltung gelangt, und es konnte sich rühmen, einen beträchtlichen Anteil an der (land-)wirtschaftlichen Erschließung Deutsch-Ostafrikas, an der Sanierung der exportabhängigen Tropenwirtschaft und an ihrer regionalen und strukturellen Reorganisation genommen zu haben, der zwar zum Vorteil, aber dennoch gegen den anfänglichen und hinhaltenden Widerstand der weißen Siedlerschaft durchgesetzt werden musste. Es ist gar nicht anzusehen, in welcher Weise sich diese Kolonie*

ohne das Forschungs- und Versuchswesen unter der Führungsrolle von AMANI entwickelt hätte. [...] *Daher ist es umso verwunderlicher, wenn die neuere deutsche Kolonialliteratur diesen Beitrag fortschrittlicher und rationaler Erschließungsmethoden eines tropischen Landes* [...] *aus der deutschen Kolonialzeit vor dem ersten* [sic] *Weltkrieg negiert, obwohl er in Bezug zu seiner Zeit und aus der kritischen Distanz der Retrospektive als vorbildlich zu bezeichnen ist.«*[187]

Bindseil lässt sich sogar zu der Bezeichnung »Gelehrtenrepublik Amani« hinreißen, was seine grundsätzliche Position zum BLI und besonders zur Person Franz Stuhlmann sehr gut veranschaulicht.[188] Zu einem ganz anderen Urteil kommt hingegen Conte in seiner Studie zur Umweltsituation in den Usambarabergen:

»The ad hoc and intensely violent phase of coastbased entrepreneurial exchange in commodities gave way to colonialism's more systematic, though often violent, push for economic development through agricultural production. [...] *The men who ran Kwai Farm in the West Usambaras and the Amani Institute for Biological Research in the East Usambaras engaged in a program of agroecological transformation that ultimately failed.«*[189]

Im Gegensatz zu Bindseils apologetischer »Gelehrtenrepublik«-Phrase fasst Conte die Tätigkeiten des BLI passender als *»Ivory Tower Imperialism«* zusammen.[190] Sein Urteil über Kwai und Amani ist vernichtend:

»Neither Amani nor Kwai fulfilled colonial expectations. Kwai´s local history speaks to colonialism's violence both to individual families and to local rights in land. The Amani Institute´s history

[187] Bald, Bald, *Das Forschungsinstitut Amani*, S. 101 und 104. Hervorhebungen im Original.

[188] Bindseil, *Franz Stuhlmann (1863–1928)*, S. 29. Neben der glorifizierenden Aussage an sich ist vor allem bedenklich, dass Bindseil den Ausdruck völlig unkritisch von Wilhelm Methner, einem völkischen, antisemitischen Kolonialrassisten, übernommen hat. Vgl. Methner, Wilhelm: *Unter drei Gouverneuren. 16 Jahre Dienst in deutschen Tropen*, Breslau 1938, S. 42.

[189] Conte, *Highland Sanctuary*, S. 41.

[190] Ebd., S. 55.

demonstrates the contradictions inherent in colonialism's attempt to use biological science in the service of colonial development.«[191]

Besonders die Figur Robert Koch scheint die Rolle Amanis als Elfenbeinturm zu bestätigen, wie seine Forschungsaufenthalte dort gezeigt haben. Ebenso kritisch ist die Rolle Stuhlmanns und des BLI während Robert Kochs Expedition zur Schlafkrankheitsbekämpfung zu bewerten. Franz Stuhlmann beteiligte sich direkt an den Forschungen zur Tsetsefliege und veröffentlichte auf Anraten Kochs sogar eine eigene Publikation dazu. Zwar war Stuhlmann wahrscheinlich nicht direkt an Menschenversuchen zur Behandlung der Krankheit beteiligt, jedoch stellten er und das BLI die Infrastruktur für Koch und sein Team bereit. Stuhlmann selbst geht mit dem BLI bis zum Jahr 1907 zumindest ebenso kritisch ins Gericht und bestätigt damit Contes Elfenbeinturm-Bild. Stuhlmann offenbart Ernüchterndes über die Rolle des BLI im Gesamtgefüge der Kolonialverwaltung, nachdem auch die Abteilung für Landeskultur in die Usambaraberge verlegt wurde:

> *»Leider hat auch die nahe Beziehung mit dem Gouvernement etwas aufgehört* [...]. [Ich] *merkte, nicht mehr auf dem laufenden zu sein. Es nimmt z. B. kein Mitglied des Instituts an den Sitzungen des Gouvernementsrats teil, wir gehören nicht der privaten, Wirth schaftlichen Vereinigung an* [...]. *Mir ist nicht bekannt, wann Mittel* [...] *zur Verfügung gestellt sind* [...]. *Kurz, die Arbeiten in Amani sind mit der Zeit nicht – wie erst beabsichtigt – die einer landwirthschaftlichen Zentrale geworden. Dazu fehlt, dass hier tatsächlich alle Informationen wirthschaftlicher Natur zusammenlaufen* [...].«[192]

Stuhlmann war der Ansicht, dass das BLI eher eine »etablierte fremde Behörde« in der Kolonie sei und dass man es doch besser gleich als ein Reichs-Institut an die Biologische Reichsanstalt in Berlin-Dahlem angliedern solle, wozu es jedoch nie gekommen ist.[193]

Bis in den Ersten Weltkrieg hinein steigerte das BLI seine Bekanntheit in kolonialwissenschaftlichen Kreisen beachtlich und erlangte zweifelhafte Berühmtheit, als es bis 1916 zahlreiche »Ersatzstoffe« für

[191] Ebd., S. 66.

[192] BArch, R1001/775, Stuhlmann an Dernburg, 3. Oktober 1907, Blatt 14f.

[193] BArch, R1001/775, Stuhlmann an Dernburg, 3. Oktober 1907, Blatt 15.

die von jeglicher Versorgung abgeschnittenen deutschen Kolonialtruppen herstellte.[194] Die Briten setzten die landwirtschaftlichen Versuche fort und wandelten das Institut in den folgenden Jahren in die *East African Agriculture Research Station* um.[195] Nach der Unabhängigkeit Tanganjikas verschob sich der Fokus weg von der Landwirtschaft hin zu medizinischen Feldern, schwerpunktmäßig zur Malariaforschung. Diesen Fokus hat das Institut bis heute beibehalten und trägt den Namen *National Institute for Medical Research*.[196] Die Gebäude aus der deutschen Kolonialzeit sind im Großen und Ganzen erhalten geblieben und stellen einen wichtigen kolonialen Erinnerungsort für die Menschen in den Usambarabergen dar.[197] In den Abbildungen 17 und 18 im Anhang kann man den Zustand der Gebäude im Jahr 2018 sehen.

Was die Frage nach den kolonialen Reformansätzen vor 1906 anbelangt, so reiht sich das BLI in die Sorte Institution ein, die um die Jahrhundertwende zur ›Verwissenschaftlichung‹ des Kolonialismus gegründet wurden, wie beispielsweise das Institut für Schiffs- und Tropenkrankheiten in Hamburg 1900 oder die Kolonialschule in Witzenhausen 1898.[198] Somit kann die Gründung des BLI als »*turning-point*«[199], besonders für den landwirtschaftlichen Bereich in Deutsch-Ostafrika, gelten, der schon lange vor der ›Ära Dernburg‹ zumindest ansatzweise Wirksamkeit zugunsten der deutschen Kolonialmacht entfalten konnte.

194 Bald, Bald, *Das Forschungsinstitut Amani*, S. 90–93.

195 Conte, *Highland Sanctuary*, S. 62–66. Siehe zeitgenössisch ausführlich Nowell, William: *The Agricultural Research Station at Amani*, in: *Journal of the Royal Society of Arts 1933*, Supplement zu Vol. 33, No. 130 (1934).

196 Offizielle Website des Instituts mit einigen Informationen, siehe NIMR – National Institute for Medical Research: *Amani Research Centre*. http://demgo.co.tz/NIMR/research-centres/amani-research-centre/ (2.2.2019).

197 Zu Amani in der Gegenwart vgl. den interdisziplinären Sammelband von Geißler, P. Wenzel u. a. (Hg.): *Amani – Auf den Spuren einer kolonialen Forschungsstation in Tansania*, Bielefeld 2020.

198 Zum Institut für Schiffs- und Tropenkrankheiten vgl. Mannweiler, Erich: *Geschichte des Instituts für Schiffs- und Tropenkrankheiten in Hamburg, 1900–1945*. Keltern-Weiler 1998. Zur Kolonialschule vgl. Linne, Karsten: *Von Witzenhausen in die Welt. Ausbildung und Arbeit von Tropenlandwirten 1898 bis 1971*, Göttingen 2017.

199 Henderson, *German East Africa, 1884–1918*, S. 144.

5 Verwalten, repräsentieren und scheitern – Stuhlmann als stellvertretender Gouverneur

Während der ›Formierungsphase‹ des BLI in den Jahren 1901 und 1902 war Franz Stuhlmann nicht ununterbrochen vor Ort. Vom 27. Januar bis zum 26. Juli gewährte Gouverneur Götzen ihm einen Erholungsurlaub, um seinen angeschlagenen Gesundheitszustand wieder herzustellen.[1] In dieser Zeit beantragte Götzen bei der Kolonialabteilung, dass Stuhlmann als mittlerweile dienstältester Beamter in die Stelle des Ersten Referenten einrücken solle.[2] Damit war auch die offizielle Stellvertretung des Gouverneurs verbunden. Zeitgleich liefen aber auch die Verhandlungen über die Direktorenstelle des BLI in Amani, zu welcher Stuhlmann bereits zugesagt hatte. Offensichtlich wollte Götzen seinen dienstältesten Beamten in Dar es Salaam aber noch nicht zu schnell für die Tätigkeiten in den Usambarabergen gehen lassen, denn am 21. März 1902 schrieb er an die Kolonialabteilung, dass es im

> »*Rechnungsjahr 1902 unmöglich* [sei], *Herrn Dr. Stuhlmann mit der Wahrnehmung der Vorsteherstelle in Amani zu betrauen, da ich z. Zt. auf seine Dienste im Interesse der Stetigkeit der Verwaltung bei der Leitung der Kulturabtheilung und zu meiner Vertretung noch nicht verzichten kann*«[3].

Götzen plante für den Herbst 1902 einen Heimaturlaub, um sich »nach 1 ½ jähriger aufreibender Thätigkeit im Dienste der Kolonie [...] die verdiente Erholung zu gönnen«[4]. Da Oscar Stuebel, Direktor der Kolonialabteilung, bereits am 5. Juni das Einrücken Stuhlmanns auf die

1 Staatsarchiv Hamburg, *Personalakte Stuhlmann*, 361–6, I 86 Bd. 2, Götzen an Kolonialabteilung, 28. Januar 1902 und 26. Juli 1902. Stuhlmann unterzog sich während dieses Urlaubes auch einer Operation, siehe Staatsarchiv Hamburg, *Personalakte Stuhlmann*, 361–6, I 86 Bd. 2, Stuhlmann an Kolonialabteilung, 23. April 1902.

2 Staatsarchiv Hamburg, *Personalakte Stuhlmann*, 361–6, I 86 Bd. 2, Götzen an Kolonialabteilung, 6. Februar 1902.

3 Staatsarchiv Hamburg, *Personalakte Stuhlmann*, 361–6, I 86 Bd. 2, Götzen an Kolonialabteilung, 21. März 1902.

4 *Deutsch-Ostafrikanische Zeitung*, Jg. IV, Nr. 40 (4. Oktober 1902).

Stelle des Ersten Referenten genehmigte, war dieser ab Oktober stellvertretender Gouverneur in Dar es Salaam.[5] Noch bevor Götzen seinen Urlaub antrat, kamen ihm aber offenbar Zweifel an Stuhlmanns Eignung für repräsentative und verwaltungstechnische Aufgaben im Gouvernement. Aufschlussreich ist ein Privatbrief, den Götzen an Herrn von König in der Kolonialabteilung schickte und in dem es heißt:

> *»Nachdem der neue Etat 1903 abgesandt ist, möchte ich Ihnen doch Einiges privatim schreiben. Ich darf wohl annehmen, dass Stuhlmann erster Referent wird und auch meine Vertretung während des Winters übernimmt. Er wird die Maschine ruhig im Gleise halten, und seine Gesundheit wird wohl durch seinen jetzigen Europaaufenthalt ausreichend gekräftigt sein. Zum 1. April 1903 möchte ich ihn indessen doch als Direktor für Amani haben; dort wird seine grosse Arbeitskraft und Kenntnisse am besten wirken, während er sich hier im Klima aufreibt. Auch ist die Wissenschaft weit mehr sein Element als die Verwaltung.* […] *In der geschilderten Weise wird die alte ›Kulturabtheilung‹ besser organisiert, und die Vereinigung von Verwaltung, Käfersuchen und Politik, wie sie auf Stuhlmann zugeschnitten war, beseitigt.«*[6]

Nach einem Jahr Zusammenarbeit im Gouvernement in Dar es Salaam hatte sich Götzen ein recht realistisches Bild vom geistigen und körperlichen Zustand und von den inneren Einstellungen Stuhlmanns gemacht. Offensichtlich hielt er ihn in Verwaltung und Politik für unfähig, worin er sich, insbesondere nach den beiden Vertretungsperioden in den Jahren 1902/03 und 1904/05, bestätigt sehen werden wird. Die Verwendung des Begriffs »Käfersuchen« verdeutlicht wiederum Götzens abschätzige Haltung zur Wissenschaft. Sowohl für Götzen als auch für Stuhlmann wäre hiernach eine optimale Lösung eingetreten: Stuhlmann hätte sich im Hochlandklima voll und ganz der Wissenschaft widmen können und Götzen mit einem anderen Vertreter der Verwaltung in der Hauptstadt. Doch es sollte anders kommen.

Zunächst verweigerte Stuhlmann den ihm angebotenen Direktoren-

[5] Staatsarchiv Hamburg, *Personalakte Stuhlmann*, 361–6, I 86 Bd. 2, Kolonialabteilung an Gouvernement, 5. Juni 1902.

[6] Staatsarchiv Hamburg, *Personalakte Stuhlmann*, 361–6, I 86 Bd. 2, Götzen an von König, 7. Juni 1902. Teile des Briefes sind offenbar bewusst herausgeschnitten worden. Dieser Vorgang ist recht übersichtlich auch bei Bindseil, *Franz Stuhlmann (1863–1928)*, S. 27–29 dargestellt.

posten in Amani, weil die Position auf dem Papier nur als Bezirksamtmannstelle gelistet wurde, was keiner Beförderung entsprochen hätte. Zwar beinhaltete der Posten eine Gehaltssteigerung, doch Stuhlmann wollte seine neue Position auch durch eine Rangerhöhung honoriert wissen. Die unmittelbare Drohung gegenüber Götzen, den Posten des Direktors nicht anzunehmen und in Dar es Salaam zu verbleiben, zwang den Gouverneur zu einer Befürwortung der Titelverleihung gegenüber der Kolonialabteilung. Nach einigen Schriftwechseln wurde Stuhlmann im Frühsommer 1903 zum Geheimen Regierungsrat und Direktor des BLI in Amani ernannt.[7]

Aus bisher unerklärlichen Gründen drängte Stuhlmann weiterhin auf die Stellvertretung des Gouverneurs, obwohl er in seiner neuen Position ein vergleichsweise ruhiges und wohlbezahltes Dasein in den Usambarabergen hätte haben können und ihm weder repräsentative noch verwaltungstechnische Tätigkeiten lagen. So wurde Stuhlmann im Frühjahr 1904 vorzeitig in einen viermonatigen Erholungsurlaub geschickt, damit er vor Götzens Heimataufenthalt ab Oktober des Jahres wieder in Dar es Salaam eintreffen würde.[8] Sein Gesundheitszustand schien sich während der letzten Zeit in der Kolonie stark verschlechtert zu haben, wie ein beigelegtes Attest zum obigen Schreiben bezeugt:

> *»Der Untersuchte ist schwächlich gebaut und stark abgemagert.* [...] *Herr Stuhlmann leidet seit Jahren bereits an Migräneanfällen, die im Laufe der Dienstperioden immer stärker zu werden pflegen. Die Migräneanfälle beruhen auf einem der Untersuchung sich entziehenden krankhaften Nervenzustand.* [...] *Bei – relativ – zu langer Einwirkung des Tropenklimas auf Nervensystem und Körper wäre eine derartige Verschlimmerung der Migräneanfälle zu befürchten* [...].«[9]

Ende Februar trat Stuhlmann seinen Urlaub an. Während dieser Zeit machte er sich bereits Gedanken zu seiner künftigen Verwendung als stellvertretender Gouverneur und fragte bei der Kolonialabteilung an, ob er sich in dieser Funktion »Vice-Gouverneur« nennen dürfe, weil

7 Staatsarchiv Hamburg, *Personalakte Stuhlmann*, 361–6, I 86 Bd. 3, diverse Schreiben aus dem Zeitraum vom 7. Februar 1903 bis 29. Juli 1903.

8 Staatsarchiv Hamburg, *Personalakte Stuhlmann*, 361–6, I 86 Bd. 3, Götzen an Kolonialabteilung, 29. Dezember 1903.

9 Staatsarchiv Hamburg, *Personalakte Stuhlmann*, 361–6, I 86 Bd. 3, ärztliches Gutachten von Stabsarzt Dr. Zupitza, 28. Dezember 1903.

er der Meinung war, dass ihm eine äußerlich gehobene Stellung die Aufgabe erleichtern würde.[10] Seine Anfrage wurde offenbar abgelehnt, denn am 25. November 1904 meldete er sich, mittlerweile wieder aus Dar es Salaam, mit der Bezeichnung »Stellvertretender Gouverneur« bei der Kolonialabteilung. Zwar hatte Stuhlmann in den Jahren zuvor schon öfters die Rolle der stellvertretenden Verwaltung des Gouvernements inne, doch schien diese Vertretung einen offizielleren Anstrich gehabt zu haben. Stuhlmann wirkte zunehmend überfordert, besonders im finanziellen Bereich:

> »*Um die mit der Stellung als Stellvertreter des Gouverneurs verbundene Repräsentationspflicht erfüllen zu können und um das grosse Gouverneurshaus mit seinem Inventar sachgemäss beaufsichtigen zu lassen habe ich mir einen deutschen Diener mit hergebracht.* […] [D]*ie Wahrnehmung der Stellvertretung des Gouverneurs* [hat] *mir beträchtliche Opfer auferlegt* […].«[11]

Zu den Aufgaben des Gouverneurs gehörten neben der Verwaltung auch das Repräsentieren der Kolonie und das Empfangen von Gästen. Hierzu bekam er zu seinem regulären Gehalt eine sogenannte »Repräsentationszulage«, von der er beispielsweise Getränke, Verpflegung und Unterkünfte für Besucher bereitzustellen hatte. Wie aus mehreren Schreiben Stuhlmanns ersichtlich wird, stand dem stellvertretenden Gouverneur nur der Anteil von 20 Prozent des Repräsentationsgeldes des Gouverneurs zu.[12] Hinzu kam noch, dass sich Prinz Adalbert von Preußen (1884–1948), ein Sohn Wilhelms II., für den Februar 1905 zu einem Besuch in Deutsch-Ostafrika ankündigte. Dies bedeutete für Stuhlmann zusätzliche Mehrausgaben, die er vor allem aus seinem Privatvermögen leisten musste. Nach Abreise des Prinzen versuchte er so viele Ausgaben wie möglich von der Kolonialabteilung erstattet zu bekommen, was ihm teilweise gelang.[13] Franz Stuhlmann war in

[10] Staatsarchiv Hamburg, *Personalakte Stuhlmann*, 361–6, I 86 Bd. 3, Stuhlmann an Kolonialabteilung, 17. Juli 1904.

[11] Staatsarchiv Hamburg, *Personalakte Stuhlmann*, 361–6, I 86 Bd. 3, Stuhlmann an Kolonialabteilung, 25. November 1904.

[12] Staatsarchiv Hamburg, *Personalakte Stuhlmann*, 361–6, I 86 Bd. 3, Stuhlmann an Kolonialabteilung, 25. November 1904 und 9. März 1905.

[13] Staatsarchiv Hamburg, *Personalakte Stuhlmann*, 361–6, I 86 Bd. 3, Stuhlmann an Kolonialabteilung, 9. März 1905 und zusammengefasst bei Bindseil, *Franz Stuhlmann (1863–1928)*, S. 33f.

dieser Zeit der höchste Repräsentant der Kolonie. Er musste dem Prinzen und den zahlreichen Begleitpersonen angemessene Verpflegung und Unterkunft bieten, Festreden halten, Feierlichkeiten für die Bevölkerung ausrichten und den Prinzen auf Rundreisen, unter anderem in die Usambaraberge, begleiten.[14] Nachdem Gouverneur Götzen von seinem Heimaturlaub zurückgekehrt war, muss ihm endgültig klar geworden sein, dass Stuhlmann in der Verwaltung und als Stellvertreter völlig ungeeignet war. Er suchte nach einer Möglichkeit, Stuhlmann in seiner Funktion und Position als Direktor des BLI zu halten, aber gleichzeitig davon abzuhalten, sich erneut als stellvertretenden Gouverneur aufzudrängen, da sich Götzens nächster Deutschland-Aufenthalt schneller ankündigte, als von ihm erwartet worden war. Am 25. Juli 1905 schrieb Götzen an Stuhlmann folgende telegrafische Zeilen, die als »Geheim« gekennzeichnet wurden:

> *»Euer Hochwohlgeboren teile ich sehr ergebenst mit, dass ich durch Telegramm des Herrn Reichskanzlers zur Teilnahme an Beratungen über den Etat und die Reorganisation der Kolonialverwaltung auf unbestimmte Zeit nach Berlin berufen worden bin und am 7. August dorthin abreisen werde.«*[15]

Dreierlei Themenkomplexe vereinen sich in diesem Schreiben, und alle drei sollen im Folgenden erläutert werden.

Erstens: Offenbar dachte man in Berlin schon 1905 konkret über eine Umstrukturierung der Kolonialverwaltung nach. Die Gründung eines Kolonialamtes wurde schon hier diskutiert und Graf von Götzen wurde wahrscheinlich als einer der führenden Köpfe in dieser neuen Institution gehandelt.[16]

Zweitens: Zeitgleich zum obigen Schreiben begannen im Süden der Kolonie die ersten gewalttätigen Handlungen zwischen einheimischen Widerstandskämpfern und den kolonialen Ordnungskräften. Der Maji-Maji-Krieg brach zu dieser Zeit aus und erfasste nach und nach

[14] Über den Prinzenaufenthalt berichtet die DOAZ in ihren Ausgaben des Jg. 7, Nr. 5 (4. Februar 1905), Nr. 6 (11. Februar 1905) und Nr. 7 (18. Februar 1905). Dort sind auch die Festreden von Stuhlmann abgedruckt.

[15] Staatsarchiv Hamburg, *Personalakte Stuhlmann*, 361–6, I 86 Bd. 3, Götzen an Stuhlmann, 26. Juli 1905.

[16] Bindseil, *Ruanda im Lebensbild des Offiziers, Afrikaforschers und Kaiserlichen Gouverneurs Gustav Adolf Graf von Götzen (1866–1910)*, S. 181.

den gesamten südlichen Teil Deutsch-Ostafrikas.[17] Götzens Reaktion sollte aber noch einige Tage dauern, da zum einen Nachrichten aus dem Süden in die Hauptstadt einige Zeit in Anspruch nahmen und zum anderen lokale Unruhen zunächst nichts Ungewöhnliches waren, weshalb keine sofortigen Maßnahmen seitens der Kolonialverwaltung eingeleitet wurden.[18]

Drittens versuchte Götzen in diesem Schreiben Stuhlmann auf möglichst schonendem Wege deutlich zu machen, dass er nicht mehr als stellvertretender Gouverneur zum Zuge kommen würde. Zwar solle Stuhlmann weiterhin der rangälteste Beamte im Gouvernement bleiben, der Erste Referent würde hingegen jemand anderes werden. Dazu heißt es weiter:

> *»Der zweckmässigste Weg hierzu scheint mir zu sein, dass Sie bei meiner Abreise amtlich von den Direktoriatsgeschäften des B. L. Institutes entbunden werden und evtl. von mir unmittelbare Sonderaufträge erhalten,* [...]. *Von Wichtigkeit erscheint mir unter anderem ein Aufenthalt am Kilimandjaro* [...]. *Falls ein Heimatsurlaub, oder längere Beurlaubung* [...] *Ihren Wünschen entsprechen sollte, bin ich bereit, einen solchen zu gewähren oder sofort zu erwirken.«*[19]

Kurzum, Götzen wollte erreichen, dass Stuhlmann entweder nicht physisch in der Kolonie anwesend war, wenn er seine Abreise antrat, oder eben wegen »Sonderaufträgen« nicht zur Stellvertretung herangezogen werden konnte. Wenig überraschend fiel Stuhlmanns Reaktion aus und enttäuscht erbat er »Aufklärung weshalb ich diesmal gänzlich übergangen«[20] wurde. Weiterhin schlug Stuhlmann im selbigen Schreiben vor, das BLI in Amani zu einem Reichsinstitut umzuwandeln, damit er in seiner Funktion als Direktor aus der Beamtenhierarchie des Gouvernements herausgelöst wäre. Die erklärende Antwort des Gou-

17 Zum Maji-Maji-Krieg siehe Becker, Beez, *Der Maji-Maji-Krieg in Deutsch-Ostafrika*, sowie Gwassa, Gilbert Clement Kamana (Hg.): *The outbreak and development of the Maji Maji war 1905–1907*, Köln 2005, S. 129–162.

18 Zur ›Normalität‹ von Unruhen siehe Iliffe, *Tanganyika under German Rule 1905–1912*, S. 18

19 Staatsarchiv Hamburg, *Personalakte Stuhlmann*, 361–6, I 86 Bd. 3, Götzen an Stuhlmann, 26. Juli 1905.

20 Staatsarchiv Hamburg, *Personalakte Stuhlmann*, 361–6, I 86 Bd. 3, Stuhlmann an Götzen, 31. Juli 1905.

verneurs und ein vorgeschlagenes Treffen in Tanga zur persönlichen Unterredung vom 1. August hat Stuhlmann in den Usambarabergen offensichtlich nicht erreicht, wohl aber das Telegramm zur Amtsentbindung vom Direktorenposten des BLI vom 3. August, woraufhin dieser noch enttäuschter antwortete:

> *»Da die beabsichtigte Rücksprache in Tanga ausgefallen, habe ich meinen Standpunkt in der Vertreterfrage auch schriftlich noch nicht darlegen können. Ich kann Drahtung vom ersten August nicht finden, weshalb ich übergangen und hiesiger dienstjüngerer Beamter beauftragt werden soll* [...]. *Empfinde dadurch starke Zurücksetzung, die ich nicht glaube verdient zu haben.«*[21]

Zwischendrin offenbarte Götzen Stuhlmann auch, wie sich die Lage in der Kolonie entwickelt hatte: »Meine Abreise verschoben bis Lage in Matumbibergen geklärt. Unruhen ähnlich wie 1898 bitte bis auf weiteres Direktorgeschäfte weiter zu führen.«[22] Götzens Bemerkung »Unruhen ähnlich wie 1898« spielte auf die Einführung der ›Hüttensteuer‹ zu dieser Zeit unter Gouverneur Eduard von Liebert an. Schon damals wehrten sich die Matumbi gegen die Steuereintreibung und die damit verbundene Unterwerfung unter die Kolonialverwaltung.[23] In dieser Region südlich des Rufiji-Flusses hatte der Maji-Maji-Krieg unter anderem seinen Ursprung und breitete sich von dort aus west- und südwärts aus.[24] Götzen bemühte sich in einem erneuten Antwortschreiben an Stuhlmann, die Sachlage zu erläutern, und machte indirekt deutlich, dass an seiner Entscheidung nichts zu ändern sei. Sowohl er als auch das Auswärtige Amt hielten »Euer Hochwohlgeboren als besten Kenner des Landes als Leiter eines solchen Institutes [des BLI, Anm. BG] für geeigneter [...], als an der Stelle des Ersten Referenten [...].«[25] Stuhlmann hatte mittlerweile ebenfalls die Lage erkannt und eingesehen, dass seine »Amtsführung nicht den Beifall des Auswärtigen Am-

[21] Staatsarchiv Hamburg, *Personalakte Stuhlmann*, 361–6, I 86 Bd. 3, Stuhlmann an Götzen, 10. August 1905.

[22] Staatsarchiv Hamburg, *Personalakte Stuhlmann*, 361–6, I 86 Bd. 3, Götzen an Stuhlmann, 5. August 1905.

[23] Iliffe, *A Modern History of Tanganyika*, S. 133.

[24] Vgl. Koponen, *Development for Exploitation*, S. 230; sowie Gwassa, *The outbreak and development of the Maji Maji war 1905–1907*, S. 27.

[25] Staatsarchiv Hamburg, *Personalakte Stuhlmann*, 361–6, I 86 Bd. 3, Götzen an Stuhlmann, 11. August 1905, »Geheim«.

tes gefunden«[26] hatte. Er verwies in einem direkten Schreiben an die Kolonialabteilung auf seine lange Dienstzeit in der Kolonie, auf die persönlichen Opfer die er im Zuge seiner Stellvertreter-Tätigkeit auf sich genommen hatte, und auf seinen Wunsch »noch recht lange in ostafrikanischen hiesigen Dienst bleiben zu können«[27]. Er bat die Kolonialabteilung um eine einvernehmliche Lösung für alle Seiten und fügte zur Untermauerung seines Standpunktes den gesamten obigen Schriftverkehr zwischen ihm und Götzen bei, was diesen im Januar 1906 dazu veranlasste, ebenfalls eine Klarstellung an das Auswärtige Amt zu schicken, die nochmals verdeutlicht, was Götzen über Stuhlmann dachte:

> *»Persönlich habe ich aus der letzten Vertretungszeit durch Geheimrat Dr. Stuhlmann bei aller Wertschätzung seiner Person den Eindruck gewonnen, dass seine Entschlussfähigkeit und Energie* [...] *vielleicht in Folge des 19 jährigen Tropenaufenthalts gelitten haben und ich muss deshalb Bedenken tragen, ihn weiterhin für Vertretungen vorzuschlagen.«*[28]

Franz Stuhlmann hatte sich im Herbst des Jahres 1905 tatsächlich anderweitig beschäftigt und arbeitete in den Usambarabergen mit Robert Koch an den Forschungen zur Tsetsefliege.[29] Seine Gesundheit war zu dieser Zeit erneut stark angeschlagen, was ihn dazu veranlasste, im Frühjahr 1906 einen Erholungsurlaub anzutreten.[30]

[26] Staatsarchiv Hamburg, *Personalakte Stuhlmann*, 361–6, I 86 Bd. 3, Stuhlmann an Kolonialabteilung, 29. November 1905.

[27] Staatsarchiv Hamburg, *Personalakte Stuhlmann*, 361–6, I 86 Bd. 3, Stuhlmann an Kolonialabteilung, 29. November 1905.

[28] Staatsarchiv Hamburg, *Personalakte Stuhlmann*, 361–6, I 86 Bd. 3, Götzen an Kolonialabteilung, 26. Januar 1906, »Geheim«, Stuhlmann selbst hat dieses Schreiben wahrscheinlich nicht zu Gesicht bekommen.

[29] Siehe Abschnitt 4.4 in dieser Arbeit.

[30] Der ärztliche Bericht aus dem Januar 1906 attestierte ihm wiederholt »Vergrösserung der Milz«, »Neuralgien«, »Stirnkopfschmerz«, »Schmerzen in den Hüftnerven« und »nervöses Zucken«. Staatsarchiv Hamburg, *Personalakte Stuhlmann*, 361–6, I 86 Bd. 3, ärztliche Bescheinigung von Dr. Kummer, 25. Januar 1906.

6 Reformansätze aus der Kolonie – Stuhlmanns Einfluss auf Bernhard Dernburg

Der Amtsantritt Bernhard Dernburgs als Direktor der Kolonialabteilung im Herbst 1906 und wenig später als Staatssekretär des neu gegründeten Reichskolonialamts wird in der Geschichtswissenschaft gemeinhin als Wendepunkt der deutschen Kolonialpolitik angesehen.[1] Es herrscht unter Historikerinnen und Historikern weitestgehend Einigkeit darüber, dass Dernburg »als treibende Kraft in der Reformierung deutscher Kolonialpolitik«[2] galt. Wesentlich spannender und kontroverser ist die Diskussion über Ursachen, Ursprünge und Anlässe der Reform und ab wann sich diese frühestens von wem ausmachen lassen.[3] Neben den in Abschnitt 1.1 bereits erwähnten ›kolonialreformatorischen‹ Ansätzen und Projekten soll in diesem Kapitel Franz Stuhlmann als relevanter Akteur und Ideengeber in Bezug auf koloniale Reformen analysiert werden. Die geografische Rahmenhandlung wird sich dabei auf den Norden und Nordwesten von Deutsch-Ostafrika konzentrieren, weil in diesem Gebiet von Dar es Salaam über die Usambaraberge bis zum Victoriasee erstens der Hauptaktionsraum Stuhlmanns lag und zweitens die praktische Umsetzung ›gelungener‹ kolonialer Herrschaft besonders am Victoriasee beobachtet werden kann.

Wie bereits dargelegt, gehörte Franz Stuhlmann zu den ersten Vertretern der Koloniaverwaltung, die versuchten, die deutsche Herrschaft im Inneren der Kolonie zu etablieren. Obgleich immer wieder hervorgehoben wird, dass Stuhlmann hauptsächlich als ›Wissenschaftler‹ an der Emin-Pascha-Expedition von 1890 bis 1892 teilnahm, machte er sich dennoch viele Gedanken zur Kolonialpolitik und zu deren Um-

1 Siehe beispielsweise Bade, *Das Kaiserreich als Kolonialmacht* mit seiner Unterteilung in die drei Phasen des deutschen Kolonialismus.

2 Pesek, *Praxis und Repräsentation kolonialer Herrschaft*, S. 201.

3 Pesek, *Praxis und Repräsentation kolonialer Herrschaft*, S. 201. Weiterhin spannend ist auch die Diskussion über die tatsächlichen Auswirkungen der ›Ära Dernburg‹ auf die Kolonien. Dieser Themenkomplex soll aber nicht Gegenstand der vorliegenden Arbeit sein. Vgl. hierzu ausführlicher Utermark, *»Schwarzer Untertan versus schwarzer Bruder«*.

setzung.[4] Stuhlmanns koloniale Vorstellungen für die Gestaltung von Deutsch-Ostafrika nahmen schon in diesen frühen Jahren seiner Tätigkeit vor Ort sehr konkrete Gestalt an. So schien Zwangsarbeit für ihn kein Problem gewesen zu sein und es wird deutlich, in welchen Denkmustern und Vorstellungswelten sich Stuhlmann bewegte. 1894 war er mitnichten als ›reiner‹ Wissenschaftler unterwegs, sondern als Kolonialist. Entlarvend sind beispielsweise seine Äußerungen zu landwirtschaftlichen Stationen und zur ›Arbeiterfrage‹:

> *»Auf diesen von der Regierung errichteten Kulturstationen* […] *müssten die Eingeborenen zur Arbeit herangezogen werden, was am besten unter dem Einfluss des militärischen Stationschefs geschehen kann.* […] *Meiner Ansicht nach wäre es durchaus human, für diese Kulturstationen Sklaven frei zu kaufen* […]. *Die befreiten Sklaven müssen sich dann verpflichten, auf gewisse Zeit diesen Kulturstationen Dienste zu leisten. Ein gewisser Zwang kann auch wohl auf die anderen Neger* [sic] *ausgeübt werden; sie geniessen unseren Schutz vor ihren Feinden,* […] *dafür haben sie doch auch mit der Zeit wenigstens etwas zu leisten. Der Kulturmensch hat an den Staat seine Steuern zu entrichten, der Eingeborene wird Produkte oder seine Arbeitskraft als Entgelt für den gewährten Schutz zu liefern haben.«*[5]

Stuhlmanns Idee, dass die Einheimischen im Gegensatz zu den ›Kulturmenschen‹ ihre Steuern in Naturalien bezahlen könnten, fand ihre konkrete Umsetzung in der ›Hüttensteuer‹ von 1897, in der es den Afrikanern weitestgehend freigestellt wurde, ob sie die Steuer in Form von Geld oder landwirtschaftlichen Produkten ablieferten.[6]

Weiterhin kam Stuhlmann auf der Expedition in das dichtbesiedelte Zwischenseen-Gebiet in Kontakt mit unterschiedlich großen, aber durchweg wohlorganisierten afrikanischen Herrschaftssystemen, die in komplexen Beziehungsstrukturen zueinander standen.[7] Bei der Gründung der Station Bukoba am Westufer des Victoriasees im Jahr 1891 waren Stuhlmann, Emin Pascha und seine Begleiter auf die Bereit-

4 Stuhlmann, *Mit Emin Pascha ins Herz von Afrika*, S. 2.

5 Stuhlmann, *Mit Emin Pascha ins Herz von Afrika*, S. 864f.

6 BArch, R1001/775, Stuhlmann an Dernburg, 3. Oktober 1907.

7 In diesem Gebiet lebte etwa die Hälfte der Bevölkerung von Deutsch-Ostafrika. Vgl. *Amtliche Jahresberichte 1912/1913. Statistischer Teil*, S. 36–37 sowie Tetzlaff, *Koloniale Entwicklung und Ausbeutung*, S. 40.

stellung von Arbeitskräften der lokalen *Chiefs* angewiesen. Die *Chiefs* wiederum verstanden es sehr wohl, sich die Kolonialherren zu eigen zu machen. Mukotani von Kimatwara stellte Arbeitskräfte gegen gute Bezahlung bereit und mithilfe der Deutschen gelang es ihm, seine lokalen Widersacher zu besiegen.[8] Ein anderes Beispiel für die *agency* der *Chiefs* gegenüber den Deutschen war Kahigi von Kianya. In Kahigis Königreich herrschte 1891 ein Bürgerkrieg und auch er machte sich die Deutschen zunutze, indem er Waffenhilfe gegen seine Gegner für Nahrungsmittel, Träger und Arbeiter eintauschte. Im weiteren Verlauf der Beziehungen erhielt Kahigi eine Reihe von europäischen Luxusgütern und Uniformen und sein Hof wurde zum afrikanischen Spiegelbild der deutschen Station Bukoba. Von den Deutschen wurde Kahigis Verhalten als positiv interpretiert und sein Hof wurde zu einem beliebten Ziel von deutschen Delegationen.[9] Kahigi wurde mithilfe der Deutschen einer der mächtigsten *Chiefs* in der Region.[10] Die ersten Jahre der deutschen Präsenz am Victoriasee verliefen im Großen und Ganze relativ ruhig. Sowohl die beiden deutschen Stationen Mwanza und Bukoba als auch die *Chiefs* der Region akzeptierten zunächst die Anwesenheit des jeweils anderen. Was aus deutscher Perspektive nach einer gelungenen Strategie ›indirekter Herrschaft‹ aussah, war jedoch mitnichten ein geplantes Konzept. Allein aus Mangel an Wissen, Personal und Material sowie wegen der großen Entfernung zur Küste waren die Deutschen gezwungen, sich auf die Besetzung ihrer beiden Stationen zu beschränken und die lokalen Machtstrukturen unbehelligt zu lassen.[11] Ralph Austen fasst die Lage in den Jahren 1891 bis 1895 am Victoriasee sehr prägnant zusammen:

> »[...] *the northwest, with its fragmented and unaggressive indigenous states, appeared to get along quite well under a single officer and a handful of troops.* [...] *Although it is hardly possible to speak of any explicit German native policy in this period* [...]. *Warned of*

[8] Pesek, *Koloniale Herrschaft in Deutsch-Ostafrika*, S. 258, sowie Stuhlmann, *Mit Emin Pascha ins Herz von Afrika*, S. 134f.

[9] Bernhard Dernburg besuchte den Hof von Kahigi bei seiner Ostafrika-Reise 1907. Vgl. Pesek, *Praxis und Repräsentation kolonialer Herrschaft.*

[10] Ebd., S. 211–214; ders.: *The Boma and the Peripatetic Ruler. Mapping Colonial Rule in German East Africa, 1889–1903*, in: *Western Folklore* 66. 3/4 (2007), S. 233–257, S. 251; Austen, *Northwest Tanzania under German and British Rule*, S. 47–49.

[11] Austen, *Northwest Tanzania under German and British Rule*, S. 36–41; Pesek, *Praxis und Repräsentation kolonialer Herrschaft*, S. 212.

the limitations of the power at his disposal, the new Stationschef was advised to [...] restrict himself to a diplomatic-mediating rather than a dictatorial-military role.«[12]

Zudem war für die deutschen Kolonisatoren die Fähigkeit der *Chiefs* zur Zentralisierung von Macht ein positiver Schritt hin zur Entwicklung einer modernen Staatsform und deshalb erhaltungswürdig.[13] Auch in wirtschaftlicher Hinsicht konnte die Entwicklung der Zwischensee-Region aus deutscher Perspektive als positiv angesehen werden. Der Anbau von Kaffee war den Einheimischen schon lange bekannt und die *Chiefs* waren sowohl gegenüber der Einführung der ›Hüttensteuer‹ als auch der Etablierung neuer Anbauprodukte durchaus aufgeschlossen.[14] Nichtsdestotrotz kam es auch im Nordwesten der Kolonie zu gewaltsamen Zusammenstößen, Widerstandsaktionen der Einheimischen und darauffolgenden Vergeltungsaktionen der Deutschen. Besonders im Jahr 1895 häuften sich die gewaltsamen Aktionen zwischen den *Chiefs* und den Deutschen rund um Bukoba.[15] Die relative Ruhe, die nach 1895 wieder einkehrte, war dann aber weniger den Deutschen, sondern vielmehr einer Reihe von *Chiefs* zuzuschreiben, die sich allmählich die Vorteile durch eine gewisse Kooperation mit den Deutschen zu eigen machten und immer häufiger auf gewaltsamen Widerstand verzichteten. Die Deutschen wurden teilweise zum diplomatischen Spielball der rivalisierenden Mächte der Region.[16]

Mit dem Amtsantritt Götzens im Jahr 1901 und Stuhlmanns einflussreicher Position als Erster Referent im Gouvernement ab 1902 begann in Deutsch-Ostafrika dann tatsächlich eine Phase, die man als ›kolonialreformatorisch‹ bezeichnen kann. Während es im Nordwesten der Kolonie relativ ruhig blieb, kam es im Zentrum und im Süden seit Beginn der deutschen Präsenz häufig zu gewalttätigen Aktionen, Strafexpeditionen und bewaffneten Widerständen. Die Region Uhehe kam seit der vernichtenden Niederlage des Hauptmanns Emil

12 Austen, *Northwest Tanzania under German and British Rule*, S. 37.
13 Pesek, *Praxis und Repräsentation kolonialer Herrschaft*, S. 213.
14 Austen, *Northwest Tanzania under German and British Rule*, S. 54–56.
15 Ebd., S. 42–45.
16 Ebd., S. 45–49. Hier gibt Austen einige anschauliche Beispiele für das Verhältnis der *Chiefs* untereinander und zu den Deutschen. Er geht auch auf die Rolle der »Weißen Väter«, einer Missionsgesellschaft, als »dritte politische Instanz« ein, die in dieser Arbeit nicht thematisiert werden soll. Vgl. hierzu bspw. S. 57f.

von Zelewski bei Rugaro 1891 für die nächsten Jahre nicht zur Ruhe.[17] Da sich die deutsche Präsenz und Machtausübung hauptsächlich auf die Stationen und deren nähere Umgebung beschränkten, machten sie wiederum die physische Anwesenheit der Afrikaner zum Gradmesser von Loyalität. Ein Fernbleiben der *Chiefs* deuteten die Deutschen als Feindschaft, was vermehrt zu brutalen Strafexpeditionen führte.[18] Neben der Region Uhehe waren besonders die Bezirke Kilimatinde und Mpapua für Unruhen und gewaltsame Vergeltungsaktionen bekannt. Diese Unruhen verzögerten aus Sicht der Deutschen ebenfalls eine positive wirtschaftliche Entwicklung.[19] In engem Zusammenhang zu den kriegerischen Auseinandersetzungen stand auch die stagnierende wirtschaftliche Entwicklung der Kolonie. Das Reich musste weiterhin hohe Zuschüsse an die Kolonie zahlen und die Privatwirtschaft, besonders in den Usambarabergen, war enttäuscht, dass es abgesehen von einer 84 Kilometer langen Eisenbahnstrecke kaum infrastrukturelle ›Verbesserungen‹ gab. Zudem verbreitete sich sowohl in der Kolonie als auch im Reich um die Jahrhundertwende ein regelrechter »Kolonialpessimismus«.[20] Gouverneur Götzen und Franz Stuhlmann haben diese Gesamtsituation erkannt und versuchten in Deutsch-Ostafrika gegenzusteuern.

Während Stuhlmann um den Jahreswechsel 1902/03 stellvertretender Gouverneur in Dar es Salaam war, verfasste er ein Schreiben an die Kolonialabteilung, welches in Bezug auf die Frage nach dem Beginn kolonialer Reformbestrebungen als zentral angesehen werden kann.[21] Wiederholte Unruhen und kriegerischen Aktionen in den Bezirken Pangani, Kilimatinde und Mpapua veranlassten Stuhlmann zu folgenden Zeilen:

[17] Vgl. Bührer, *Die Hehe und die Schutztruppe in Deutsch-Ostafrika*, sowie Pesek, *Koloniale Herrschaft in Deutsch-Ostafrika*, S. 193.

[18] Vgl. Pesek, *Koloniale Herrschaft in Deutsch-Ostafrika*, S. 256f. Pesek listet auch eine Reihe an Beispielen für Strafexpeditionen auf, die man größtenteils in den deutschen Kolonialblättern nachlesen kann. Siehe Pesek, *Koloniale Herrschaft in Deutsch-Ostafrika*, S. 257, Fußnote 210.

[19] Siehe bspw. BArch, R1001/1036, Berichte der Station Kilimatinde.

[20] Tetzlaff, *Koloniale Entwicklung und Ausbeutung*, S. 77.

[21] Der Autor dieser Arbeit dankt besonders Michael Pesek für den Hinweis auf dieses Schreiben und die Anregung, sich mit dieser Frage zu befassen. Pesek setzt das Ende seines Buches *Koloniale Herrschaft in Deutsch-Ostafrika* im Jahr 1903 an und begründet dies mit dem zitierten Schreiben Stuhlmanns und dem beginnenden Wandel in der Kolonialpolitik.

»Eine stetige Förderung der wirtschaftlichen Entwickelung des mit Naturschätzen, soweit z. Zt. bekannt, nicht überreich gesegneten Schutzgebiets wird sich meines Erachtens nur dann verwirklichen lassen, wenn der wesentliche Schatz des Landes, die eingeborene Bevölkerung und deren Eigentum durchweg eine sorgsame und pflegliche Behandlung erfahren. Mit dem letzteren Grundsatze läßt sich aber nicht vereinigen, wenn, wie in den eingangs gedachten Fällen, ganze Stämme aus unwichtigen Anlässen mit überlegenen Waffen angegriffen werden und wenn ihr Besitztum in summarischer Weise confisciert oder vernichtet wird. Bei den Eingeborenen, – und besonders bei solchen, die mit der deutschen Verwaltung noch wenig Fühlung gewonnen haben, – kann auf diese Weise nur zu leicht das Vertrauen auf die Regierung und den Schutz von Leben und Eigentum in unerwünschter Weise beeinträchtigt werden. Ich habe daher in dem vorgelegten Entwurfe den Versuch gemacht, Bestimmungen anzubahnen, um die Einleitung kriegerischer Aktionen an bestimmte Normen und Voraussetzungen zu binden […].*«*[22]

In dem vertraulichen Vorschlag eines Runderlasses, den Oscar Stuebel in der Kolonialabteilung durchaus befürwortete, konkretisierte Stuhlmann seine Vorstellungen der künftigen Kolonialpolitik von Deutsch-Ostafrika:

»Bei der verhältnismäßig geringen Bevölkerungsdichte des Schutzgebietes, und in der Erwägung, daß nur von einer pfleglichen Behandlung der Eingeborenen eine Erhöhung der Produktion und der Steuerkraft des Landes erwartet werden kann, muß die vornehmste Politik des Gouvernements sein, mit allen Mitteln die Vermehrung der Volkszahl zu erstreben […]. *Die mit Blutvergießen und der Hinwegnahme von Beute verbundenen Kriegszüge sind geeignet, die Entwicklung der davon betroffenen Landschaften auf das Empfindlichste zu schädigen* […].*«*[23]

[22] BArch, R1001/5499, Stuhlmann an Kolonialabteilung, 17. Januar 1903. Das Schreiben ist schreibmaschinenmäßig mit »Sturemann« unterschrieben, was zu Verwirrungen bezüglich der Urheberschaft führen kann. Die Kontextualisierung der umgebenden Korrespondenz hat jedoch ergeben, dass es sich um einen Abschreibfehler eines Büroangestellten o.Ä. handeln muss. Mit sehr großer Sicherheit ist der Verfasser Franz Stuhlmann gewesen.

[23] BArch, R1001/5499, Stuhlmann an Kolonialabteilung, 17. Januar 1903.

Stuhlmann bezog seine Gedanken hauptsächlich auf die dünn besiedelten Gebiete der Kolonie, da er besonders für den Nordwesten sowohl von einer schon vorhandenen höheren Bevölkerungsdichte als auch von relativer Ruhe und Produktivität ausgehen konnte. Weiterhin schien die Steuereintreibung in einigen Bezirken nicht optimal zu laufen:

> *»Insbesondere ist auch streng zu vermeiden, daß die Unruhen durch Einziehen von Steuern entstehen. Die farbigen Steuererheber müssen auf das schärfste controlliert und vor Übergriffen in ihren Amtshandlungen strengstens verwarnt, evtl. bestraft werden. Die Herren Verwaltungschefs ersuche ich bei dieser Gelegenheit allgemein, den ihnen unterstellten Personen auf das Eindringlichste einzuschärfen, daß sie die zwar viel mühevollere und nach außen hin vielleicht weniger ruhmreiche friedliche Beilegung aller Fragen bis zur Grenze der Möglichkeit erst erschöpfen, ehe sie sich zum weit bequemeren Eingreifen mit den überlegenen europ. Präcisions-Waffen entschließen* [...]. *Als Eroberer von Gebieten einer inferioren Race haben wir eben die Pflicht, die an sich nicht bösartigen aber unkultivierten und vielfach in ihrem Urteil irre geleiteten Eingeborenen, die unsere Absichten und Ziele nicht verstehen, durch geduldige Belehrung und andere friedliche Mittel an unsere Herrschaft zu gewöhnen.«*[24]

Besonders im letzten Abschnitt des Erlasses wird erneut Stuhlmanns paternalistischer Kolonialrassismus deutlich. Er forderte zwar den Verzicht auf Gewalt, ging aber von einer grundsätzlichen Überlegenheit der Deutschen aus. Auch das Gesamtziel des Schreibens war nicht die gute Behandlung der Einheimischen aus humanitären Gründen, sondern die angestrebte Wirtschaftlichkeit der Kolonie.

Im selben Jahr sorgte ein Flugblatt des DKB[25] im Gouvernement für Aufregung, welches Götzen dazu veranlasste, zu seiner Reformpolitik gegenüber der Kolonialabteilung Stellung zu beziehen. Sowohl aus dem Flugblatt als auch aus Götzens Antwort wird deutlich, wie weit die Ideen für eine ›Kolonialreform‹, zumindest für Deutsch-Ostafrika, schon vorangeschritten waren. Der DKB forderte die Verringerung der

[24] BArch, R1001 / 5499, Stuhlmann an Kolonialabteilung, 17. Januar 1903.

[25] Kurzer Überblick zu dem 1902 gegründeten und weniger bekannten DKB bei Siedhoff, Carola: *Die Auswanderung in die deutschen Kolonien im Spiegel der deutschen Kolonialzeitschriften von 1884 bis zum Ersten Weltkrieg*, Berlin 2011, S. 52. und bei Schulte-Althoff, *Koloniale Krise und Reformprojekte*, S. 415–418.

Militärposten und die Errichtung von Zivilverwaltungen. Als Vorbild dienten hierbei die englischen Kolonien, in denen man dem Prinzip folgte,

> *»nur dort das Land zu beherrschen, wo es der Handel, Plantagenbau, Bergbau oder die sonstige erwerbliche Tätigkeit von Europäern verlangt, die übrigen Gegenden aber sich selbst zu überlassen.«*[26].

Daraufhin schlug der DKB detailliert vor, wie er sich die Organisation von Deutsch-Ostafrika vorstellte. Bezirke mit »zahlreichen Europäer-Niederlassungen« und / oder »unruhiger Bevölkerung« sollten weiterhin militärisch besetzt sein, beispielsweise Moschi, Lindi, Dar es Salaam, Schirati und Ikoma am Victoriasee oder auch Songea im Süden der Kolonie. Bezirke mit »friedlicher« oder »ruhiger« Bevölkerung sollten unter Zivilverwaltung mit Polizeitruppe gestellt werden.[27] Der DKB erhoffte sich vor allem durch eine Reduzierung der ›Schutztruppe‹ Einsparungen im Haushalt des Gouvernements und versuchte somit wahrscheinlich, den kolonialkritischen Gruppen im Reich, allen voran dem Reichstag, entgegenzukommen. Götzen jedenfalls reagierte am 1. Dezember 1903 auf das Schreiben. Neben diversen Richtigstellungen von Truppenanzahlen und Budgetfragen ist vor allem seine Äußerung zur politischen Ausrichtung der Kolonie interessant. Unter dem Punkt »Weitere Ausdehnung der Zivilverwaltung« schreibt er:

> *»Auch hier begegnen sich meine Wünsche und Massnahmen mit denen des Kolonialbundes, nur ist auch hier das Tempo langsamer. Der Militärbezirk Kisaki ist 1903 aufgelöst, die beiden dort befindlichen Truppenstationen sind eingezogen und der Bezirk mit dem Zivilbezirk Kilossa vereinigt worden, in dem sich übrigens seit 3 Jahren kein Offizier befindet, was der Kolonialbund nicht zu wissen scheint. Ich habe ferner schon lange für den Etat 1905 die Umwandlung der Militärstationen Moschi und Songea in Bezirksämter vorgemerkt, Muanza etwa für 1906.«*[28]

[26] BArch, R1001 / 1026, Flugblatt des DKB vom 20. Oktober 1903.
[27] BArch, R1001 / 1026, Flugblatt des DKB vom 20. Oktober 1903.
[28] BArch, R1001 / 1026, Götzen an Kolonialabteilung, 1. Dezember 1903.

Auch, was den Vorschlag der indirekten Herrschaft nach englischem Vorbild angeht, bemerkt Götzen, dass »der Kolonialbund nicht im Stande sein würde, eine einzige der heutigen Stationen zu bezeichnen, auf welche diese Bedingung nicht zutrifft«[29].

Es scheint so, als ließe Götzen seinen Ankündigungen tatsächlich Taten folgen. Er reiste im Sommer 1905 zum Victoriasee und ordnete an, den Militärbezirk Bukoba in eine Residentur umzuwandeln, was der offiziellen Bestätigung beziehungsweise Fortsetzung der indirekten Herrschaft vor Ort entsprach. Götzen äußerte sich folgendermaßen:

> »[I]*n Zukunft* [wird] *der Resident nur vier Obersultane zu beaufsichtigen haben* […]. *Es sind dies Kahigi, Kassusura, Mutahangarwa und Nierowamba.* […] *Angesichts der straffen Disziplin, welche in den Sultanaten herrscht, und des Ansehens und Vertrauens, das die Militärstation im Lande geniesst, glaube ich, dass sich kein besserer Weg finden lässt, um die ausserordentlich zahlreiche Bevölkerung des Bezirks Bukoba ohne Aufwendung grosser Kosten und ohne Erregung von Unzufriedenheit unseren Kulturbestrebungen zugänglich zu machen.*«[30]

Für Götzen stand aber auch die infrastrukturelle Entwicklung der Kolonie im Vordergrund, um »das absatzfähige Gebiet durch Anlage von Eisenbahnen und Strassen um ein Vielfaches« zu vergrößern.[31] Den Baubeginn der Zentralbahn von Dar es Salaam nach Morogoro knüpfte Götzen sogar unmittelbar an seinen Gouverneursposten und drohte mit Rücktritt, falls der Reichstag der Finanzierung nicht zustimmen sollte.[32] In seinem an Oscar Stuebel gerichteten Schreiben argumentiert er mit der hohen Bevölkerungsdichte im Inneren der Kolonie und dem Wert der »grossen Sultanate Ussui, Ruanda und Urundi, welche sich durch grosse Fruchtbarkeit, kühles Klima, sehr bedeutenden Viehreichtum und intelligente Bevölkerung auszeichnen«[33]. Götzen verweist zusätzlich noch darauf, dass er in der Lage sei, »einen die Ar-

29 BArch, R1001 / 1026, Götzen an Kolonialabteilung, 1. Dezember 1903.

30 BArch, R1001 / 1029, Götzen an Kolonialabteilung, 4. Juli 1905. In dem ausführlichen Bericht wird die Bevölkerungszahl im Bezirk Bukoba mit ca. 500.000 angegeben.

31 BArch, N2303 / 16, Götzen an Kolonialabteilung, 25. Januar 1904.

32 BArch, N2303 / 16, Götzen an Kolonialabteilung, 25. Januar 1904.

33 BArch, N2303 / 16, Götzen an Kolonialabteilung, 25. Januar 1904.

beit mehrerer Jahre bedeutenden festen Plan vorzulegen [...], auf [den] schon seit geraumer Zeit von der hiesigen Verwaltung hingearbeitet worden ist«[34].

Aus der Zusammenschau der dargestellten Schreiben lässt sich demnach schließen, dass das Gouvernement unter Götzen und Stuhlmann in den Jahren 1901 bis 1905 durchaus ernsthafte Versuche einer Änderung der Kolonialpolitik in Deutsch-Ostafrika unternahm und auch tatsächlich durchführte. Offenbar konnten diese Reformansätze aber nicht den Maji-Maji-Krieg ab Mitte 1905 verhindern, der alle bis dahin gemachten Versuche in Deutsch-Ostafrika überschattete und wenige bis gar keine messbaren Ergebnisse zuließ. Franz Stuhlmann blieb allerdings im Gegensatz zu Götzen weiterhin im Kolonialdienst tätig und nutzte noch bis 1908 die Möglichkeit, aus direkter Erfahrung vor Ort Einfluss auf die deutsche Kolonialpolitik zu nehmen.

Staatssekretär Dernburg besuchte Ostafrika von Juli bis Oktober 1907.[35] Er wählte seine Reiseroute ungewöhnlich und fuhr mit seinen Begleitern[36] nach einem kurzen Besuch in Dar es Salaam weiter über Mombasa in Britisch-Ostafrika mit der Uganda-Bahn zum Victoriasee, um von dort aus per Schiff die deutschen Stationen Bukoba und Muansa zu besichtigen. Das Ungewöhnliche hieran war der Umstand, dass er die deutschen Siedlungs- und Plantagengebiete in den Usambarabergen zunächst ausließ, was ihm von der Siedlerschaft negativ ausgelegt wurde.[37] Dass Dernburg über den Weg durch Britisch-Ostafrika die Residentur Bukoba, den Bezirk Muansa und anschließend Tabora besuchte, wo seit geraumer Zeit sowohl wirtschaftlich als auch gesellschaftlich ein aus deutscher Sicht ›positiver‹ Zustand herrschte, war mitnichten zufällig. Zunächst war Dernburg am Gedankenaustausch mit den Briten interessiert, die das Protektorat Uganda seit Längerem über das Prinzip der *indirect rule* effektiv beherrschten.[38] Anschließend wollte Dernburg die deutsche Umsetzung dieses Prinzips am Victoriasee begutachten. Seine spätere ›Kolonialreform‹ deckte sich

34 BArch, N2303/16, Götzen an Kolonialabteilung, 25. Januar 1904.

35 Zur Reiseroute siehe ausführlich Bongard, Oskar: *Die Studienreise des Staatssekretärs Dernburg nach Deutsch-Ost-Afrika*, Berlin 1908.

36 Neben Vertretern der Presse, Militär und Privatwirtschaft nahm auch Gouverneur Rechenberg an der Reise teil. Vgl. Schiefel, Werner: *Bernhard Dernburg: 1865–1937. Kolonialpolitiker und Bankier im wilhelminischen Deutschland*, Zürich 1974, S. 66f.

37 Bongard, *Die Studienreise des Staatssekretärs Dernburg nach Deutsch-Ost-Afrika*, S. 62f.

38 Pesek, *Praxis und Repräsentation kolonialer Herrschaft*, S. 211f.

im Wesentlichen mit der Art von Politik und Wirtschaft, die bereits unter Götzen und Stuhlmann in dieser Region angedacht und umgesetzt worden waren. Besonders die Residentur Bukoba mit dem bekannten Chief Kahigi schien auf Dernburg Eindruck gemacht zu haben.[39] Sein Begleiter Oskar Bongard schrieb dazu:

> *»Mit Bukoba aber sahen wir zum ersten Mal echtes Afrika, wo sich die ursprüngliche Eingeborenenverfassung noch erhalten und die deutsche Verwaltung sich ihr nur geschickt angegliedert hat.* [In] *Bukoba* [ist] *ein Beispiel dafür zu finden, wie die deutsche Kolonie ohne rohe Gewalt unter der Benutzung der bestehenden Verhältnisse die eingeborene Bevölkerung denjenigen Zwecken nutzbar gemacht wird, welchen unsere Kolonisationsbestrebungen dienen.«*[40]

Zusammenfassend stellte Bongard fest, dass besonders in den Bezirken Muansa und Tabora

> *»eine dichte, intelligente und arbeitsame Bevölkerung sitzt, die heute schon bedeutende Ausfuhrwerte schafft und durch Hüttensteuer und Zölle einen großen Beitrag zu den Verwaltungskosten des Landes beiträgt«*[41].

Diese Berichte decken sich allesamt mit den Eindrücken, die schon Götzen und Stuhlmann von den Regionen um den Victoriasee gewonnen hatten. Am 25. September 1907 besuchte Dernburgs Delegation für zwei Tage das BLI in Amani. Dort trafen Stuhlmann und Dernburg persönlich aufeinander und tauschten bei einem »Bierabend« sowohl lobende Worte als auch kolonialpolitische Anregungen aus.[42] Obwohl durch Quellen nicht eindeutig belegt, ist es zumindest plausibel, dass Stuhlmann dieses Treffen nutzte, um in Bezug auf koloniale Reformen Einfluss auf den Staatssekretär zu nehmen. Jedenfalls wurde Stuhlmann von Dernburg dazu aufgefordert, einen »Bericht über die Ent-

[39] Ebd., S. 212f., sowie 216–222.

[40] Bongard, *Die Studienreise des Staatssekretärs Dernburg nach Deutsch-Ost-Afrika*, S. 36.

[41] Ebd., S. 56.

[42] Vgl. Bongard, *Die Studienreise des Staatssekretärs Dernburg nach Deutsch-Ost-Afrika*, S. 60f.

wicklung der Kolonie« zu verfassen und nach Berlin zu senden.[43] Interessanterweise decken sich auch hier Stuhlmanns Ansätze mit denen von Dernburg, die er in einem Geheimbericht Ende 1907 verfasste.[44] Anhand einer direkten Gegenüberstellung der Hauptpunkte beider Schreiben soll dies nachvollziehbar gemacht werden.

Zunächst fiel das Urteil über europäische Siedler und die Plantagenwirtschaft bei Stuhlmann nicht besonders positiv aus. Für die Kaffee- und Kokosanpflanzungen konstatierte er »keine grossen Erfolge« und erläuterte, dass es noch nicht gelungen sei, »eine neue Kultur ausfindig zu machen, die man für die alten, nicht rentablen Kaffeefelder […] empfehlen könnte«[45]. Bei den landwirtschaftlichen Tätigkeiten der Europäer allgemein schien »doch nicht sehr viel dabei herausgekommen« zu sein.[46] Wegen seiner physischen Nähe zu den Siedlern in den Usambarabergen und seines offiziellen Postens im Gouvernement hält er sich aber mit allzu direkter Kritik an den europäischen Ansiedlungen zurück. Anders als Dernburg, der durch seine ernüchternden Gespräche mit den Siedlern und Pflanzern zu einem direkteren Urteil kommt[47]:

> *»Die Geschichte der Plantagen in Ostafrika hat vielerlei Enttäuschungen mit sich gebracht. Kaffee und Tabak, ebenso wie Kokosbäume sind plantagenmäßig nicht rentabel gewesen. Alle drei Produkte werden von den Eingeborenen mit Nutzen produziert.* […] *Plantagen existieren im wesentlichen in Usambara, Sadani und an der Südküste, Kleinsiedlungen in West-Usambara und im Ulugurugebirge (Morogoro). Alle diese Landstriche sind nicht genügend bevölkert, um für den intensiven Betrieb einer Plantage die notwendigen Arbeiter zu liefern.«*[48]

Dernburg verwies hier direkt auf den gescheiterten Anbau von Kaffee und Kokospalmen und verknüpft diese Problematik direkt mit der ›Arbeiterfrage‹. Der Mangel an Arbeitern für die Plantagen und die

[43] BArch, R1001/775, Stuhlmann an Dernburg, 3. Oktober 1907, Weiterleitung erfolgte über Rechenberg, laut Stempel war die Ankunft in Berlin erstaunlicherweise erst am 27. April 1908. Es konnte nicht ermittelt werden, warum dies so war und wann Dernburg den Bericht gelesen hat.

[44] BArch, R1001/300, Bericht Dernburg. 21. November 1907.

[45] BArch, R1001/775, Stuhlmann an Dernburg, 3. Oktober 1907, Blatt 16 und 18.

[46] BArch, R1001/775, Stuhlmann an Dernburg, 3. Oktober 1907, Blatt 7.

[47] Zu der Zusammenkunft der Siedler mit Dernburg siehe Bongard, *Die Studienreise des Staatssekretärs Dernburg nach Deutsch-Ost-Afrika*, S. 61–68.

[48] BArch, R1001/300, Bericht Dernburg, 21. November 1907, S. 36, sowie S. 11.

bessere Produktivität der Einheimischen sind für ihn zwei wesentliche Argumente gegen den weiteren Ausbau der europäischen Plantagenwirtschaft. Auch die Ansiedlung weiterer Europäer hält er für ausgeschlossen:

> »*Die Kleinsiedler sind zum großen Teil weder in bezug auf Bildung, noch auf Kapital, noch auf Selbstkontrolle in der Lage, den der Heimat gegenüber sehr viel schwierigeren Verhältnissen in Afrika auf die Dauer zu trotzen. Sie machen im allgemeinen einen wenig erfreulichen Eindruck.* [...] *Was die Produkte der Kleinsiedler anbetrifft, so fallen dieselben zur Zeit überhaupt noch nicht ins Gewicht. Es gibt in West-Usambara 17 dergleichen Familien, in Morogoro vielleicht 20, in Arusha und am Meruberge vielleicht 50* [...].«[49]

Dernburgs Haltung gegenüber den Siedlern war wesentlich drastischer als die Position von Stuhlmann, der sich tatsächlich in seiner Zeit als Chef der Abteilung für Landeskultur und später als Direktor des BLI nicht eindeutig auf einen Standpunkt zur Siedlerfrage festlegen konnte oder wollte. Dies mag möglicherweise an der Doppelrolle gelegen haben, in der er sowohl die einheimische Landwirtschaft als auch die europäischen Ansiedlungen und Plantagen ›wissenschaftlich‹ versorgen musste.[50]

Weitaus kohärenter stellten sich die Argumente der beiden in den Fragen nach der geeignetsten Wirtschaftsform und den infrastrukturellen Bedingungen dar. Stuhlmann erläuterte die Vorteile für Deutsch-Ostafrika durch die Uganda-Bahn und holte indirekt nochmals gegen die Plantagenwirtschaft aus:

> »*Wir hatten früher alle geglaubt, dass mit der Fertigstellung von Bahnen, die bisher beim Lastentragen beschäftigten Eingeborenen sich nun alle oder zum grossen Theil der Arbeit auf den europäischen Pflanzungen zuwenden würden. Es ist aber ganz anders*

[49] BArch, R1001 / 300, Bericht Dernburg, 21. November 1907, S. 16, sowie S. 37.

[50] Franz Stuhlmann und Gouverneur Götzen fuhren keinen einheitlichen Kurs in der Siedlerfrage. Zwar sahen auch sie europäische Neuansiedler skeptisch, gegenüber den bereits angesiedelten Pflanzern konnte ihre Politik aber als ›siedlerfreundlich‹ gelten, anders als dann Rechenberg ab 1906. Vgl. Tetzlaff, *Koloniale Entwicklung und Ausbeutung*, S. 209–212 und zu Dernburg und Rechenberg speziell S. 220–232.

gekommen. Die Eingeborenen [...] *bleiben* [...] *bei sich im Lande und nähren sich redlich vom Bebauen ihrer eigenen Scholle.* [...] *Kurzum, es entwickelt sich in den Gebieten des Victoria Sees eine ausgiebige Produktion von Ausfuhrartikeln* [...].«[51]

Weiterhin sagte er, dass man sich hüten solle, in das Wirtschaftsleben der Afrikaner einzugreifen.[52] Die »erste Regel für die Eingeborenenpolitik [sei], diese Sultansherrschaft [am Victoriasee, Anm. BG] zu kultivieren und sich dienstbar zu machen«[53]. Bei Dernburg klingen diese Gedanken dann so:

»*Dafür ist der Bukoba-Bezirk ein ausgezeichnetes Beispiel. Es befinden sich dort zwei Sultane* [...], *welche, den Anregungen ihrer regsamen und verständnisvollen Residenten folgend, eine Anzahl von Kulturen unter ihren Stammesleuten einführen. Auch fühlt sich der Neger* [sic] *selbstverständlich besser verstanden und wohler unter seinem einheimischen Fürsten* [...].«[54]

Bernhard Dernburg schien auch verwaltungs- und machtpolitische Gedanken eins zu eins für sein Kolonialprogramm von Stuhlmann übernommen zu haben. Beispielsweise deckten sich die Aussagen beider in der Frage nach der möglichen Verlegung des Verwaltungssitzes von Dar es Salaam nach Tabora. Stuhlmann sprach von »ferner Zukunft [wenn] das Gouvernement seinen eigenen Sitz einmal ins Innere nach Tabora oder an einen anderen Platz verlegen sollte«[55], während Dernburg analog dazu die geplante Zentralbahn nach Tabora für »eine Notwendigkeit in administrativem wie in politischem Interesse« hält, um »die Verlegung der zentralen Gewalt nach dem Zentrum des Verkehrs und der Bevölkerung« vorzubereiten.[56]

Eine direkte Begriffsübernahme Dernburgs lässt sich für die Schaffung eines »Landeskulturamtes« belegen, welches Stuhlmann in seinem Bericht umriss, um die Landwirtschaft der Kolonie effektiver zu

[51] BArch, R1001/775, Stuhlmann an Dernburg, 3. Oktober 1907, Blatt 22.
[52] BArch, R1001/775, Stuhlmann an Dernburg, 3. Oktober 1907, Blatt 30.
[53] BArch, R1001/775, Stuhlmann an Dernburg, 3. Oktober 1907, Blatt 26.
[54] BArch, R1001/300, Bericht Dernburg, 21. November 1907, S. 6.
[55] BArch, R1001/775, Stuhlmann an Dernburg, 3. Oktober 1907, Blatt 32.
[56] BArch, R1001/300, Bericht Dernburg, 21. November 1907, S. 24.

gestalten und zu verwalten.[57] Die generelle Grundhaltung der beiden Akteure lässt sich mit folgenden Zitaten auf den Punkt bringen. Dafür sei an dieser Stelle nochmals Stuhlmanns bedeutendes Schreiben an die Kolonialabteilung aus dem Jahr 1903 erwähnt:

> »*Eine stetige Förderung der wirtschaftlichen Entwickelung* [...] *wird sich meines Erachtens nur dann verwirklichen lassen, wenn der wesentliche Schatz des Landes, die eingeborene Bevölkerung und deren Eigentum durchweg eine sorgsame und pflegliche Behandlung erfahren.* [...] *Insbesondere ist auch streng zu vermeiden, daß die Unruhen durch Einziehen von Steuern entstehen.*«[58]

Und bei Dernburg lief die Aussage sinngemäß auf folgende Zeilen hinaus:

> »*Jede Sorte von Unruhen bedeutet aber* [...] *eine schwere wirtschaftliche Schädigung des Landes selbst. Wie oben ausgeführt, ist der Hauptwertgegenstand in Deutsch-Ostafrika der Eingeborene.*«[59]

Die direkte Gegenüberstellung von Dernburgs und Stuhlmanns Gedanken lässt folgende Hypothese zu: Sowohl Stuhlmanns Schreiben vom Januar 1903 als auch sein Bericht vom Oktober 1907 hatten Einfluss auf Bernhard Dernburgs Darstellung seiner Ostafrika-Reise und damit direkt auf die kolonialen Reformanstrengungen gewirkt.

57 Nachweis für Stuhlmann in BArch, R1001 / 775, Stuhlmann an Dernburg, 3. Oktober 1907, Blatt 31f. Nachweis für Dernburg bei Tetzlaff, *Koloniale Entwicklung und Ausbeutung*, S. 228.

58 BArch, R1001 / 5499, Stuhlmann an Kolonialabteilung, 17. Januar 1903.

59 Ebd., S. 7.

7 Zäsuren und Kontinuitäten – Stuhlmanns Leben nach 1906

Noch während Bernhard Dernburg durch Deutsch-Ostafrika reiste, neigte sich Franz Stuhlmanns Zeit in der Kolonie ihrem Ende entgegen. Seine Gesundheit muss zu dieser Zeit bereits in einem sehr schlechten Zustand gewesen sein.

Zunächst kehrte der mittlerweile 43-Jährige am Jahresende 1906 nach Deutsch-Ostafrika zurück. In der Zwischenzeit war Freiherr Albrecht von Rechenberg (1861–1935) als neuer Gouverneur in Dar es Salaam tätig, nachdem auch Graf von Götzen im April 1906, mitten im Maji-Maji-Krieg, nach Deutschland abgereist war.[1] Götzen war ebenfalls gesundheitlich stark angeschlagen und verstarb mit nur 44 Jahren am 1. Dezember 1910.[2] Auch Stuhlmann verblieb nur noch etwa ein Jahr in der Kolonie, bis er sich im Januar 1908 nach 20 Jahren Kolonialdienst endgültig von Deutsch-Ostafrika verabschieden musste. Stabsarzt Dr. Engeland meldete aus Amani am 7. Januar:

> »*Geheimrat Stuhlmann wegen palyneuritis* [Polyneuritis, eine nervliche Entzündung, Anm. BG] *an Armen und Beinen zeitig tropendienstuntauglich* [.] *Abreise dringend erwünscht da Wiederherstellung unwahrscheinlich.*«[3]

Zurück in Hamburg bat Stuhlmann 1908 beim Reichskolonialamt um Urlaub, währenddessen er sich offenbar um eine Tätigkeit an dem just in diesem Jahr zu gründenden Kolonialinstitut bemühte.[4] Diese Gleichzeitigkeit kann nur als Zufall bezeichnet werden. Jedenfalls deutet nichts in den Akten drauf hin, dass seine Tropendienstuntauglich-

1 Offiziell endete der Kriegszustand in der Kolonie erst im August 1907, vgl. Iliffe, *Tanganyika under German Rule 1905–1912*, S. 20.

2 Bindseil, *Ruanda im Lebensbild des Offiziers, Afrikaforschers und Kaiserlichen Gouverneurs Gustav Adolf Graf von Götzen (1866–1910)*, S. 175, 187.

3 Staatsarchiv Hamburg, *Personalakte Stuhlmann*, 361–6, I 86 Bd. 3, Telegramm von Dr. Engeland, 7. Januar 1908. Ein 9-seitiges Attest listet ausführlich die Krankheitsgeschichte Franz Stuhlmanns bis dahin auf. Weitere Untersuchungen und Gesundheitsberichte erfolgten nach Stuhlmanns Rückkehr nach Hamburg im Institut für Schiffs- und Tropenkrankheiten, bspw. vom 24. Juni 1908.

4 Staatsarchiv Hamburg, *Personalakte Stuhlmann*, 361–6, I 86 Bd. 4, Schnee an Stuhlmann, 1. August 1908.

keit und Abreise aus Deutsch-Ostafrika bewusst mit der Aussicht auf eine Tätigkeit im Kolonialinstitut langfristig geplant gewesen wäre. Im Gegenteil, Stuhlmann wollte zunächst lieber einen längeren Erholungsurlaub machen:

> »*Aber ich muss auf alle Fälle* [...] *nach den zwanzig Jahren drüben im ganzen mal mindestens ein Jahr ausspannen, auch wenn es mit der hamburger Stellung nichts werden sollte. Da ich in Hamburg nicht vor erstem Januar einzutreten brauche,* [...] *ist es vielleicht möglich, mich gleich bis zum Jahresschluss zu beurlauben* [...].«[5]

Der Übergang vom Gouvernementsdienst hin zum Dienst im Kolonialinstitut verlief nahtlos. Bereits am 19. Oktober 1908 schrieb Stuhlmann:

> »*Das Kaiserliche Reichskolonialamt bitte* [ich] *gehorsamst* [...], *mich vom ersten November dieses Jahres auf zwei Jahre ohne Gehalt zu beurlauben und mir geneigtest zu gestatten, dass ich die mir angebotene Leitung der Centralstelle des hiesigen Kolonial Instituts übernehme. Mein Verhältniss zur hiesigen Behörde würde durch einen rein privatwirtschaftlichen Vertrag geregelt werden.*«[6]

Diese Zentralstelle war nicht in den Lehrbetrieb involviert, sondern sollte Informationen zu kolonialen Themen sammeln, den kommunikativen Austausch zwischen den verschiedenen Behörden, Instituten und Unternehmen im In- und Ausland fördern sowie kolonialpolitische Öffentlichkeitsarbeit betreiben.[7] Werner von Melle (1853–1937) und der Kaufmännische Beirat der Stadt Hamburg hatten sich bereits im Mai 1908 dafür entschieden, Stuhlmann in die Zentralstelle zu holen. Ihnen schwebte für die Position des Leiters »ein mit den deutschen Kolonien vertrauter Gelehrter« vor, »der tunlichst auch zu den auf kolonialem Gebiet leitenden Persönlichkeiten und Kreisen in Beziehung

[5] Staatsarchiv Hamburg, *Personalakte Stuhlmann*, 361–6, I 86 Bd. 3, Stuhlmann an Reichskolonialamt, 23. Juni 1908. Die Rechtschreibung wurde im Original übernommen.

[6] Staatsarchiv Hamburg, *Personalakte Stuhlmann*, 361–6, I 86 Bd. 4, Stuhlmann an Reichskolonialamt, 19. Oktober 1908.

[7] Zu den Aufgaben der Zentralstelle siehe ausführlicher Ruppenthal, *Kolonialismus als »Wissenschaft und Technik«*, S. 157–160.

stand«[8]. Stuhlmann erfüllte mit seinem kolonialen Lebenslauf exakt die Anforderungen dieser neu geschaffenen Zentralstelle nach einem »wissenschaftlichen Kolonialismus«.[9]

Als nach zwei Jahren sein unbezahlter Urlaub auslief, stellte Stuhlmann einen Pensionierungsantrag. Er bekundete nochmals seine Absicht, gerne »im Überseeischen Kolonialdienst tätig [zu] sein, jedoch sehe [er] momentan nicht die Möglichkeit, die [ihm] ein ersprießliches Arbeiten dort verspricht«[10]. Lieber wolle er seine Tätigkeit in der Zentralstelle fortsetzen. Ein letzter ärztlicher Untersuchungsbericht im Zuge der Pensionierung stellte endgültig fest, dass Stuhlmann »dauernd tropendienstunfähig« sei. Diese Tropendienstunfähigkeit führte der Arzt »auf die klimatische Schädigung langjährigen Aufenthaltes in den Tropen zurück«[11]. Am 1. November 1910 wurde Stuhlmann mit 47 Jahren in den Ruhestand versetzt. Er bezog nun ein recht üppiges Pensionsgehalt und gleichzeitig das Gehalt vom Kolonialinstitut.[12] Bis zu diesem Zeitpunkt wurde Franz Stuhlmann aufgrund seiner langjährigen kolonialen Tätigkeiten mit einer Vielzahl an Orden, Ehrungen und Auszeichnungen überhäuft, die an dieser Stelle nicht alle aufgezählt werden sollen.[13] Nur zwei Punkte seien genannt, um hervorzuheben, in welcher einflussreichen und hohen Position Stuhlmann sich zum Ende der deutschen Kolonialherrschaft befand. Zunächst geht aus einem Zeitungsbericht im *Hamburger Fremdenblatt* aus dem Jahr 1910 hervor, dass Stuhlmann offenbar als Gouverneur für Togo gehandelt wurde. Graf Julius von Zech (1860–1914) kehrte angeblich aus gesundheitlichen Gründen Mitte des Jahres nicht mehr in die Kolonie zurück und der Gouverneursposten war mehrere Monate vakant. Die Zeitung hielt es offenbar für angebracht, »auf eine gerade für diese kleine wirtschaftliche Musterkolonie besonders geeignete Persönlichkeit hinzuweisen«. In den einschlägigen Akten ist jedoch nichts Weiteres zu dieser Thematik gefunden worden.[14]

[8] Zitiert aus Ruppenthal, *Kolonialismus als »Wissenschaft und Technik«*, S. 157.

[9] Ruppenthal, *Kolonialismus als »Wissenschaft und Technik«*, S. 158.

[10] Staatsarchiv Hamburg, *Personalakte Stuhlmann*, 361–6, I 86 Bd. 4, Stuhlmann an Reichskolonialamt, 11. Oktober 1910.

[11] Staatsarchiv Hamburg, *Personalakte Stuhlmann*, 361–6, I 86 Bd. 4, Bericht von Dr. Werner, 17. Oktober 1910.

[12] Details aufgelistet bei Bindseil, *Franz Stuhlmann (1863–1928)*, S. 43f.

[13] Vgl. ebd., passim. Hier werden beinahe alle Orden und Auszeichnungen für Stuhlmann genannt.

[14] Der Zeitungsbericht befindet sich im Staatsarchiv Hamburg, *Nachlass Franz Stuhlmann*, 622–2/63, Zeitungsausschnitt Hamburger Fremdenblatt vom

Zweitens beabsichtigte das KWK kurz vor Beginn des Ersten Weltkrieges, eine »Goldene Medaille für kolonialwirtschaftliche Verdienste« zu stiften. Stuhlmann, der sich laut KWK »um die wirtschaftliche Entwicklung der betreffenden Kolonie besonders verdient gemacht«[15] hatte, wurde vom Gouvernement in Deutsch-Ostafrika als Kandidat empfohlen. Die Ehrung sollte auf einer kolonialen Ausstellung in Dar es Salaam stattfinden, wozu es aufgrund des Kriegsausbruchs jedoch nicht mehr kam.

Während des Krieges behielt Stuhlmann seine Anstellung in der Zentralstelle, ging weiter seinen Aufgaben nach und wurde im Übrigen nicht zum Militärdienst einberufen.[16] 1917 wurde ihm sogar noch der Professorentitel verliehen und 1921 dann die Ehrendoktorwürde der Universität Hamburg.[17] Auch das Ende des Krieges und der Wegfall der Kolonien bedeuteten für seine Anstellung kaum eine Zäsur. Schon im Laufe des Krieges verschoben sich seine Aufgaben allmählich und das koloniale Themenspektrum wurde nach und nach auf den weltwirtschaftlichen Bereich erweitert.[18] Die Zentralstelle des Hamburgischen Kolonialinstituts wurde schlichtweg in Hamburgisches Welt-Wirtschafts-Archiv umbenannt beziehungsweise führte eine Doppelbezeichnung. Aus der Personalakte Stuhlmanns kann man erfahren, wie es sich mit der Zentralstelle und dem HWWA verhielt:

> *»Bisher war die Zentralstelle des Hamburgischen Kolonialinstituts gewissermassen ein Teil des Büros vom Senatskommissar, doch wird sie, die inzwischen den Namen Hamburgisches Weltwirtschafts-Archiv erhielt, voraussichtlich baldigst eine gesonderte Wissenschaftliche Anstalt werden, deren Leiter ich dann werde.«*[19]

24. Juni 1910. Zur Kolonie Togo siehe bspw. Sebald, Peter: *Die deutsche Kolonie Togo 1884–1914. Auswirkungen einer Fremdherrschaft*, Berlin 2013, hier speziell S. 133.

15 Staatsarchiv Hamburg, *Personalakte Stuhlmann.*

16 Ebd., 361–6, I 86 Bd. 4, Stuhlmann beantwortet eine entsprechende Anfrage vom Reichskolonialamt, 4. Juni 1915. Stuhlmann beantragte während des Krieges sogar eine Gehaltserhöhung, die er 1917 bestätigt bekam. Bescheid vom 20. Februar und vom 3. Juli 1917. Vgl. auch Ruppenthal, *Kolonialismus als »Wissenschaft und Technik«*, S. 249.

17 Staatsarchiv Hamburg, *Personalakte Stuhlmann*, 361–6, I 86 Bd. 4, Schreiben vom 5. Juli 1917. Nachweis zur Ehrendoktorwürde in *Staatsarchiv Hamburg, Nachlass Franz Stuhlmann.*

18 Ruppenthal, *Kolonialismus als »Wissenschaft und Technik«*, S. 249f.

19 Staatsarchiv Hamburg, *Personalakte Stuhlmann*, 361–6, I 86 Bd. 4, Stuhlmann an Reichskolonialamt, 13. November 1919. Zum HWWA allgemein siehe auch

Als naht- und bruchlos kann man diesen Übergang bezeichnen, welcher die historische Zäsur 1918 aus der »imperialgeschichtlichen Biographie-Perspektive«[20] als weniger bedeutungsvoll erscheinen lässt, als es die Forschung bisher tat. Allein finanziell schien sich seine Lage nun verschlechtert zu haben. Zum einen war dies dem Wertverfall des Geldes nach 1919 zuzuschreiben und zum anderen dem Umstand, dass seine Funktion in der Zentralstelle als Staatsdienst angesehen wurde, sodass seine Pension wegfiel, da Doppelbezüge nicht gestattet waren.[21]

Nach dem Krieg stimmte Stuhlmann in den Chor der Kolonialrevisionisten ein und verfasste 1920 einen »Schlußbericht über die deutschen Kolonien«, in dem es unter anderem hieß:

> *»Eine der abenteuerlichsten Lügen, die je im Weltkriege verbreitet, vielleicht zum Teil auch geglaubt ist, stellte die Behauptung auf, daß Deutschland unwürdig sei, Kolonien zu besitzen, weil es durch Mißwirtschaft den Anspruch verscherzt habe, Völker niederer Kultur zu leiten.* […] *Alle von uns verwalteten Gebiete haben sich glänzend entwickelt, Ruhe und Sicherheit für Person und Eigentum sind gewährleistet, Verkehr und Wirtschaft haben sich staunend gehoben, der moralische Stand der Eingeborenen hat sich zusehends gebessert, und die treue Anhänglichkeit der kolonialen Eingeborenen an uns im Weltkriege hat zur Überraschung unserer Feinde gezeigt, daß wir dort auch seelische Eroberungen gemacht haben.«*[22]

Im Dezember 1921 wurde Franz Stuhlmann als etatmäßiger Direktor des HWWA vereidigt und war somit offizieller Beamter in Hamburger Diensten.[23] Diese Position behielt er bis zu seinem Tod. Am 13. November 1928, zwei Wochen nach seinem 65. Geburtstag, begab sich

Leveknecht, Helmut; Scharrer, Hans-Eckart: *90 Jahre HWWA. Von der Zentralstelle des Hamburgischen Kolonialinstituts bis zur Stiftung HWWA. Eine Chronik*, Hamburg 1998.

20 Diebold, Jan: *Hochadel und Kolonialismus im 20. Jahrhundert*, S. 297.

21 Staatsarchiv Hamburg, *Personalakte Stuhlmann*, 361–6, I 86 Bd. 4, diverse Schreiben im Zeitraum vom 13. November 1919 und 19. Januar 1921. Stuhlmann sollte durch unerlaubte Doppelbezüge insgesamt 6.230,25 Mark zurückzahlen.

22 Staatsarchiv Hamburg, *Nachlass Franz Stuhlmann*.

23 Staatsarchiv Hamburg, *Personalakte Stuhlmann*, 361–6, I 86 Bd. 4, Stuhlmann an die Kolonialzentralverwaltung im Wiederaufbau-Ministerium, 14. Dezember 1921.

Stuhlmann zwecks einer Operation ins Krankenhaus.[24] Abbildung 19 im Anhang zeigt ihn in seinem letzten Lebensjahr. Am 19. November des Jahres verstarb Franz Ludwig Stuhlmann in Hamburg.[25]

[24] Staatsarchiv Hamburg, *Personalakte Stuhlmann*, 361–6, I 86 Bd. 5, Stuhlmann an Hochschulbehörde, 10. November 1928.
[25] Sein Grab befindet sich bis heute auf dem Friedhof Hamburg-Ohlsdorf. Vgl. Bindseil, *Franz Stuhlmann (1863–1928)*, S. 48.

8 Schlussbetrachtung

Die vorliegende Arbeit verfolgte das Ziel, den kolonialen Lebenslauf von Franz Ludwig Stuhlmann zu rekonstruieren, ihn mit der deutschen Kolonialpolitik in Deutsch-Ostafrika in enge Beziehung zu setzen und daraus anschauliche und konkrete Erkenntnisse sowohl über die Funktionsweisen des deutschen Kolonialismus als auch über die Erfahrungswelten eines kolonialen Akteurs zu gewinnen. Dies erfolgte anhand von drei Leitfragen.

Die erste Leitfrage behandelte Stuhlmanns Werdegang vom promovierten Zoologen über den Afrikareisenden bis hin zum Kolonialisten, der sich aktiv an der Gestaltung deutscher Kolonialpolitik beteiligte. Stuhlmann steht *pars pro toto* für einen bestimmten Typus von Persönlichkeit, der gegen Ende des 19. Jahrhunderts eine wesentliche Rolle in der Frühphase der deutschen Kolonialherrschaft spielte und trotz fehlender Fach- oder Beamtenausbildung zunächst konstituierende und später verwaltende Funktionen innehatte. Nach Cornelia Essners soziologischer Gruppeneinteilung ist dies unter anderem neben dem Offizier und dem Adligen der bürgerliche Akademiker.[1] Es wurde außerdem deutlich, dass sich Stuhlmann auf ein gut ausgebautes, koloniales Netzwerk vor Ort, das im Wesentlichen von einheimischen Akteuren organisiert und bereitgestellt wurde, zurückgreifen konnte und musste.[2] Die afrikanischen Intermediäre trugen nicht selten zum Erfolg von Expeditionen bei, was anhand von Stuhlmanns Begleitern Mabruck und Kombo sichtbar wurde. Besonders auf der Emin-Pascha-Expedition konkretisierte sich Stuhlmanns koloniale Denkweise, die sich aus sprachlichen Rassismen, Gewaltanwendung, anthropologisch-ethnologischen Sammlertätigkeiten und europäischer Überheblichkeit zusammensetzte. Ebenfalls konnte herausgestellt werden, dass sich historische Ereignisse wie der Widerstandskampf der Küstenbevölkerung 1888/89 oder Emin Paschas ›Rettung‹ durch Stanley sowie die allgemeine koloniale Situation in Ostafrika zufällig mit Stuhlmanns Lebenslinien kreuzten und somit persönliche Entscheidungen beeinflussten. Diese Verschränkung von strukturellen Rahmenbedingungen

[1] Vgl. Essner, *Deutsche Afrikareisende im neunzehnten Jahrhundert*, S. 52 sowie S. 58–72.

[2] Vgl. Pesek, *Koloniale Herrschaft in Deutsch-Ostafrika*, S. 25.

und individueller Entscheidungsmacht trägt den neueren Strömungen der historischen Biografik Rechnung. Nach der offiziellen Gründung der Kolonie Deutsch-Ostafrika änderte sich für Stuhlmann Tätigkeiten zunächst nicht viel, denn

> *»so groß war der Bruch zwischen der Welt der Forschungsreisenden und Kolonialherren nicht. Über lange Jahre agierten die Kolonialherren aufgrund einer mangelnden kolonialen Infrastruktur wie die Forschungsreisenden des 19. Jahrhunderts. Und die Forschungsreisenden fühlten sich nicht selten zu Kolonialherren berufen.«*[3]

Im direkten Anschluss daran befasste sich die zweite Leitfrage mit der kolonialen Verwaltung *on the spot* aus der Sicht Stuhlmanns. Anhand seiner Position im Gouvernement konnten die Diskussionen um die koloniale Beamtenlaufbahn sowie die allgegenwärtige Thematik der Tropenkrankheiten mikroperspektivisch betrachtet werden. Weiterhin gaben Stuhlmanns Tätigkeiten als Kartograf und stellvertretender Gouverneur interessante Einblicke, mit welchen vielschichtigen Aufgabenfeldern die Kolonialbeamten mehr oder weniger erfolgreich beschäftigt waren. Am Rande dieses Abschnitts wurde auch der Diskurs um Homosexualität und Kolonialismus angerissen.

Mit der dritten Leitfrage wurde Franz Stuhlmann als Initiator einer ›reformierten‹ Kolonialpolitik vorgestellt, der schon lange vor Bernhard Dernburgs ›Kolonialreform‹ ab 1906/07 ›wissenschaftlich-institutionalisierten‹ Kolonialismus intendiert und in seiner Funktion als verantwortlicher Beamter für Landwirtschaft ansatzweise auch umgesetzt hat. Die landwirtschaftlichen Versuchsstationen und speziell das BLI in den Usambarabergen waren die analysierten Beispiele hierfür. Stuhlmann unternahm zudem eine Studienreise nach Britisch- und Niederländisch-Indien, um den Aufbau des BLI voranzutreiben. Diese Reise wurde in das Konzept des ökologischen Imperialismus eingeordnet, welches den gewollten und ungewollten globalen Transfer von Pflanzen, Tieren und Krankheiten beschreibt und als ein wesentlicher Bestandteil des Kolonialismus als gesamteuropäisches Projekt[4] angesehen werden kann. Auch hier traten Stuhlmanns kolonialrassistische Einstellungen deutlich zutage. Zusätzlich konnten Robert Kochs Ma-

3 Ebd., S. 30.
4 Ruppenthal, *Kolonialismus als »Wissenschaft und Technik«*, S. 28.

laria- und Schlafkrankheitsforschungen in Ostafrika mit Stuhlmann in Verbindung gebracht werden. Dies ermöglichte eine Erweiterung des Blickfeldes im Hinblick auf die Verflechtungen von Wissenschaft, Medizin und Kolonialherrschaft. Somit »hatte Stuhlmann schon während seiner früheren Tätigkeit im Gouvernement zur Institutionalisierung kolonialwissenschaftlicher Projekte beigetragen«[5]. Zusammen mit Gouverneur Götzen versuchte Stuhlmann ab der Jahrhundertwende, im Nordwesten der Kolonie ein indirektes Herrschaftssystem aufzubauen, was im Hinblick auf wirtschaftliche und gesellschaftliche Verhältnisse und in Relation zu den gewaltsamen Konflikten in anderen Teilen Deutsch-Ostafrikas tatsächlich als ›gelungen‹[6] angesehen werden kann. Weiterhin beeinflusste Stuhlmann die Entscheidungen in der Kolonialabteilung in Berlin dahingehend, dass er schon 1903 ein Umdenken in der Kolonialpolitik forderte. Dieser Befund darf aber nicht darüber hinwegtäuschen, dass das Ziel dieser Politik einzig dem Profit und der Kosteneinsparung für das Deutsche Reich diente und nicht dem Wohle der Afrikaner. Es konnte festgestellt werden, dass sowohl das BLI in Amani als auch das Prinzip der indirekten Herrschaft am Victoriasee prägende Eindrücke auf Bernhard Dernburg hinterließen, der sich 1907 als Neuling in der Kolonialpolitik auf seiner Studienreise nach Deutsch-Ostafrika ein Bild von der Lage machte. Das persönliche Zusammentreffen von Stuhlmann und Dernburg, die Eindrücke über die Kolonialpolitik vor Ort sowie ein Zustandsbericht von Stuhlmann mit konkreten Reformvorschlägen legen einen gewissen Einfluss Stuhlmanns auf Dernburgs ›Kolonialreform‹ nahe.

Zusammenfassend lassen sich drei Haupterkenntnisse aus der kolonialen Biografie Franz Stuhlmanns ziehen.

Erstens kann die deutsche Kolonialgeschichte in Ostafrika als Gewaltgeschichte angesehen werden. In Franz Stuhlmann konkretisierten sich koloniale Vorstellungswelten über Rassismus und Zwangsarbeit sowie tatsächliche physische Gewaltanwendungen, fragwürdige ›wissenschaftliche‹ Sammlertätigkeiten und ökologisch-imperiale Handlungen. Wissenschaft und Kolonialismus gingen Hand in Hand und die einseitig-unkritische Würdigung von Stuhlmanns vermeintlichen ›wissenschaftlichen‹ Leistungen scheint im Hinblick auf diese Arbeit unangebracht.

5 Ebd., S. 158.
6 ›Gelungen‹ aus der Sicht der Kolonialmacht.

Zweitens konnte anhand von Franz Stuhlmann gezeigt werden, wie fragil und personenzentriert die deutsche Herrschaft in Ostafrika war. Materieller und infrastruktureller Mangel, Krankheit, karrieretechnische Unsicherheiten und der anhaltende Widerstand der afrikanischen Bevölkerung waren die beherrschenden Themen im Verwaltungs- und Arbeitsalltag der Kolonialbeamten, die oftmals fachlich unterqualifiziert und praktisch überfordert waren.

Drittens verdeutlichte Franz Stuhlmann, dass die deutsche Kolonialpolitik keine ›Einbahnstraße‹ vom Zentrum in die Peripherie war. Zwar wurden koloniale Entscheidungen *de jure* in Berlin gefällt, die Impulse, Initiativen und Anregungen kamen aber *de facto* aus der Kolonie selbst. Besonders deutlich wurde dies am naheliegenden Einfluss Stuhlmanns als langjähriger *man on the spot* auf Bernhard Dernburgs ›Kolonialreform‹ von 1906 / 07.

Diese Arbeit hat gezeigt, dass die Rekonstruktion eines kolonialen Lebenslaufs in Kombination mit schwerpunktmäßigen Leitfragen einen wichtigen Beitrag zur neueren deutschen Kolonialgeschichte leisten kann.

9 Anhang

9.1 Ungedruckte Quellen

Bundesarchiv Berlin-Lichterfelde (BArch):

N 2303 *Nachlass Franz Stuhlmann.*

R1001 *Reichskolonialamt.*

Fotoarchiv Museum am Rothenbaum – Kulturen und Künste der Welt (MARKK) Hamburg:

Konvolut 2017.16 *Sammlung Franz Stuhlmann.*

Nachlass- und Autographensammlung Staats- und Universitätsbibliothek Hamburg:

18: NFLS *Nachlass Franz Stuhlmann.*

Sammlung Perthes Gotha:

617 *Emin Paschas Tagebücher.*

Staatsarchiv Hamburg:

1935 Kc106 *Senatskanzlei – Personalabteilung I.*

361–6 *Personalakte Stuhlmann.*

622–2 / 63 *Nachlass Franz Stuhlmann.*

A 768 *Zeitungsausschnittsammlung Franz Stuhlmann.*

St. Georg VIII Ba 49 *Taufregister St. Georg 1864.*

Universitätsarchiv der Albert-Ludwigs-Universität Freiburg:

Verzeichnisse der Studierenden (ab 1822), für die Jahre 1884–1886.

Universitätsbibliothek Eberhard Karls Universität Tübingen:

L XV 24.4 *Verzeichnis der Studierenden der Universität Tübingen.*

9.2 Gedruckte Quellen

9.2.1 Zeitungen und Zeitschriften

Amtlicher Anzeiger für Deutsch-Ostafrika. Beilage zur Deutsch-Ostafrikanischen Zeitung.

Beihefte zum Tropenpflanzer. Wissenschaftliche und praktische Abhandlungen über tropische Landwirtschaft.

Der Tropenpflanzer. Zeitschrift für tropische Landwirtschaft. Organ der Kolonial-wirtschaftlichen Komitees.

Deutsche Kolonialzeitung. Organ der deutschen Kolonialgesellschaft.

Deutsch-Ostafrikanische Zeitung.

Notizblatt des Königl. Botanischen Gartens und Museums zu Berlin.

9.2.2 Zeitschriftenartikel und Bücher

Baumann, Oscar: *Usambara und seine Nachbargebiete. Allgemeine Darstellung des nordöstlichen Deutsch-Ostafrika und seiner Bewohner auf Grund einer im Auftrage der Deutsch-Ostafrikanischen Gesellschaft im Jahre 1890 ausgeführten Reise*, Berlin 1891.

Beneke, Max: *Die Ausbildung der Kolonialbeamten. Im Auftrag der deutschen Kolonialgesellschaft unter Benutzung amtlicher Quellen*, Berlin 1894.

Bongard, Oskar: *Die Studienreise des Staatssekretärs Dernburg nach Deutsch-Ost-Afrika*, Berlin 1908.

Bruck, Werner Friedrich: *Die Sisalkultur in Deutsch-Ostafrika. Eine Einführung für den während der 26. Wanderausstellung der Deutschen Landwirtschafts-Gesellschaft veranstalteten Sisalwettbewerb*, Berlin 1913.

Dernburg, Bernhard: *Zielpunkte des deutschen Kolonialwesens. Zwei Vorträge*, Berlin 1907.

Engler, A.: *Bericht über Kulturversuche in Deutsch-Ostafrika. (Für das Jahr vom Juni 1896 bis Juni 1897)*, in: *Notizblatt des Königl. botanischen Gartens und Museums zu Berlin* 2. 12 (1898), S. 27–51.

Engler, A.: *Über den ostafrikanischen Fettbaum Stearodendron Stuhlmanii Engl.*, in: *Notizblatt des Königl. botanischen Gartens und Museums zu Berlin* 1. 2 (1895), S. 42–44.

Ettighoffer, Paul C.; Hindorf, Richard: *Sisal. Das blonde Gold Afrikas. Die Tat des Dr. Hindorf*, Gütersloh 1943.

Götzen, Gustav A. von: *Durch Afrika von Ost nach West. Resultate und Begebenheiten einer Reise von der deutsch-ostafrikanischen Küste bis zur Kongomündung in den Jahren 1893/94*, Berlin 1895.

Hindorf, Richard: *Der Sisalbau in Deutsch-Ostafrika*, Berlin 1925.

Hindorf, Richard: *Eine Versuchsstation für Tropenkulturen in Usambara*, in: *Der Tropenpflanzer* 2 (1898), S. 137–142.

Kolonial-Abtheilung des Auswärtigen Amts: *Deutsches Kolonialblatt. Amtsblatt für die Schutzgebiete des Deutschen Reichs.*, in: *Deutsches Kolonialblatt, Nr. 8, 15.7.1890.*

Langhans, Paul u.a.: *Ost-Afrikanisches Schutzgebiet in 4 Blättern*, Gotha 1897.

Methner, Wilhelm: *Unter drei Gouverneuren. 16 Jahre Dienst in deutschen Tropen*, Breslau 1938.

Neubaur, Paul: *Die Besiedelungsfähigkeit von Westusambara*, in: *Der Tropenpflanzer* 6 (1902), S. 496–513.

Nigmann, Ernst: *Geschichte der Kaiserlichen Schutztruppe für Deutsch-Ostafrika*, Berlin 1911.

Peters, Carl: *Die deutsche Emin-Pascha-Expedition*, Berlin 1910.

Peters, Carl: *Gesammelte Schriften*, München/Berlin 1943.

Reichs-Kolonialamt (Hg.): *Die deutschen Schutzgebiete in Afrika und der Südsee 1912/1913. Amtliche Jahresberichte*, Berlin 1914.

Richelmann: *Kwai, ein deutsches Landgut in Ostafrika*, in: *Deutsche Kolonialzeitung. Organ der deutschen Kolonialgesellschaft* 26, S. 780.

Sprigade, Paul; Moisel, Max: *Deutscher Kolonialatlas mit Jahrbuch*, Berlin 1907.

Strandes, Justus; Harding, Leonhard: *Erinnerungen an Kindheit und Jugend und an die Kaufmannszeit in Hamburg und Ostafrika. 1865–1889*, Hamburg 2004.

Stuhlmann, Franz: *Beiträge zur Kenntnis der Tsetsefliege (Glossina fusca und Gl. tachinoides)*, Berlin/Heidelberg 1907.

Stuhlmann, Franz: *Beiträge zur Kulturgeschichte von Ostafrika. Allgemeine Betrachtungen und Studien über die Einführung und wirtschaftliche Bedeutung der Nutzpflanzen und Haustiere mit besonderer Berücksichtigung von Deutsch-Ostafrika*, Berlin 1909.

Stuhlmann, Franz: *Der Kampf um Arabien zwischen der Türkei und England*, Halle/Saale/Hamburg 1916.

Stuhlmann, Franz: *Die Mazigh-Völker. Ethnographische Notizen aus Süd-Tunesien*, Hamburg 1914.

Stuhlmann, Franz: *Dr. Stuhlmann über die wirtschaftliche Entwickelung Deutsch-Ostafrikas*, in: *Der Tropenpflanzer* 2 (1898), S. 119–125.

Stuhlmann, Franz: *Ein kulturgeschichtlicher Ausflug in den Aures (Atlas von Süd-Algerien). Nebst Betrachtungen über die Berber-Völker*, Hamburg 1912.

Stuhlmann, Franz: *Handwerk und Industrie in Ostafrika. Kulturgeschichtliche Betrachtungen*, Hamburg 1910.

Stuhlmann, Franz: *Mit Emin Pascha ins Herz von Afrika. Ein Reisebericht mit Beiträgen von Emin Pascha; zwei Teile in einem Band*, Berlin 1894.

Stuhlmann, Franz: *Persönliches von Robert Koch aus Afrika*, in: *Deutsche Kolonialzeitung* 27. 26 (28. Juni 1910).

Stuhlmann, Franz: *Studienreise nach Niederländisch- und Britisch-Indien: Ceylon*, in: *Der Tropenpflanzer* 6 (1902), S. 181–197.

Stuhlmann, Franz: *Studienreise nach Niederländisch- und Britisch-Indien*, in: *Beihefte zum Tropenpflanzer* 1 (1903), S. 1–58.

Stuhlmann, Franz: *Über die Ansiedelung europäischer Bauern in den Gebirgen von Ceylon und Deutsch-Ostafrika*, in: *Der Tropenpflanzer* 6 (1902), S. 10–12.

Stuhlmann, Franz: *Zoologische Ergebnisse einer in den Jahren 1888–1890 mit Unterstützung der Königlichen Akademie der Wissenschaften zu Berlin von*

Dr. Franz Stuhlmann in die Küstengebiete in Ost-Afrika unternommenen Reise. Band 1, Berlin 1893.

Tesch, Johannes: *Die Laufbahn der deutschen Kolonialbeamten, ihre Pflichten und Rechte. Mit Genehmigung des Auswärtigen Amtes unter Benutzung amtlicher Quellen*, Berlin 1902.

Treub, Melchior (Hg.): *Der Botanische Garten »'s Lands Plantentuin« zu Buitenzorg auf Java. Festschrift zur Feier seines 75jährigen Bestehens (1817–1892)*, Leipzig 1893.

Treub, Melchior: *Kurze Geschichte des botanischen Gartens zu Buitenzorg*, in: Treub, Melchior (Hg.): *Der Botanische Garten »›s Lands Plantentuin« zu Buitenzorg auf Java. Festschrift zur Feier seines 75jährigen Bestehens (1817–1892)*, Leipzig 1893, S. 23–73.

Virchow, Rudolf: *Deutsch-Ost-Afrika. Band I: Mit Emin Pascha ins Herz von Afrika*, in: *Zeitschrift für Ethnologie* 26 (1894), S. 47–48.

Volkens, G.: *Kulturerfolge des Versuchsgartens von Victoria in Kamerun mit den von der Botanischen Centralstelle in Berlin gelieferten Nutzpflanzen. Nach Berichten des Direktors Dr. Preuss*, in: *Notizblatt des Königl. botanischen Gartens und Museums zu Berlin* 2. 14 (1898), S. 159–173.

Volkens, G.: *Kulturnachweisungen ostafrikanischer Stationen für das Jahr vom 1. Juni 1897 bis 31. Mai 1898*, in: *Notizblatt des Königl. botanischen Gartens und Museums zu Berlin* 2. 16 (1898), S. 219–239.

9.2.3 Literatur

Abermeth, Katharina: *Heinrich Schnee. Karrierewege und Erfahrungswelten eines deutschen Kolonialbeamten*, Kiel 2017.

Albertini, Rudolf v. (Hg.): *Moderne Kolonialgeschichte*, Köln 1970.

Albertini, Rudolf von; Wirz, Albert: *Europäische Kolonialherrschaft 1880–1940*, Zürich / Freiburg im Breisgau 1976.

Aldrich, Robert: *Colonialism and homosexuality*, London / New York 2003.

Alpers, Edward A.: *The coast and the development of the caravan trade*, in: Kimambo, Isaria N.; Temu, A. J. (Hg.): *A history of Tanzania.*, Nairobi 1969, S. 35–56.

Arens, William: *The Man-Eating Myth. Anthropology & Anthropophagy*, New York 1979.

Arndt, Susan; Hornscheid, Antje (Hg.): *Afrika und die deutsche Sprache. Ein kritisches Nachschlagewerk*, Münster [2]2009.

Austen, Ralph A.: *Northwest Tanzania under German and British Rule. Colonial Policy and Tribal Politics, 1889–1939*, New Haven 1968.

Bade, Klaus J.: *Das Kaiserreich als Kolonialmacht. Ideologische Projektionen und historische Erfahrungen*, in: Becker, Josef (Hg.): *Die Deutsche Frage im*

19. und 20. Jahrhundert. Referate und Diskussionsbeiträge eines Augsburger Symposions, 23. bis 25. September 1981, München 1983, S. 91–108.

Bake, Rita (Hg.): *Hamburg–Sansibar, Sansibar–Hamburg. Hamburgs Verbindungen zu Ostafrika seit Mitte des 19. Jahrhunderts*, Hamburg 2009.

Balandier, Georges; Herterich, Günter: *Die koloniale Situation. Ein theoretischer Ansatz*, in: Albertini, Rudolf v. (Hg.): *Moderne Kolonialgeschichte*, Köln 1970, S. 105–124.

Bald, Detlef: *Deutsch-Ostafrika 1900–1914. Eine Studie über Verwaltung, Interessengruppen und wirtschaftliche Erschließung*, München 1970.

Bald, Detlef; Bald, Gerhild: *Das Forschungsinstitut Amani. Wirtschaft und Wissenschaft in der deutschen Kolonialpolitik, Ostafrika 1900–1918*, München 1972.

Baller, Susann; Pesek, Michael; Schilling, Ruth u. a. (Hg.): *Die Ankunft des Anderen. Empfangszeremonien im interkulturellen und intertemporalen Vergleich*, Frankfurt am Main 2008.

Barth, Boris; Osterhammel, Jürgen (Hg.): *Zivilisierungsmissionen. Imperiale Weltverbesserung seit dem 18. Jahrhundert*, Konstanz 2005.

Bauche, Manuela: *Medizin und Herrschaft. Malariabekämpfung in Kamerun, Ostafrika und Ostfriesland (1890–1919)*, Frankfurt am Main 2017.

Becher, Jürgen: *Dar-es-Salaam, Tanga und Tabora. Stadtentwicklung in Tansania unter deutscher Kolonialherrschaft (1885–1914)*, Stuttgart 1997.

Bechhaus-Gerst, Marianne (Hg.): *AfrikanerInnen in Deutschland und schwarze Deutsche – Geschichte und Gegenwart. Beiträge zur gleichnamigen Konferenz vom 13.–15. Juni 2003 im NS-Dokumentationszentrum (EL-DE-Haus) Köln*, Münster 2004.

Bechhaus-Gerst, Marianne; Zeller, Joachim (Hg.): *Deutschland postkolonial? Die Gegenwart der imperialen Vergangenheit*, Berlin 2018.

Becker, Felicitas; Beez, Jigal (Hg.): *Der Maji-Maji-Krieg in Deutsch-Ostafrika. 1905–1907*, Berlin 2005.

Becker, Frank (Hg.): *Rassenmischehen – Mischlinge – Rassentrennung. Zur Politik der Rasse im deutschen Kolonialreich*, Stuttgart 2004.

Becker, Josef (Hg.): *Die Deutsche Frage im 19. und 20. Jahrhundert. Referate und Diskussionsbeiträge eines Augsburger Symposions, 23. bis 25. September 1981*, München 1983.

Besser, Stephan: *Pathographie der Tropen. Literatur, Medizin und Kolonialismus um 1900*, Würzburg 2013.

Bhabha, Homi K.: *The Location of Culture*, London 1994.

Bindseil, Reinhart: *Ruanda im Lebensbild des Offiziers, Afrikaforschers und Kaiserlichen Gouverneurs Gustav Adolf Graf von Götzen (1866–1910). Mit einem Abriß über die zeitgenössischen Forschungsreisenden Franz Stuhlmann,*

Oscar Baumann, Richard Kandt, Adolf Friedrich Herzog zu Mecklenburg und Hans Meyer, Berlin 1992.

Bindseil, Reinhart: *Franz Stuhlmann (1863–1928). Zoologe und Afrikaforscher. Überbringer einzelner Nachrichten über Ruanda. Chef der Abteilung für Landeskultur und Landesvermessung beim Kaiserlichen Gouvernement von Deutsch-Ostafrika. Zuletzt Direktor des Hamburgischen Weltwirtschafts-Archivs. Ein biographisches Portrait, gleichzeitig eine kolonialhistorische Personalstudie*, Halle / Saale 2008.

Bloch, Marc: *L‹ étrange défaite. Témoignage écrit en 1940*, Paris 1990.

Bödeker, Hans Erich (Hg.): *Biographie schreiben*, Göttingen 2003.

Bösch, Frank: *Öffentliche Geheimnisse. Skandale, Politik und Medien in Deutschland und Großbritannien 1880–1914*, München 2009.

Boussoulas, Andriana: *»Pygmäe«*, in: Arndt, Susan; Hornscheid, Antje (Hg.): *Afrika und die deutsche Sprache. Ein kritisches Nachschlagewerk*, Münster. [2]2009, S. 194–196.

Bückendorf, Jutta: *»Schwarz-weiß-rot über Ostafrika!«. Deutsche Kolonialpläne und afrikanische Realität*, Münster 1997.

Budde, Gunilla; Conrad, Sebastian; Janz, Oliver (Hg.): *Transnationale Geschichte. Themen, Tendenzen und Theorien*, Göttingen 2006.

Bührer, Tanja: *Die kaiserliche Schutztruppe für Deutsch-Ostafrika. Koloniale Sicherheitspolitik und transkulturelle Kriegführung 1885 bis 1918*, München 2011.

Bührer, Tanja: *Die Hehe und die Schutztruppe in Deutsch-Ostafrika. Die Schlacht bei Rugaro 1891*, in: Walter, Dierk; Kundrus, Birthe (Hg.): *Waffen, Wissen, Wandel. Anpassung und Lernen in transkulturellen Erstkonflikten*, Hamburg 2012, S. 258–281.

Cain, Peter J.; Hopkins, Anthony G.: *British Imperialism. Innovation and Expansion 1688–1914*, London / New York 1993.

Castro Varela, María do Mar; Dhawan, Nikita: *Postkoloniale Theorie. Eine kritische Einführung*, Bielefeld 2005.

Conrad, Sebastian: *Deutsche Kolonialgeschichte*, München [3]2016.

Conrad, Sebastian; Osterhammel, Jürgen (Hg.): *Das Kaiserreich transnational. Deutschland in der Welt 1871–1914*, Göttingen 2004.

Conrad, Sebastian; Randeria, Shalini (Hg.): *Jenseits des Eurozentrismus. Postkoloniale Perspektiven in den Geschichts- und Kulturwissenschaften.* Unter Mitarbeit von Beate Sutterlüty, Frankfurt am Main / New York 2002.

Conrad, Sebastian; Randeria, Shalini; Römhild, Regina (Hg.): *Jenseits des Eurozentrismus. Postkoloniale Perspektiven in den Geschichts- und Kulturwissenschaften*, Frankfurt am Main [u. a.] [2]2013.

Conte, Christopher Allan: *Highland Sanctuary. Environmental History in Tanzania's Usambara Mountains*, Athens 2004.

Crosby, Alfred W.: *Ecological Imperialism. The Biological Expansion of Europe, 900–1900*, Cambridge 2015.

Demhardt, Imre Josef: *Deutsche Kolonialgrenzen in Afrika. Historisch-geographische Untersuchungen ausgewählter Grenzräume von Deutsch-Südwestafrika und Deutsch-Ostafrika*, Hildesheim / Zürich / New York 1997.

Diebold, Jan: *Hochadel und Kolonialismus im 20. Jahrhundert. Die imperiale Biographie des »Afrika-Herzogs« Adolf Friedrich zu Mecklenburg*, Wien 2019.

Domeier, Norman: *Der Eulenburg-Skandal. Eine politische Kulturgeschichte des Kaiserreichs*, Frankfurt am Main 2010.

Eckart, Wolfgang U.: *Medizin und Kolonialimperialismus. Deutschland 1884–1945*, Paderborn / München / Wien / Zürich 1997.

Eckert, Andreas: *Die Verheißung der Bürokratie. Verwaltung als Zivilisierungsagentur im kolonialen Westafrika*, in: Barth, Boris; Osterhammel, Jürgen (Hg.): *Zivilisierungsmissionen. Imperiale Weltverbesserung seit dem 18. Jahrhundert*, Konstanz 2005, S. 269–284.

Eckert, Andreas: *Die Berliner Afrika-Konferenz (1884 / 85)*, in: Zimmerer, Jürgen (Hg.): *Kein Platz an der Sonne. Erinnerungsorte der deutschen Kolonialgeschichte*, Frankfurt am Main / New York 2013, S. 137–149.

Eckert, Andreas; Pesek, Michael: *Bürokratische Ordnung und koloniale Praxis. Herrschaft und Verwaltung in Preußen und Afrika*, in: Conrad, Sebastian; Osterhammel, Jürgen (Hg.): *Das Kaiserreich transnational. Deutschland in der Welt 1871–1914*, Göttingen 2004, S. 87–106.

Eckert, Andreas; Wirz, Albert: *Wir nicht, die Anderen auch. Deutschland und der Kolonialismus*, in: Conrad, Sebastian; Randeria, Shalini (Hg.): *Jenseits des Eurozentrismus. Postkoloniale Perspektiven in den Geschichts- und Kulturwissenschaften.* Unter Mitarbeit von Beate Sutterlüty, Frankfurt am Main / New York 2002, S. 372–392.

Engelberg, Ernst: *Bismarck. Sturm über Europa*, München 2014.

Essner, Cornelia: *Deutsche Afrikareisende im neunzehnten Jahrhundert. Zur Sozialgeschichte des Reisens*, Stuttgart 1985.

Fabian, Johannes: *Im Tropenfieber. Wissenschaft und Wahn in der Erforschung Zentralafrikas*, München 2001.

Fitzmaurice, Andrew: *The Genealogy of Terra Nullius*, in: *Australian Historical Studies* 38. 129 (2007), S. 1–15.

Gallagher, John; Robinson, Ronald: *The Imperialism of Free Trade*, in: *The Economic History Review* 6. 1 (1953), S. 1–15.

Geißler, P. Wenzel u.a. (Hg.): *Amani – Auf den Spuren einer kolonialen Forschungsstation in Tansania*, Bielefeld 2020.

Geulen, Christian: *»The Final Frontier …«. Heimat, Nation und Kolonie um 1900*, in: Kundrus, Birthe (Hg.): *Phantasiereiche. Zur Kulturgeschichte des deutschen Kolonialismus*, Frankfurt am Main / New York 2003, S. 35–55.

Giblin, James Leonard; Monson, Jamie (Hg.): *Maji Maji. Lifting the fog of war*, Leiden 2010.

Gollwitzer, Heinz; Dollinger, Heinz; Gründer, Horst (Hg.): *Weltpolitik, Europagedanke, Regionalismus. Festschrift für Heinz Gollwitzer zum 65. Geburtstag am 30. Jan. 1982*, Münster 1982.

Gradmann, Christoph: *Krankheit im Labor. Robert Koch und die medizinische Bakteriologie*, Göttingen [2]2010.

Grewe, Bernd-Stefan: *Das schwierige Erbe des Kolonialismus. Probleme und Potenziale für den Geschichtsunterricht*, in: Bechhaus-Gerst, Marianne; Zeller, Joachim (Hg.): *Deutschland postkolonial? Die Gegenwart der imperialen Vergangenheit*, Berlin 2018, S. 473–504.

Grimmer-Solem, Erik: *The Professors' Africa. Economists, the Elections of 1907, and the Legitimation of German Imperialism*, in: *German History* 25. 3 (2007), S. 313–347.

Groeben, Christiane (Hg.): *Stätten biologischer Forschung / Places of biological research. Beiträge zur 12. Jahrestagung der DGGTB in Neapel 2003*, Berlin 2005.

Gwassa, Gilbert Clement Kamana: *The German intervention and African resistance in Tanzania*, in: Kimambo, Isaria N.; Temu, A. J. (Hg.): *A history of Tanzania.*, Nairobi 1969, S. 85–122.

Gwassa, Gilbert Clement Kamana (Hg.): *The outbreak and development of the Maji Maji war 1905–1907*, Köln 2005.

Habermas, Rebekka: *Intermediaries, Kaufleute, Missionare, Forscher und Diakonissen. Akteure und Akteurinnen im Wissenstransfer. Einführung*, in: Habermas, Rebekka; Przyrembel, Alexandra (Hg.): *Von Käfern, Märkten und Menschen. Kolonialismus und Wissen in der Moderne*, Göttingen / Bristol 2013, S. 27–48.

Habermas, Rebekka; Przyrembel, Alexandra (Hg.): *Von Käfern, Märkten und Menschen. Kolonialismus und Wissen in der Moderne*, Göttingen / Bristol 2013.

Hafeneder, Rudolf: *Deutsche Kolonialkartographie 1884–1919*, Euskirchen 2008.

Hall, Stuart (Hg.): *Formations of Modernity*, Cambridge 1992.

Hall, Stuart: *The West and the Rest*, in: Hall, Stuart (Hg.): *Formations of Modernity*, Cambridge 1992, S. 275–332.

Han, Enze; O'Mahoney, Joseph P. A.: *British Colonialism and the Criminalization of Homosexuality. Queens, Crime and Empire*, London / New York 2018.

Harlow, Vincent; Chilver, E. M.; Smith, Alison (Hg.): *History of East Africa*, Oxford 1965.

Hausen, Karin: *Deutsche Kolonialherrschaft in Afrika. Wirtschaftsinteressen und Kolonialverwaltung in Kamerun vor 1914*, Zürich / Freiburg im Breisgau 1970.

Henderson, William Otto: *German East Africa, 1884–1918*, in: Harlow, Vincent; Chilver, E. M.; Smith, Alison (Hg.): *History of East Africa*, Oxford 1965, S. 123–162.

Herbert, Ulrich: *Best. Biographische Studien über Radikalismus, Weltanschauung und Vernunft, 1903–1989*, Bonn 1989.

Hermann, Jutta: *Pharmazeutische Biologie im Botanischen Garten 's Lands Plantentuin zu Buitenzorg/Java (1817heute)*, in: Groeben, Christiane (Hg.): *Stätten biologischer Forschung/Places of biological research. Beiträge zur 12. Jahrestagung der DGGTB in Neapel 2003*, Berlin 2005, S. 217–226.

Heß, Wilhelm: *Semper, Karl*, in: *Allgemeine Deutsche Biographie* 54 (1908), S. 315–316.

Hillgruber, Andreas: *Bismarcks Aussenpolitik*, Freiburg im Breisgau [3]1993.

Hirschhausen, Ulrike von: *Diskussionsforum: a new Imperial History? Programm, Potenzial, Perspektiven*, in: *Geschichte und Gesellschaft. Zeitschrift für historische Sozialwissenschaft* 41. 4 (2015), S. 718–757.

Hoffmann, Arnd: *Zufall und Kontingenz in der Geschichtstheorie. Mit zwei Studien zu Theorie und Praxis der Sozialgeschichte*, Frankfurt am Main 2005.

Hoffmann, Florian: *Okkupation und Militärverwaltung in Kamerun. Etablierung und Institutionalisierung des kolonialen Gewaltmonopols 1891–1914*, Göttingen 2007.

Hölzl, Richard: *Pater August Schynse (1857–1891). Prediger, Wissensvermittler und Symbolfigur*, in: Habermas, Rebekka; Przyrembel, Alexandra (Hg.): *Von Käfern, Märkten und Menschen. Kolonialismus und Wissen in der Moderne*, Göttingen/Bristol 2013, S. 61–72.

Horstmann, Anne-Kathrin: *Wissensproduktion und koloniale Herrschaftslegitimation an den Kölner Hochschulen. Ein Beitrag zur »Dezentralisierung« der deutschen Kolonialwissenschaften*, Frankfurt am Main 2015.

Iliffe, John: *Tanganyika under German Rule 1905–1912*, Cambridge/London 1969.

Iliffe, John: *A Modern History of Tanganyika*, Cambridge 1999.

Keipert, Maria; Grupp, Peter; Hürter, Johannes u.a. (Hg.): *Biographisches Handbuch des deutschen Auswärtigen Dienstes. 1871–1945*, Paderborn 2000.

Kenny, Judith T.: *Climate, Race, and Imperial Authority: The Symbolic Landscape of the British Hill Station in India*, in: *Annals of the Association of American Geographers*, 85(4), 1995, S. 694–714.

Kimambo, Isaria N.; Temu, A. J. (Hg.): *A history of Tanzania.*, Nairobi 1969.

Kirchen, Christian: *Emin Pascha. Arzt – Abenteurer – Afrikaforscher*, Paderborn 2014.

Klein, Christian (Hg.): *Grundlagen der Biographik. Theorie und Praxis des biographischen Schreibens*, Stuttgart/Weimar 2002.

Klein, Christian (Hg.): *Handbuch Biographie. Methoden, Traditionen, Theorien*, Stuttgart/Weimar 2009.

Klein, Christian; Schnicke, Falko: *20. Jahrhundert*, in: Klein, Christian (Hg.): *Handbuch Biographie. Methoden, Traditionen, Theorien*, Stuttgart/Weimar 2009, S. 251–264.

Klein-Arendt, Reinhard: *Ein Land wird gewaltsam in Besitz genommen. Die Kolonie Deutsch-Ostafrika*, in: Becker, Felicitas; Beez, Jigal (Hg.): *Der Maji-Maji-Krieg in Deutsch-Ostafrika. 1905–1907*, Berlin 2005, S. 28–48.

Kolb, Eberhard: *Bismarck*, München [2]2014.

Koponen, Juhani: *Development for Exploitation. German Colonial Policies in Mainland Tanzania, 1884–1914*, Helsinki/Münster [2]1995.

Koselleck, Reinhart: *Standortbindung und Zeitlichkeit. Ein Beitrag zur historiographischen Erschließung der geschichtlichen Welt*, in: Koselleck, Reinhart (Hg.): *Vergangene Zukunft. Zur Semantik geschichtlicher Zeiten*, Frankfurt am Main 1979, S. 176–210.

Koselleck, Reinhart (Hg.): *Vergangene Zukunft. Zur Semantik geschichtlicher Zeiten*, Frankfurt am Main 1979.

Krockow, Christian von: *Reform als politisches Prinzip*, München 1976.

Kundrus, Birthe (Hg.): *Phantasiereiche. Zur Kulturgeschichte des deutschen Kolonialismus*, Frankfurt am Main/New York 2003.

Kunst, Beate; Creutz, Ulrich: *Geschichte der Berliner anthropologischen Sammlungen von Rudolf Virchow und Felix von Luschan*, in: Stoecker, Holger; Schnalke, Thomas; Winkelmann, Andreas (Hg.): *Sammeln, Erforschen, Zurückgeben? Menschliche Gebeine aus der Kolonialzeit in akademischen und musealen Sammlungen*, Berlin 2013, S. 84–105.

Lange, Britta: *Prekäre Situationen – Anthropologisches Sammeln im Kolonialismus*, in: Stoecker, Holger; Schnalke, Thomas; Winkelmann, Andreas (Hg.): *Sammeln, Erforschen, Zurückgeben? Menschliche Gebeine aus der Kolonialzeit in akademischen und musealen Sammlungen*, Berlin 2013, S. 45–68.

Laukötter, Anja: *Gefühle im Feld – Die »Sammelwut« der Anthropologen in Bezug auf Körperteile und das Konzept der »Rasse« um die Jahrhundertwende*, in: Stoecker, Holger; Schnalke, Thomas; Winkelmann, Andreas (Hg.): *Sammeln, Erforschen, Zurückgeben? Menschliche Gebeine aus der Kolonialzeit in akademischen und musealen Sammlungen*, Berlin 2013, S. 24–44.

Lawrance, Benjamin N.; Osborn, Emily Lynn; Roberts, Richard L. (Hg.): *Intermediaries, Interpreters, and Clerks. African Employees in the Making of Colonial Africa*, Madison 2006.

Leveknecht, Helmut; Scharrer, Hans-Eckart: *90 Jahre HWWA. Von der Zentralstelle des Hamburgischen Kolonialinstituts bis zur Stiftung HWWA. Eine Chronik*, Hamburg 1998.

Lindner, Ulrike: *Koloniale Begegnungen. Deutschland und Großbritannien als Imperialmächte in Afrika 1880–1914*, Frankfurt am Main 2011.

Linne, Karsten: *Von Witzenhausen in die Welt. Ausbildung und Arbeit von Tropenlandwirten 1898 bis 1971*, Göttingen 2017.

Maganda, Dainess M.; Moshi, Lioba Mkaficha (Hg.): *The Swahili People and Their Language*, London 2014.

Malzner, Sonja; Peiter, Anne D. (Hg.): *Der Träger. Zu einer »tragenden« Figur der Kolonialgeschichte*, Bielefeld 2018.

Mannweiler, Erich: *Geschichte des Instituts für Schiffs- und Tropenkrankheiten in Hamburg, 1900–1945*. Keltern-Weiler 1998.

Marcus, August: *Über die Sisalagave und ihre Züchtung in Ostafrika*, in: *Materiae Vegetabiles* 1. 3 (1953), S. 300–309.

Michels, Eckard: *»Der Held von Deutsch-Ostafrika«. Paul von Lettow-Vorbeck. Ein preußischer Kolonialoffizier*, Paderborn 2008.

Michels, Stefanie: *Schwarze deutsche Kolonialsoldaten. Mehrdeutige Repräsentationsräume und früher Kosmopolitismus in Afrika*, Bielefeld 2009.

Möhle, Heiko: *Sansibar um 1890 – eine photographische Fundsache*, in: Bake, Rita (Hg.): *Hamburg–Sansibar, Sansibar–Hamburg. Hamburgs Verbindungen zu Ostafrika seit Mitte des 19. Jahrhunderts*, Hamburg 2009, 75–84.

Morlang, Thomas: *Askari und Fitafita. »Farbige« Söldner in den deutschen Kolonien*, Berlin 2008.

Nonn, Christoph: *Bismarck. Ein Preuße und sein Jahrhundert*, München 2015.

Nowell, William: *The Agricultural Research Station at Amani*, in: *Journal of the Royal Society of Arts 1933*, Supplement zu Vol. 33, No. 130 (1934).

Oelkers, Jürgen: *Biographik. Überlegungen zu einer unschuldigen Gattung*, in: *Neue Politische Literatur 3*. 3 (1974), S. 296–309.

Osterhammel, Jürgen: *Imperien*, in: Budde, Gunilla; Conrad, Sebastian; Janz, Oliver (Hg.): *Transnationale Geschichte. Themen, Tendenzen und Theorien*, Göttingen 2006, S. 56–67.

Osterhammel, Jürgen: *Kolonialismus. Geschichte, Formen, Folgen* [8]2017.

Penny, H. Glenn: *Objects of Culture. Ethnology and Ethnographic Museums in Imperial Germany*, Chapel Hill 2002.

Pesek, Michael: *Koloniale Herrschaft in Deutsch-Ostafrika. Expeditionen, Militär und Verwaltung seit 1880*, Frankfurt am Main 2005.

Pesek, Michael: *The Boma and the Peripatetic Ruler. Mapping Colonial Rule in German East Africa, 1889–1903*, in: *Western Folklore* 66. 3/4 (2007), S. 233–257.

Pesek, Michael: *Praxis und Repräsentation kolonialer Herrschaft. Die Reise des Staatssekretärs Bernhard Dernburg nach Ostafrika, 1907*, in: Baller, Susann; Pesek, Michael; Schilling, Ruth u.a. (Hg.): *Die Ankunft des Anderen. Empfangszeremonien im interkulturellen und intertemporalen Vergleich*, Frankfurt am Main 2008, S. 199–224.

Petersson, Niels P.: *Markt, Zivilisierungsmission und Imperialismus*, in: Barth, Boris; Osterhammel, Jürgen (Hg.): *Zivilisierungsmissionen. Imperiale Weltverbesserung seit dem 18. Jahrhundert*, Konstanz 2005, S. 33–54.

Pogge von Strandmann, Hartmut: *Der Kolonialrat*, in: van der Heyden, Ulrich; Zeller, Joachim (Hg.): *Kolonialmetropole Berlin. Eine Spurensuche*, Berlin 2002, S. 32–34.

Pogge von Strandmann, Hartmut: *Imperialismus vom Grünen Tisch. Deutsche Kolonialpolitik zwischen wirtschaftlicher Ausbeutung und »zivilisatorischen« Bemühungen*, Berlin 2009.

Preussische Staatsbibliothek: *Jahresverzeichnis der an den deutschen Universitäten erschienenen Schriften, 1885–87*, Berlin 1891.

Prinz, Claudia: *Hermann von Wissmann als »Kolonialpionier«*, in: *Peripherie* 30. 2 (2010), S. 315–336.

Pyta, Wolfram: *Geschichtswissenschaft*, in: Klein, Christian (Hg.): *Handbuch Biographie. Methoden, Traditionen, Theorien*, Stuttgart / Weimar 2009, S. 331–338.

Reinhard, Wolfgang: *Kleine Geschichte des Kolonialismus*, Stuttgart [2]2008.

Roberts, Andrew: *Political Change in the Nineteenth Century*, in: Kimambo, Isaria N.; Temu, A. J. (Hg.): *A history of Tanzania.*, Nairobi 1969, S. 57–84.

Robinson, Ronald; Gallagher, John; Denny, Alice: *Africa and the Victorians. The Official Mind of Imperialism*, London [2]1981.

Rolf, Malte: *Einführung: Imperiale Biographien. Lebenswege imperialer Akteure in Groß- und Kolonialreichen (1850–1918)*, in: *Geschichte und Gesellschaft. Zeitschrift für historische Sozialwissenschaft* 40. 1 (2014), S. 5–21.

Rotberg, Robert I.; Mazrui, Ali A.: *Protest and Power in Black Africa*, New York 1970.

Runge, Anita: *Wissenschaftliche Biographik*, in: Klein, Christian (Hg.): *Handbuch Biographie. Methoden, Traditionen, Theorien*, Stuttgart / Weimar 2009, S. 113–121.

Ruppenthal, Jens: *Kolonialismus als »Wissenschaft und Technik«. Das Hamburgische Kolonialinstitut 1908 bis 1919*, Stuttgart 2007.

Sabea, Hanan: *Mastering the Landscape? Sisal Plantations, Land, and Labor in Tanga Region, 1893–1980s*, in: *International Journal of African Historical Studies* 41. 3 (2008), S. 411–432.

Said, Edward W.: *Orientalism*, New York 1978.

Schaller, Dominik J.: *»Ich glaube, dass die Nation als solche vernichtet werden muss«. Kolonialkrieg und Völkermord in »Deutsch-Südwestafrika« 1904–1907*, in: *Journal of Genocide Research* 6. 3 (2004), S. 395–430.

Schiefel, Werner: *Bernhard Dernburg: 1865–1937. Kolonialpolitiker und Bankier im wilhelminischen Deutschland*, Zürich 1974.

Schmidt, Heike Ingeborg: *Colonial Intimacy: The Rechenberg Scandal and Homosexuality in German East Africa*, in: *Journal of the History of Sexuality* 17. 1 (2007), S. 25–59.

Schnee, Heinrich: *Deutsches Koloniallexikon in 3 Bänden*, Saarbrücken 2011.

Schneppen, Heinz: *Sansibar und die Deutschen. Ein besonderes Verhältnis. 1844–1966*, Berlin ²2006.

Schulte-Althoff, Franz-Josef: *Koloniale Krise und Reformprojekte. Zur Diskussion über eine Kurskorrektur in der deutschen Kolonialpolitik nach der Jahrhundertwende*, in: Gollwitzer, Heinz; Dollinger, Heinz; Gründer, Horst (Hg.): *Weltpolitik, Europagedanke, Regionalismus. Festschrift für Heinz Gollwitzer zum 65. Geburtstag am 30. Jan. 1982*, Münster 1982, S. 407–426.

Sebald, Peter: *Die deutsche Kolonie Togo 1884–1914. Auswirkungen einer Fremdherrschaft*, Berlin 2013.

Siedhoff, Carola: *Die Auswanderung in die deutschen Kolonien im Spiegel der deutschen Kolonialzeitschriften von 1884 bis zum Ersten Weltkrieg*, Berlin 2011.

Sommer, Kai: *Die Strafbarkeit der Homosexualität von der Kaiserzeit bis zum Nationalsozialismus. Eine Analyse der Straftatbestände im Strafgesetzbuch und in den Reformentwürfen (1871–1945)*, Frankfurt am Main 1998.

Speitkamp, Winfried: *Deutsche Kolonialgeschichte*, Stuttgart 2005.

Spivak, Gayatri Chakravorty: *Can the Subaltern Speak?*, in: Williams, Patrick; Chrisman, Laura (Hg.): *Colonial Discourse and Post-Colonial Theory. A Reader*, New York u. a. 1994, S. 66–111.

Stoecker, Holger; Schnalke, Thomas; Winkelmann, Andreas (Hg.): *Sammeln, Erforschen, Zurückgeben? Menschliche Gebeine aus der Kolonialzeit in akademischen und musealen Sammlungen*, Berlin 2013.

Stoler, Ann Laura; Cooper, Frederick (Hg.): *Tensions of Empire. Colonial Cultures in a Bourgeois World*, Berkeley 1997.

Strizek, Helmut: *Geschenkte Kolonien. Ruanda und Burundi unter deutscher Herrschaft*, Berlin 2006.

Tetzlaff, Rainer: *Koloniale Entwicklung und Ausbeutung. Wirtschafts- und Sozialgeschichte Deutsch-Ostafrikas 1885–1914*, Berlin 1970.

Tilley, Helen: *Africa as a Living Laboratory. Empire, Development, and the Problem of Scientific Knowledge, 1870–1950*, Chicago 2011.

Utermark, Sören: *»Schwarzer Untertan versus schwarzer Bruder«. Bernhard Dernburgs Reformen in den Kolonien Deutsch-Ostafrika, Deutsch-Südwestafrika, Togo und Kamerun*, Kassel 2012.

Van der Heyden, Ulrich; Zeller, Joachim (Hg.): *Kolonialmetropole Berlin. Eine Spurensuche*, Berlin 2002.

Van der Heyden, Ulrich; Zeller, Joachim (Hg.): *Kolonialismus hierzulande. Eine Spurensuche in Deutschland*, Erfurt 2007.

Van Heyningen, Elizabeth: *The Concentration Camps of the Anglo-Boer War. A Social History*, Auckland Park 2013.

Van Laak, Dirk: *Imperiale Infrastruktur. Deutsche Planungen für eine Erschließung Afrikas 1880 bis 1960*, Paderborn / München / Wien / Zürich 2004.

Van Laak, Dirk: *Kolonien als »Laboratorien der Moderne«?*, in: Conrad, Sebastian; Osterhammel, Jürgen (Hg.): *Das Kaiserreich transnational. Deutschland in der Welt 1871–1914*, Göttingen 2004, S. 257–279.

Van Laak, Dirk: *Über alles in der Welt. Deutscher Imperialismus im 19. und 20. Jahrhundert*, München 2005.

Wächter, H. Jürgen: *Naturschutz in den deutschen Kolonien in Afrika (1884–1918)*, Münster 2008.

Walter, Dierk; Kundrus, Birthe (Hg.): *Waffen, Wissen, Wandel. Anpassung und Lernen in transkulturellen Erstkonflikten*, Hamburg 2012.

Washausen, Helmut: *Hamburg und die Kolonialpolitik des Deutschen Reiches 1880 bis 1890*, Hamburg 1968.

Webb, James L. A.: *Tropical Pioneers. Human Agency and Ecological Change in the Highlands of Sri Lanka, 1800–1900*, Athens 2002.

Wehler, Hans-Ulrich: *Bismarck und der Imperialismus*, Köln 1969.

Wesseling, Hendrik L.: *Teile und herrsche. Die Aufteilung Afrikas 1880–1914*, Stuttgart 1999.

Wette, Wolfram: *Militarismus in Deutschland. Geschichte einer kriegerischen Kultur*, Frankfurt am Main 2008.

Williams, Patrick; Chrisman, Laura (Hg.): *Colonial Discourse and Post-Colonial Theory. A Reader*, New York u.a. 1994.

Zabel, Hans-Henning: *»Hindorf, Richard«*, in: *Neue Deutsche Biographie 9* (1972), S. 182.

Zantop, Susanne: *Colonial Fantasies. Conquest, Family, and Nation in Precolonial Germany, 1770–1870*, Durham 1997.

Zeller, Joachim: *Berlin: Schaustellung von »Akkazwerginnen aus Centralafrika« 1893*, in: van der Heyden, Ulrich; Zeller, Joachim (Hg.): *Kolonialismus hierzulande. Eine Spurensuche in Deutschland*, Erfurt 2007, S. 427–431.

Zepernick, Bernhard: *Zwischen Wirtschaft und Wissenschaft – die deutsche Schutzgebiets-Botanik*, in: *Berichte zur Wissenschaftsgeschichte* 13. 4 (1990), S. 207–217.

Zepernick, Bernhard: *Die Botanische Zentralstelle für die deutschen Kolonien*, in: van der Heyden, Ulrich; Zeller, Joachim (Hg.): *Kolonialmetropole Berlin. Eine Spurensuche*, Berlin 2002, S. 107–111.

Zimmerer, Jürgen: *Deutsche Herrschaft über Afrikaner. Staatlicher Machtanspruch und Wirklichkeit im kolonialen Namibia*, Münster [3]2004.

Zimmerer, Jürgen: *Im Dienste des Imperiums. Die Geographen der Berliner Universität zwischen Kolonialwissenschaften und Ostforschung*, in: *Jahrbuch für Universitätsgeschichte* 7 (2004), S. 73–99.

Zimmerer, Jürgen: *Von Windhuk nach Auschwitz? Beiträge zum Verhältnis von Kolonialismus und Holocaust*, Münster 2011.

Zimmerer, Jürgen (Hg.): *Kein Platz an der Sonne. Erinnerungsorte der deutschen Kolonialgeschichte*, Frankfurt am Main / New York 2013.

Zimmerer, Jürgen; Zeller, Joachim: *Völkermord in Deutsch-Südwestafrika. Der Kolonialkrieg (1904–1908) in Namibia und seine Folgen* [3]2016.

9.3 Internet

Eckert, Andreas: *Der Kolonialismus im europäischen Gedächtnis*. In: Bundeszentrale für politische Bildung. 14.12.2007. http://www.bpb.de/apuz/31498/der-kolonialismus-im-europaeischen-gedaechtnis (eingesehen am 4.2.2019).

NIMR – National Institute for Medical Research: Amani Research Center. 2018. http://demgo.co.tz/NIMR/research-centres/amani-research-centre/ (eingesehen am 2.2.2019).

o. A.: *Sustainable sisal in Tanzania*, in: *New Agriculturist*. Mai 2009. http://www.new-ag.info/en/focus/focusItem.php?a=740 (eingesehen am 13.9.2020).

Universitätssammlungen in Deutschland: Anthropologische Sammlungen am Berliner Medizinhistorischen Museum. Januar 2017. http://www.universitaetssammlungen.de/sammlung/49 (eingesehen am 24.10.2018).

9.4 Abbildungen

Abb. 1: Franz Stuhlmann zur Zeit seiner ersten Afrikaaufenthalte. Quelle: Bildarchiv der Deutschen Kolonialgesellschaft, Universitätsbibliothek Frankfurt am Main, Bildnummer 002–0062–12.

Abb. 2: *Sansibar. Insel Bani* (Originalbildunterschrift). Die Aufnahme entstand vermutlich zwischen 1888 und 1890. Bei der Person ganz rechts im Bild handelt es sich um Stuhlmann. Quelle: Fotoarchiv MARKK, Sammlung Stuhlmann, Inv. Nr. 2017.16:251, © MARKK.

Abb. 3: *Sansibar. Mein Zimmer 1888* (Originalbildunterschrift). Quelle: Fotoarchiv MARKK, Sammlung Stuhlmann, Inv. Nr. 2017.16:253, © MARKK.

Abb. 4: Die Expeditionsrouten von Henry Morton Stanley und Emin Pascha 1886–1892. Quelle: Kirchen, Christian: *Emin Pascha. Arzt – Abenteurer – Afrikaforscher*, Paderborn 2014, S. 306. Abdruck mit freundlicher Genehmigung von Michael Wegener.

Abb. 5: Der Nordwesten von Deutsch-Ostafrika 1897, markiert ist der Emin-Pascha-Golf. Quelle: Langhans, Paul u. a.: *Ost-Afrikanisches Schutzgebiet in 4 Blättern*, Gotha 1897, Ausschnitt aus Blatt 1, eigene Bearbeitung.

Abb. 6: *Mein Lager am Tage der Rückkehr nach Bagamoyo 12. Juli 1892* (Originalbildunterschrift). Quelle: Fotoarchiv MARKK, Sammlung Stuhlmann, Inv. Nr. 2017.16:73, © MARKK.

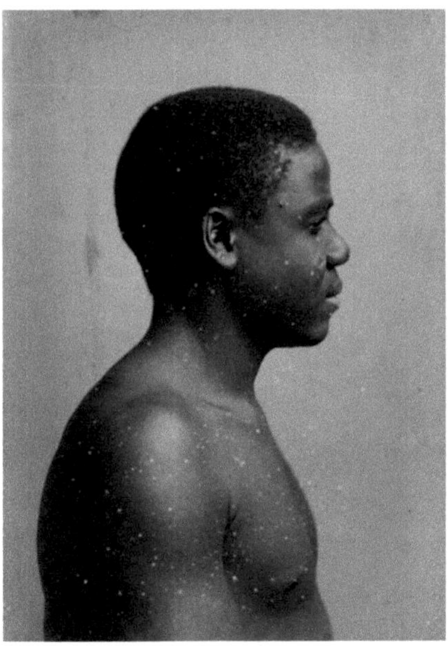

Abb. 7: Kombo, fotografiert bei seinem Aufenthalt in Berlin 1893. Quelle: Fotoarchiv MARKK, Sammlung Stuhlmann, Inv. Nr. 2017.16:600, © MARKK.

Abb. 8: Kombo, um 1890. Quelle: Fotoarchiv MARKK, Sammlung Stuhlmann, Inv. Nr. 2017.16:36, © MARKK.

Abb. 9: Kombo, Bleistiftzeichnung von Wilhelm Kuhnert. Quelle: Fotoarchiv MARKK, Sammlung Stuhlmann, Inv. Nr. 2017.16:2, © MARKK.

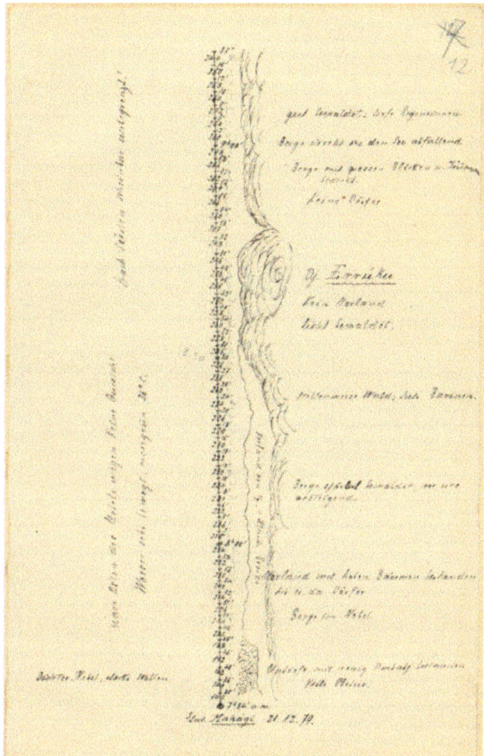

Abb. 10: Routenaufnahme aus den Tagebüchern Emin Paschas. Quelle: Forschungsbibliothek Gotha, Sammlung Perthes Archiv, Petermanns Geographische Mitteilungen 617/5, Teilnachlass Emin Pascha (Tagebücher III, Teil 5), *Ältere Reise auf d. Albert Nyanza und Bahr el Djebel, Nov. & Dec. 1879*, Bl. 12.

Abb. 11: Aufzeichnung eines Routenverlaufs. Quelle: Forschungsbibliothek Gotha, Sammlung Perthes Archiv, Petermanns Geographische Mitteilungen 617/11, *Dr. Emin Pascha‹s Reiseroute von Wandi nach Tangasi und zurück*, Bl. 3.

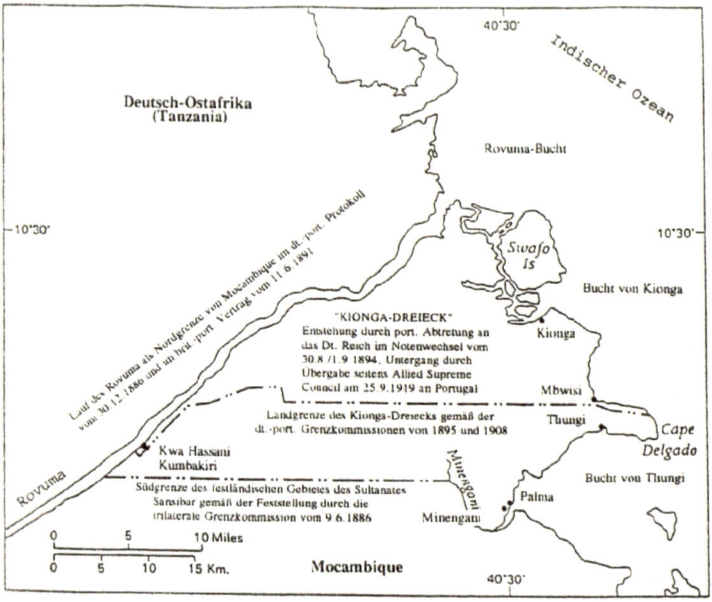

Abb. 12: Kartenskizze des Kionga-Dreiecks und der verschiedenen Grenzsituationen der Jahre 1886–1919. Quelle: Demhardt, Imre Josef: *Deutsche Kolonialgrenzen in Afrika. Historisch-geographische Untersuchungen ausgewählter Grenzräume von Deutsch-Südwestafrika und Deutsch-Ostafrika*, Hildesheim / Zürich / New York 1997, S. 413.

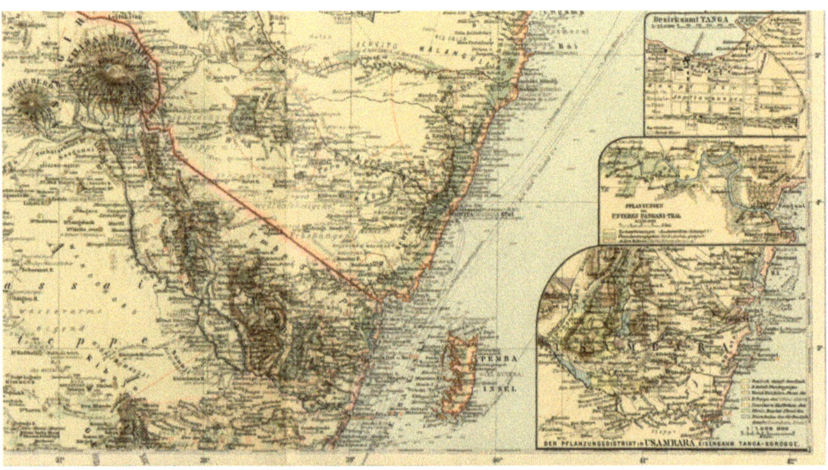

Abb. 13: Der Nordosten von Deutsch-Ostafrika 1897. Quelle: Langhans, Paul u. a.: *Ost-Afrikanisches Schutzgebiet in 4 Blättern, Gotha 1897*, Ausschnitt aus Blatt 2.

Abb. 14: Im Botanischen Garten von Dar es Salaam. Quelle: Eigene Aufnahme vom Oktober 2017.

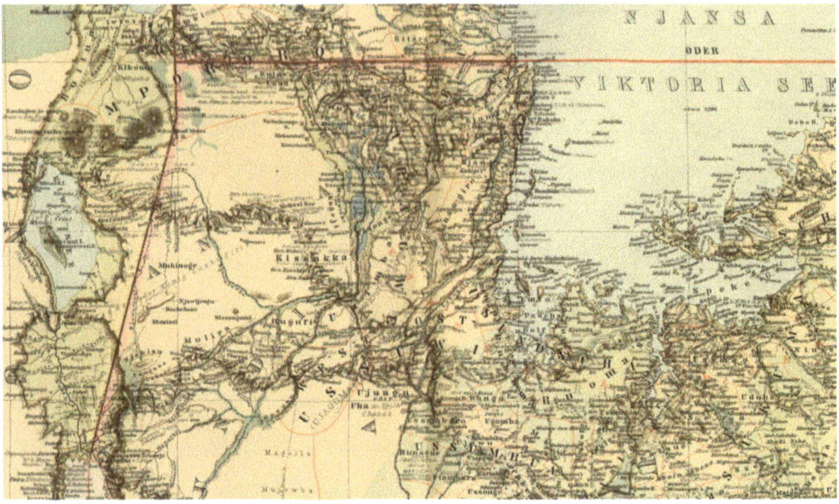

Abb. 15: Der nordwestliche Grenzverlauf von Deutsch-Ostafrika 1897. Quelle: Langhans, Paul u.a.: *Ost-Afrikanisches Schutzgebiet in 4 Blättern*, Gotha 1897, Ausschnitt aus Blatt 1.

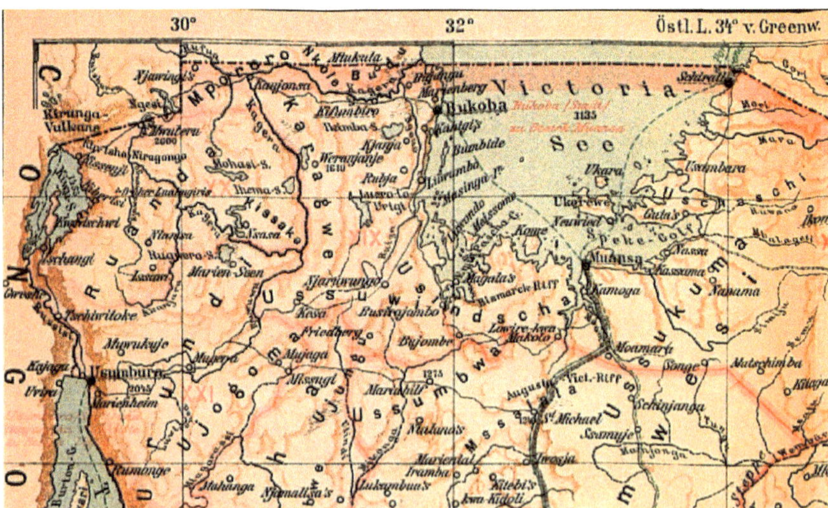

Abb. 16: Der nordwestliche Grenzverlauf von Deutsch-Ostafrika 1907. Quelle: *Deutscher Kolonialatlas mit Jahrbuch*, hrsg. auf Veranlassung der Deutschen Kolonialgesellschaft. Bearb. von P. Sprigade und M. Moisel, Berlin 1907, Ausschnitt aus Karte Nr. 6.

Abb. 17: Die ehemalige Poststation des BLI in Amani. Quelle: Eigene Aufnahme vom Januar 2018.

Abb. 18: Das Gästehaus des BLI in Amani. Quelle: Eigene Aufnahme vom Januar 2018.

Abb. 19: Franz Stuhlmann kurz vor seinem Tod 1928. Quelle: Bildarchiv der Deutschen Kolonialgesellschaft, Universitätsbibliothek Frankfurt am Main, Bildnummer 018–0087–21.

9.5 Abkürzungsverzeichnis

BArch	Bundesarchiv Berlin-Lichterfelde
BLI	Biologisch-Landwirtschaftliches Institut Amani
DKB	Deutscher Kolonialbund
DKG	Deutsche Kolonialgesellschaft
DKZ	Deutsche Kolonialzeitung
DOAG	Deutsch-Ostafrikanische Gesellschaft
DOAZ	Deutsch-Ostafrikanische Zeitung
GfDC	Gesellschaft für Deutsche Kolonisation
HWWA	Hamburgisches Welt-Wirtschafts-Archiv
KWK	Kolonial-Wirtschaftliches Komitee
MARKK	Museum am Rothenbaum – Kunst und Kulturen der Welt